国际教师教育丛书 第2辑

国际视野下的教师发展与教师培养研究：
理论建构与实践案例

李妍　赵丽　王立科◎编著

华东师范大学出版社

目　录

前　言

在影响教育教学质量的诸多因素中,教师是最重要的因素之一,教师素质决定学生学习成效。联合国教科文组织(UNESCO)在《2005 全球全民教育监测报告:质量至关重要》中强调:"教师是提高教育质量的一个决定性因素。"我国《国家中长期教育改革和发展规划纲要(2010—2020 年)》明确提出"教育大计,教师为本",提出完善教师培养培训体系,做好培养培训规划,优化队伍结构,提高教师专业水平和教学能力。美国教育测验服务处(Educational Testing Service)于 2002 年发表的《国家的优先次序:美国人对教师素质的看法》指出:所有的团体——一般成人、教育工作者、政策制定者都认为教师教学质量在决定教育质量方面扮演着关键的角色。世界各国在进行教育改革时,无不把教师发展和教师培养改革列为第一要务,目的是强化教师专业能力,促进教师持续专业发展,从而提高学生的学习质量。

国家在教师发展和教师培养方面肩负着重要责任。国家通过建立教师教育、认证、资助体系和制定教师教育机构的监测和评价方面的相关政策,促进教师在职前、入职和职后阶段的发展。首先,规范教师应该具备的核心能力和影响要素,是实现优质教师教育的基础。其次,教师教育的课程作为教师培养目标的具体体现,直接关系到教师培养的质量规格。因此,提升教师教育课程质量、监控教师教育课程计划的实施情况至关重要。再次,对教师教育机构进行认证可以确保教师教育机构优质高效。教师教育机构不仅要具备质量卓越的价值观,而且其培养的教师也应该具有卓越的能力。最后,通过建立教师教育的监测和评估体系,保障优质教师教育改革理念的实现。

由于教师教育受到一定的政治、经济、社会、历史和文化传统的影响,世界各国都试图根据本国的实际,建立与完善教师教育体系。在培养教师方面,各国虽有其共通性,但在具体实践中,它们均面临诸多具有本国特色的挑战。此外,教师发展和教师培养涉及层面甚广,包括教育理念、教育机构、教育课程、教育环境、教育制度等,这也使得教师教育的发展呈现出多元性,使教师教育出现多种模式,如知识本位、能力本位、实践反思和标准本位。在国际视野下,审视教师发展与教师培养的改革与创新实践对于构建具有我国特色的教师教育体系具有重要的意义。

本书共分上、中、下三编。在理论编中,11 位作者分别从人学、学习化组织、非正式教师群体、教师专业标准、科学史哲、学科教师专业知识发展、学校领导的影响、师生文化性失配等视角对教师发展和教师培养的理论进行探讨;在策略编中,9 位作者分别对教师生态型自主发展机制、教师教育反思途径、职业技术教师培训范式、大学教师发展的多样性与实践途径、引领教师专业发展的立法、俄罗斯师范教育改革的经验及启示,以及教师教育课程与教学改革的出路进行了论述,提出在新形势下应对教师发展和教师培训问题和挑战的策略;在实践编中,共有 11 位作者,他们分别从教师教育国际化、政策支持、质量保证体系、情境教学、培养模式、课程变革等视角,对菲律宾、尼泊尔、泰国和中国等发展中国家在教师发展和教师培训方面的创新实践案例进行了深入剖析。

上 编

理 论 编

人学视野中的教师专业发展

陈时见　　袁利平 *

内容摘要：教师专业发展是当前教育改革的重要议题。人学是教师专业发展所必须依据的哲学基础与基本前提，也为我们理解作为"人"的教师及其专业发展提供了新的视角。在人学视野中，需要、生命、超越、主体、价值等反映了人类对人的本质属性和教育的现代特性认识的升华，通过人学视野来观照教师专业发展的生成机制有极强的现实及实践意义。

关键词：教育改革　人学　教师专业发展

20世纪80年代以来，全球化的教育革命掀起了教师教育的改革浪潮，教师专业化发展随之成为国际教师教育改革的趋势。世界各国借教师的专业化发展来提高教师的综合素质，进而提高教育质量的初衷，随着各国教育改革的推行更加彰显，人们也从不同的角度，根据不同的学科和理论背景对教师专业发展作出了多种诠释，因此该领域的研究范围较广，而且存在多种取向。然而，"我们所认识和实践的教师专业化实际上是现代性意义上的技术型专业化。无论是技能熟练模式还是反思性实践模式，走的都是以教学技能的完善来实现教师专业化的道路。但这不仅难以使教师职业发展成为专业，反而会使教师职业和教育活动异化"。同时，对教师专业发展的研究或政策的制定更多的是从促进学生发展和社会进步所需要的教师的角度出发，教师更多的是作为教书育人的工具而盲目地接受社会的规约，遵从社会判断。显然，对教师教育理论及其实践所隐含的人学观念的忽视，使得各种教师教育理论和实践失去了思性的根基，也使得人们在纷繁杂乱的教师教育理论和实践中失去了鉴别和判断能力。因此，

---

* 陈时见，西南大学；袁利平，西华师范大学教育科学学院。

从人学的角度给教师专业发展予以解答，在当前具有极强的现实及实践意义。

一、人学视野中教师专业发展的真实意蕴

人学，简言之，即关于人的哲学。它是一种奠基于人的历史性实践活动之上，立足于现实生活世界去关注人的生存境遇和发展样态，以解放和弘扬人的主体性为旨归，意在从整体上研究人性、人的存在、人的本质、人的活动和发展规律，以及人生价值、目的等基本原则的学问。从历史上看，无论黑格尔所主张的理性自决的力量生成人的本质，费尔巴哈的感性生活自发生成人的本质，还是海德格尔的非理性的个人体验生成人的本质，都只能诠释出"单个人所固有的抽象物"，而马克思则把人同实践、社会历史联系起来，从而将其置于唯物主义基础之上，从人存在方式的多样性角度出发理解人，并结合人的具体性存在的过程分析阐发了人的具体本质。马克思的分析为我们理解作为"人"的教师及其专业发展提供了新的视角。

（一）主体需要：教师专业发展的原初动力

在教师专业发展面前，我们面对的是一个个现实生存着、处于具体生存环境中的人，但同时我们必须理解并充分肯定：这一实存的人同时又必定是一个不满足于实存状况的生存主体，这一生存主体及其本性是人学研究必须理解到的主体需要。关于这一问题，马克思早在《德意志意识形态》发表以前就已证明，"人的需要"即"人的本质"，是全部社会关系得以产生的根源。1843 年，马克思在《论犹太人问题》中指出："把人和社会连接起来的唯一纽带是天然必然性，是需要和私人利益，是对他们财产和利己主义个人的保护。"在《德意志意识形态》中马克思又揭示了"人体、需要、劳动"的关系：人体的生命存在就是需要，而需要只能靠劳动来满足，正是人们的生活需要，决定着人们必须进行生产劳动，正是需要引起人们行动的动机、意志，并通过理想转化为现实的力量，成为社会发展的动力。人生产以满足自身需要的能力就是现实的生产力，需要的发展导致物质生产的发展，即"满足这种需要的生产力同时也会扩大"。也就是说，人的需要及其满足是生产力发展的原动力，需要的发展是"人的本质力量的新的证明和人的本质的新的充实"。因此，这就表明，按照马克思的论述，需要是人最基本的、内在的、本质的规定性，是人的全部生命活动的动力和根据，需要的满足程度直接涉及人

的本质的实现程度。虽然,现实存在制约着人的各方面发展,"但人不是一种由外部条件盲目支配和随机支配的存在物,他的本质特征在于他始终具有一种基于现实又超越现实的指向性,现实存在的一切永远不能满足人,人永远要去改变它"。

而从教师这一职业的内涵来看,它是以培养人为目的的,面对的是活生生的、正在成长中的有情感、有智慧的人。虽然生存与生计是教师的第一需要,但它们仅是低层次的主体需要。从中观维度来看,主体需要是指教师个体认同自己从事的职业所具有的专门职业的性质,了解专业标准及其对从业者的要求,能够清醒意识到并规划自己的专业发展目标与方向,具有主动更新专业结构的愿望;不仅能把握自己与外部世界的关系,而且具有把自身发展当作自己认识的对象和自觉实践的对象,构建自己内部世界的能力,标志着独立的自我意识和自我控制能力的形成,说明个体已经成为完全意义上自我发展的主宰。从更高层次来说,这种需要指的是"作为总体的人的社会性需要,是作为有机体的社会生存、发展并发挥其职能的各种需要,是社会的人强烈地追求自己对象的本质力量和机能",也就是说教师不仅要把自己的职业看作是发挥自己才能的形式、参与社会历史创造的途径,还应在职业实践和专业发展中达到自我完善的境界。

(二) 生命发展:教师专业发展的内在根本

"任何人类历史的第一个前提无疑是有生命的个人的存在。"作为具体的现实的人,首先是一个活生生的,以生理为基础、以心理为中介、以意识为主导的生命整体。所谓整体,就是一般、个别、特殊的统一体。对此,马克思写道:"人是一个特殊的个体,并且正是他的特殊性使他成为一个个体,成为一个现实的、单个的社会存在物,同样地他也是总体、观念的总体、被思考和被感知的社会主体的自为存在,正如他在现实中既作为社会存在的直观和现实享受而存在,又作为人的生命表现的总体而存在一样。"换言之,个性不能被归结为某一具体要素,也不是诸要素的简单相加与机械组合,它只能是诸要素结构的总体功能,是诸要素相互作用的总体呈现。如果把个人的某一具体的、特殊的或一般的、共同的要素绝对化,那么这种要素就把个性简单化、单一化、抽象化了,就必然使完整的个性分裂开来,使其脱离生活的原型。反过来讲,个体生命是以整体的方式存活于环境中,并在与环境的相互作用中生成的。正是人的生命的整体性、发展性和生成性,使自觉的超越性成为人的生命的主导精神,对崇高理想包括自身完善的追求成了人的生命光彩所在。

从这个角度而言，教师的专业发展首先是"具体的个人"的发展，是生命的存在与发展。人对其生命意义的寻找与发现是一个无尽的过程，人的一生就是其生命显现的历程。教师生命的意义及价值是在其生命发展的历程中显现的，教师在这一历程中理性和非理性地觉察内在生命存在的价值意义，不断地提升专业化的水平，从"自在"到"自为"，"不是作为奴隶般的工具，而是在自己的领域内独立地进行创造"，进而实现教师生命的内在价值和意义，这也是教师生命在教育生活世界中的动态显现。当然，"具体的个人"层面的教师生命发展意味着教师"是全面的人，是处在各种环境中的人，是担负着各种责任的人，简言之，是具体的人"。作为具体的个人，教师发展的内在根本是个人生命完整的发展和生命质量的提升。

(三) 自我超越：教师专业发展的不竭动力

人作为生命的存在，其最高意义和价值在于不断地超越自我。"人是一个没有完成而且不可能完成的东西，他永远向未来敞开着大门，现在没有，将来也永远不会有完整的人。""人不满足于周围的现实，始终渴望打破他的此时、此地、如此存在的界限，不断追求环绕他的现实——其中也包括他自己的当下的自我现实"，永远处在一种从实然到应然的"在"之状态之中，永远处在一个"适应——超越"的过程之中。具体来说，与过去相比，人是一个既成（是其所是），与未来相比，人是一个未成（不是其所是），而人的自由本质使人永不满足于当下的实然状态，不断向着一种更高层次的未然状态迈进，这就是自我超越。这种自我超越的意义就在于人可以凭借其创造性的活动使自己的存在获得开放的、应然的性质，从而不断展现、充实自己的本质，进而彻底摆脱自然存在物的那种封闭、既成、宿命的存在方式而获得人的内涵，由此，我们也就可以得出人的存在实质上是一个价值的存在这一结论。换言之，正是自我超越使人的价值成为可能。所以，发展中的人绝不滞留于已有的种种规定性，而是不断创造出新的规定性，也就是不断从"是其所是"的"实然我"向着更高意义上的"应然我"迈进、提升。这种超越与提升当然是终身性的，所以"成人"、"成为我自己"也必然是一项终身的事业。

教师作为一个生命的存在，也永远走在自我超越途中。"自我意识到现实性并想超越它，不断努力于真实的自我创造的人，才是真正的人，才是教师。"教师对超越的追求表现为他对当下自我发展状况的不满与否定，对更高水平、更完善发展状态的期望和追求，对自己现有的境界、目标、尺度，或环境条件和限制的突破，表现为他通过自己的探索与创新活动改变目前的教育环境，同时又在改变这种教育环境的过程中改变自己，即实现教师与教育环境的双向建构——主体客体化与客体主体化的统一，使自己的生活成为生动的、富有意义的自我实现和自我发展。自我超越是教师实现个体内在价值并"从'自然世界'向'文化世界'进而向'意义世界'的转变过程"和展示自我的过程，而不是"受动"过程。教师是"社会人"，教师职业的社会性决定其总是为一定的社会服务，教师又是"自主人"，必然有自身的意义追求，二者缺一不可。因此，当代教师专业发展的价值观是教师职业的外在社会工具价值与内在个体生命意义的统一。

（四）主体彰显：教师专业发展的基本前提

从人学来看，人按照自己的意志实现自己的本性并发展自己，人的活动状态是自主的，人不会受外部力量的强制而被动地进入某种违背自己本性和意志的存在状态和发展模式。一般来说，主体性素质表征人对自身在世界中的地位和作用的自觉认同，是人所具有的自主、自决、自尊的认识态度和实践能力的内在统一，是衡量人的本质力量或人的创造力大小的本位性标志，"外在目的失掉了单纯外在必然性的外观，被看作个人自己自我提出的目的，因而被看作自我实现，主体的物化，也就是实在的自由"，因而主体性素质在人的多方面素养中具有首位价值和意义。"主体对自己所固有的内在的本性的承认和认可，并自觉地把这种本性的要求转化为自己的意志，进而在自身的存在和发展中将其实现出来。也就是说，主体本性的要求成为他的活动的目的，成为他在塑造自身存在，发展自身的需要和能力时的真正准则。"

教师的主体性主要表现在主体自主性、主体自为性、主体选择性和主体创造性等层次水平上。实践表明，教师专业发展不是被动、被迫、被卷入的，而是以主体自主性为起点，逐步向高一层次发展，自觉主动地改造、构建自我与自身内部的精神世界，影响世界、他人的自主发展过程。如果教师的主体性没有得到足够的张扬，即使他们掌握了学科知识，精通教学技能，在专业化过程中他们最终也摆脱不了被工具化的命运。教师专业发展作为"人"的发展，就要尊重教师在专业发展中的主体性，承认教师有其个人历史及其在专业发展中的作用，以及教师专业发展是教师这个"人"多方面发展的结果。只有当教师是为"我"的生命提升、价值实现、人格完善而不断追求专业化时，教师专业发展的动力源才能具备，教师职业实现真正意义上的专业化才成为可能。

(五) 价值实现：教师专业发展的最高境界

"人是不会满足于生命支配的本能生活的，总要利用这种自然的生命去创造生活的价值和意义，人之为'人'的本质，应该说就是一种意义性存在、价值性实体，人的生存和生活如果失去意义引导，成为无意义的存在，那就与动物的生存没有两样，这是人们不堪忍受的。"人的存在本身就是目的，一切其他事物作为手段都是为人服务的，因而人也就成了价值的源泉。在此意义上，"所谓价值，不过就是人作为人所追求的那个目的物，而这个目的物就是人的自身本质"。这样，我们就确立了人在价值上的本体地位：只有人才是一种"无价"的价值，只有人才是价值的真正源泉。所有其他的价值都是从这一根本价值、绝对价值、自足价值中派生、衍生出来的。人的真正价值，恰恰就存在于这种不懈的审视活动和批判态度之中，正是在这种严肃认真的自我反省和考察中，人证明了自己的尊严和高贵。因此，从形而上的层面研究人，最为重要的是通过对生命的不断省察，彰显出一种富有启示性的人生态度、生活理想和生命智慧，把其内化为个人的生活实践，并使其体现为一种生存样式。

教师的专业发展体现着教师的本体价值，是教师职业生命的自我完善和自我更新，是教师在职业发展中的自觉行为。教师对自身价值的追求，把教育活动提升到一个极高的境界，他在创造精神生命的工作中不断总结、研究、反思和超越，适时地调整自我、丰富自我、发展自我，达到心灵的自由境界和精神愉悦的状态。当教师真正做到如此这般关切教育教学实践时，其个人智慧的生长、个体生命的延伸也就成了现实，他在自己存在的生命长河以及生命意义中把握住了自己的主体地位和历史使命，在专业发展中寻找到了"自我"，在从现实走向未来理想的道路上获得了意义的慰藉，获得了生存发展价值和方向上的确定性、满足感，他的人生境界也由此得到不断的提升。

二、人学视野中教师专业发展的生成机制

人学向我们展示了教师专业发展的高贵性与可能性，它也是教师专业发展所必须依据的哲学基础与基本前提。在世界观上，我们必须强调教师是自己存在和发展的内在根据和理由，其核心和支撑点是在关注教师和尊重教师的前提下来实现教师专业发展。在认识论上，我们必须把教师作为认识的主体、中心和焦点，并在实践基础上确立

教师的主体性维度,理解和确认人学在教师专业发展中的意义、地位和作用。在价值观上,我们必须强调价值本身的意义,亦即力求对教师进行深刻而全面的人格塑造,实现教师专业发展。

(一) 确立以人为本的发展理念,匡正教师专业发展方式

从整体抽象的角度而言,教师是人,是生物人、社会人、职业人、文化人或理性人的统一,"人"是教师专业发展的基础和根本。要真正实现教师专业发展,就不可忽略教师作为'人'的因素的存在,要确立以人为本的发展理念,不能像以往那样,要么把教师当"神"、当"完人"来对待、来要求,要么把教师当"超人"、当"工具人"来使用,结果使不少教师在人生的旅程中备感包袱的沉重,使不少教师难以体会到人生的快乐,因而也体会不到职业生涯的幸福。要改变这种状况,我们不仅要从教师作为生命存在的特殊性上来看待教师,更要从教师作为生命存在的一般性上来认识教师,将教师作为"人"的一般性和教师职业角色的特殊性统一起来,即人之为师,首先是人,然后才是师。

但教师专业发展概念的首次构建,是以科学实证的理性为基础的,主要强调教师群体的、外在的专业性提升,强调教师作为工具理性的价值,认为教师如同工业流程中的人一样,是为完成某种程序而存在的。就教师专业发展方式而言,我们所遵循的逻辑是"科学主义—技术理性—技术专家",期望通过建立与自然科学工作规范一样的有权威的客观教育科学规律,以及与之相应的教育规律、操作技术和规范来实现教师的专业化。应该说,工具理性的最大特征是强调手段的合适性和有效性而不是管理目的的恰当性与合理性,显然,工具理性忽略了教师作为主体的内在的及根本的需要,这也是教师专业发展处于低效状态的根源所在。

(二) 形成主体自觉发展路径,追寻教师专业自主发展

主体自觉发展是教师不断地超越自我、实现自我的过程,更是教师作为主体的自觉、主动、能动、可持续的建构过程;它也是教师具有较强的主体意识、发展意识和创新意识,自觉承担专业发展的主要责任,自我生命意识觉醒,通过自我专业结构剖析、自我专业发展设计与计划拟订、自我专业发展计划实施和自我专业发展方向调控等方式实现自我专业发展,成为具有自主选择、自主反思、自主建构、可持续发展特点的自主成长型教师的表征。如果主体自觉的教师专业发展路径无法形成,制度往往就会成为

对教师专业发展的一种规训手段，职业活动会成为一种缺乏精神追求的、被动的谋生活动；"教师应被视为具有自主知能、批判意识，及负有教育使命的转化型知识分子和公众的知识分子，能主动、负责地检视并改善学校的课程与教学实践，而不只是受过专业训练的高级技师，因此教师是有意识的教育工作者"。

教师专业发展在本质上是主体在主客体关系中自己主宰和控制自己的本质力量、选择客体及其发展方向的专业自主发展。专业自主发展首先意味着教师要有发展的内部动力，而不是依赖于外部的要求。这种内部动力来自教师自己的人生目标、事业追求和抱负水平等。专业自主发展还意味着教师专业发展是自己的发展，是根据自己的实际情况提出的有针对性的、个性化的发展，而不是千人一面的发展。当然，只有具有专业自主权的教师，才能积极参与教育教学改革与学校决策，在各种活动中表达与反映自己的专业意见与想法，从而逐渐形成较好的专业自主意识与能力。

（三）实现制度规定的人性化，创设教师专业发展环境

伴随着人类社会文明水平的不断提高，职业不断分化，专业化的观念和专业化的制度也应运而生，在这样一种"泛制度化"语境下，教师的生存异化成为一种制度化"寄生"。而教师职业在本质上是需要自由自主地创造的，失此特性便等于在实质上贬损了教师职业应有的意义和价值，这就造成了很多教师的"奴性化"职业生存状态。如"欧美国家对以标准为导向的教师专业发展策略尤为重视。在各类标准中，教师的知识、能力及发展亦被分解为多项预先确定的数据，由此引发的一系列管理与评鉴皆由工具理性使然。教师因此而处于无处不在的规训性权力之中，国家等权力机构制定的严格的课程、考试、管理和监督与评价等方式使教师受到多种类型的监督和控制"。因此，要实现制度规定的人性化，教师专业发展必须从依靠外部力量转向依靠教师的自身力量，国家要将教师专业发展定位在"人"的发展上，尊重教师的主体地位，关注教师的身心发展，为教师专业发展创设可能的外在人文环境。

教师专业发展是一个复杂的社会系统工程，而不是教师自身能够独立解决的。在社会体制转型、多元文化与思想观念冲突与整合、知识信息总量增加、人才素质结构不断变化、教育规模与效益日益彰显等新的时代背景下，我们必须为教师专业发展创设良好的外在人文环境。首先，要在保证教师的社会地位和经济地位的基础上，注重培植和引导正确的社会舆论，社会各界要为教师专业发展提供宽松的舆论环境，对教育

改革中出现的问题持理性态度,减轻教师的精神压力,为其提供自我发展、自我反思和自我超越的良好社会环境。其次,教师教育应该从自上而下的灌输转向平等的对话,社会要为教师创造诗意、宽松的环境,为教师发展和完善创造良好的气氛。最后,我国的教师教育也进入了重要的转型期,以科学的发展观为指导,借鉴世界教师教育改革与发展的成功经验,积极推进教师教育体制创新与制度建设,建立灵活开放、多样化的教师教育体制,是教师教育适应社会经济发展与基础教育改革的必然选择,也是实现教育事业跨越式发展进程中的应然之举和现实要求。

(四) 关注教师的生活世界,让教师焕发出生命活力

"生活世界"源于胡塞尔的现象学,这一概念的提出目的之一是倡导对生活世界的回归,对人类价值信念的回归,以及重建人的"现实主体性的存在"。教师作为教育中的人,他的生活世界应是多维度的,但在众多的维度里,"人"这个维度应是最基本、最前提性的维度。教师的生活世界是一个包含了"人的世界"和"教育的世界"的双重世界;是一个包含了灵魂与肉体,道德与欲望,情感与意志的世界;是一个自由、自主却又充满了规训和教化的矛盾的世界。然而在现实中,教师的生活世界单极化,严重倾向"教育的世界"而忽视了"人的世界",这主要表现为教师教育权利的丧失、教师个人实践知识的被忽略,以及对教师生命价值的漠视。

从人学的角度来看,我们要尊重教师的主体地位和教师的生命,重视教师的生命价值和生存状态,关注教师的生活世界,把教师教育的"形式目的"定位在促进教师自我教育能力及专业自主意识、自主发展能力的形成上,把增强人的生命主体意识看作现代教师专业发展的重要规定,让教师的专业发展过程成为充满生命活力的过程,成为彰显人的生命价值意义的过程,成为生命与生命交往与沟通的过程,只有这样,才能切实提高教师专业素质,最终实现学生、教师、学校生命的共生、共存和共同成长。也只有真正走进教师的生活世界,把教师在日常生活、课堂教学、科研活动中曾经发生和正在发生的事件"串缀成有现实意义的链条,为看似平凡、普通、单调、重复的活动赋予独特的体验和韵味",把增强人的生命主体意识看作现代教师专业发展的重要规定,才可能对教师以及教师专业发展作出精致的诠释。

(五) 提升教师专业发展境界,引导教师主体价值实现

境界是人在具体生存实践活动中,在其当下现实生存条件与其未来生存可能性之间因体验而取得统一后所达成的生命整体状态，这种生命整体状态主要包括当下的生存处境、生存态度、行为方式以及对未来希望的追求、意义的筹划。在人学视野中，教师已不仅仅是一种职业，教书也已不再是"谋生"的手段，而应成为生命存在的一种方式，一种推动生命成长和价值实现的手段，一种使他人和自己都变得更加美好的生命存在的形式。为此，我们要坚持教师专业发展事实导向与价值导向的双重统一，把教师的生命成长融入其专业发展过程，让教师成为自觉创造自身职业生命的主体，激发教师生命的主体价值，使教师成为充满生命活力的自我主体，唤醒教师的自我生命意识，寻找教师生命发展的空间和机会。

"人作为人的生活意义，主要不在于他的第一生命，而在于第二生命的创造活动，人不会满足于仅仅活着——像动物那样的生存，而总是要把第一生命引向第二生命，通过第二生命的创造去实现第一生命的价值。"教师主体价值的实现不仅是教师职业生涯的终身发展性的要求，而且是教师职业走向专业化的必然要求。教师主体价值是指教师主体在教育实践活动中充分发挥自身的主体性，通过创造性的教育活动，促使学生身心自由、全面地发展，且其主体性不断得以提升，并相应满足社会和自身需要的外在的社会价值和内在的自身价值的统一。教师主体价值的实现应当从教师的生命成长和精神发展出发，只有当教师是为主体的生命提升、价值实现、人格完善而不断追求生命成长时，教师才能具备实现主体价值的动力，教师职业真正意义上的主体价值的实现才成为可能。一个不清楚自己生命价值，不通过自己创造性的劳动来努力实现其生命价值的教师谈不上发展，更谈不上专业发展。

总之，人学为我们探究教师专业发展的本质提供了纵深依据，教师专业发展的自主性和超越性源于"人"自身的未完成性、发展性和生成性，这恰好是教师获得需求、愿望、意志及努力的源泉，也为教师专业发展提供了可能。教师专业发展意味着一种主体的自觉行为，教师应努力成为自觉创造自身职业生命的主体，在遵循社会、教育规范及教育规律的前提下，自由、主动地选择教育行为，并不断地追求自我超越。探索教育中教师主体价值的实现，不仅是现代教育发展的必然趋向，而且是人类对教育的现代特性和人的本质属性认识的升华，从某种意义上讲，正是内心深处的这种价值实现使教师个体洋溢着灵性之光。

参考文献:

1. 朱新卓. 教师专业化的现代性困境[J]. 高等教育研究,2005(1).
2. 马克思恩格斯全集:第1卷[M]. 北京:人民出版社,1965:82.
3. 马克思恩格斯全集:第42卷[M]. 北京:人民出版社,1979:132,123,97.
4. 鲁洁. 超越与创新[M]. 北京:人民教育出版社,2001:335.
5. 马克思恩格斯全集:第7卷[M]. 北京:人民出版社,1960:23.
6. 马克思恩格斯全集:第6卷[M]. 北京:人民出版社,1982:6.
7. 叶澜. "新基础教育"发展性研究报告集[C]. 北京:中国轻工业出版社,2004:19.
8. 潘知常. 诗与思的对话[M]. 上海:三联书店,1997:112.
9. [德]马克思·舍勒. 人在宇宙中的位置[M]. 陈泽环等译. 上海:上海文化出版社,1989:43.
10. 王正平,郑百伟. 教育伦理学——理论与实践[M]. 上海:上海教育出版社,1998:54.
11. 金美福. 教师自主发展论——教学研同期互动的教职生涯研究[M]. 北京:教育科学出版社,2005:47.
12. 涂艳国. 走向自由——教育与人的发展问题研究[M]. 武汉:华中师范大学出版社,1999:17—18.
13. Connelly, F. M. & Clandinin, D. J. Teachers as Curriculum Planners:Narratives of Experience [M]. Columbia:Teachers College Press,1988:81.
14. 高清海. 人就是"人"[M]. 沈阳:辽宁人民出版社,2001:213.
15. 高清海. 高清海哲学文存:第2卷[M]. 长春:吉林人民出版社,1997:189.
16. 明庆华,程斯辉. 论作为"人"的教师[J]. 课程·教材·教法,2004(11).
17. Giroux, H. A. Teachers as Intellectuals:Toward a Pedagogy of Learning [M]. Granby, Mass:Bergin & Garvey,1988:79.
18. 卢乃桂,钟亚妮. 教师专业发展理论基础的探讨[J]. 教育研究,2007(3).
19. 高清海. "人"的双重生命观:种生命和类生命[J]. 江海学刊,2001(1).

学习化教师组织与教师专业成长

刘剑玲*

内容摘要:教师的专业成长是一个历史的过程,其成长的途径是多维的,没有某一种单一的成长方式就能够独立完成。学习化的教师组织无疑是教师专业成长的一个重要的、必不可少的成长路径。建立学习化教师组织是非常必要的,也是可能的,在共同的学习愿景中,教师可以通过合作、反思、深度汇谈而促进专业成长。

关键词:教师专业成长　学习化组织　合作　反思　深度汇谈

一、学习化教师组织的必要性

现代社会正迈向一个学习化社会,教师要承担社会赋予这一职业的历史使命,不仅要具备教育、教学的专业知识和能力,能够启迪学生的智慧和心灵,促进学生生命的成长和丰满;更为重要的是,教师自身还必须具备持续不断的学习能力,树立终身学习意识,在不断地学习过程中发展、完善自己。教师的专业成长也是一个终身学习的过程,并且这种学习不纯粹是个体的学习过程,也是一个集体的学习过程。教师只有在集体与个体互动的学习形式、学习过程中才有专业的成长。可以说,教师的成长是教师个体和教师集体的共同成长。

而"教师集体"原是乌克兰著名教育家马卡连柯着眼于教师"集体"的功能与效应提出的概念。在陈桂生先生看来,"唯学校毕竟不同于一般社会组织,故局限于非教育学科的视野,还算不上是对教师组织的专业思考;唯有像马卡连柯那样着眼于教育的考虑,才堪称有关教师组织问题的教育专业思考。"无论哪个教师"都不能单独地进行

---

* 刘剑玲,华南师范大学公共管理学院。

工作,不能作个人冒险,不能要求个人负责",而应当成为"教师集体的一分子"。教师集体不应当是偶然集合,而要"合理地组织起来","有共同的见解,有共同的信念,彼此间相互帮助,彼此间没有猜忌,不追求学生对自己的爱戴"。这种教师集体实际上是一种教师专业共同体组织。教师组织是旨在改进教育实践而在学校中形成的合作关系。近年的教育研究表明,学校能否成功,决定性要因在于教师专业成长的合作关系的有无;教师专业成长能否实现,决定性要因也在于校内教师合作关系的有无。教师专业共同体的成熟度是教师成长的最大保障。

以学习的视角,教师的专业共同体或教师组织就应该是一种"学习型组织"。

学习型组织,是某一组织或某一群体的全体成员在共同目标指引下以学习为主导,为纽带,具备高度凝聚力和旺盛生命力的组织。"学习型组织"的核心是"真正的学习",它涉及人之所以为人这一意义的核心。通过学习,我们能够做到从未做到的事情,重新认识这个世界及我们跟它的关系,以及扩展创造未来的能量……这就是学习型组织的真谛。在学习型组织中,个人学习与团体学习是相结合的。某种程度上,团体的集体智慧高于个人智慧,个人学习有它的局限性,而团体学习能看到和解决整体互动中的根本问题,能保持组织"在变动的环境中持续调运和发展",能"在交谈和合作中孕育出极为重要的科学成果",能避免风光一时之后回到平庸以至苦撑、死亡的境地,能增强"整体搭配行动"、"使大伙儿心手相连"和"实现共同目标"的能力……有不少惊人的实例显示,团体的集体智慧高于个人智慧,团体拥有整体搭配的行动能力。当团体真正在学习的时候,不仅团体整体产生出色的成果,个别成员成长的速度也较其他的学习方式为快,所以彼得·圣吉把"团体学习"作为五项修炼之一。

但也要明确的是,组织整体对于学习的意愿和能力,植基于个别成员对学习的意愿和能力,只有通过个人学习,组织才能学习。虽然个人学习并不保证整个组织也在学习,但是没有个人学习,组织学习无从开始,当团体真正在学习的时候,不仅团体整体产生出色的成果,个体成员成长的速度也比其他的学习方式更快。团体学习与个人学习二者密切结合、相互促进,既是学习型组织建设的重要条件和标志,也有利于个人的成长和发展。

教师的学习型组织不仅可以加强教师间的协作与交流,增进团结与友谊,互帮互学,互教互学,互相激励,建立一个会学习的教师群体,从而促进组织中的个人和教师集体共同发展成长;也有利于有效地引导教师形成个人愿景,并在此基础上整合学校的共同愿景,实现学校组织的共同抱负,从而增强学校的生命力,进而实现教师成长与学校发展相一致。而且,教师的学习型组织还会以自身的扩张和裂变,促进社会学习化进程。组织是社会的细胞,在迈向学习化社会的过程中,学习型组织的典型经验将获得及时的总结、交流、推广,充分发挥出榜样、示范、感召和带动作用。随着学习型组织的扩展,越来越多拥有不同知识专长的各种机构将参与到知识的生产和扩散中来,社会知识网络也将日臻完善,这是学习化社会形成的重要标志。而学习化社会又会反过来促进和增强教师的学习型组织,进而促进教师的成长发展。

所以,学习化教师组织既是教师成长的内容也是教师成长的重要手段。

二、学习化教师组织的可能性

学习化教师组织对于教师的专业成长是一个非常重要的途径,那怎么样的教师组织才能称之为学习化教师组织? 而又如何构建学习化教师组织呢?

加尔文认为,一个组织是否能算作一个学习型组织有五项简单的判别标准。这五项标准以五个问题的形式出现,用以识别不同的行为。虽然这些行为不能保证一个组织一定是学习型组织(还需要其他一些措施和程序),但如果缺少这些行为,肯定不是一个合格的学习型组织。这五个问题是:(1)组织有没有明确的学习行动计划? 学习型组织对于自己未来的知识需求都有一个明确的认识,它们知道自己需要掌握哪些知识,知道如何、从哪里获取这些知识或相对精确地划定一些所需学习的领域。(2)组织能否自由地讨论不和谐的信息? 如果一个组织不能容忍发表不同的意见,或不愿意听到"坏消息",在这种情况下,要想做出行为的改变实在太难了,因为几乎没有人敢于对现状提出挑战,更不要奢谈什么学习。而冲突和对比正是有效学习的必要条件。(3)组织能否避免不犯同样的错误? 学习型组织能够从过去的经验中学习,提炼出有用的教训,在内部广泛分享这些知识,确保这些错误不再发生。(4)当关键员工离开时,组织是否失去了重要的知识? 学习型组织会通过将一些必备知识制度化来实现知识的共享,也就是让知识成为公共财产,而不是某个人或某个小团体的私有领域。(5)组织是否基于自己的知识采取行动? 学习型组织不只是简单地获取和囤积知识,它们会根据学到的新知识或技能,相应地调整自己的行为,从而将学习转换为竞争优势。

这五个问题在某种程度上指出了学习化教师组织的形成所应该具备的标准,具体地说,学习化教师组织要具有如下特征:①注重适应和创新改变的精神;②建立合作、分享和反思的学习文化;③个体发展愿景与组织发展愿景相结合;④工作和学习知识相结合,从实践中成长;⑤建立亲密合作的团队学习;⑥建立鼓励学习、分享和反思的途径;⑦培养个体终身学习的习惯和能力;⑧使个体活出生命的意义。因此,学习化教师组织的构建要注重这样几个方面:

一是教师文化的构建。教师文化是教师的职业意识与自我意识,专业知识与技能,感受"教师味"的规范意识与价值观、思考、感悟和行动的方式,等等,即教师们特有的规范性的职业文化。它是教师组织成员的共同价值体系,它使教师组织独具特色,区别于其他组织。教师文化代表着教师组织成员的一种共同认识,它能够引导和塑造组织成员的行为。但教师文化因不同的学校、学科、经验和个性而拥有不同的性质和样式;而且它不仅有经验世界生成的层面,还有作为符号性意义空间之束缚起作用的侧面,是基于学校与课堂的社会语脉而生成的人际关系,能够传承和再生产。从现实的表现来看,教师文化的一个突出问题就是:教师文化的非人性,这种非人性不仅源于官僚性教育行政,而且从社区的人们对于学校的道德期盼与教师地位的孤立中派生出来。教师文化是通过对于课堂问题的处置与解决而生成的,拥有基于制度文化的规范赋予的意义与框架,在教师的职业共同体中保持和传承。教师工作的"回归性"、"不确定性"、"无边界性"赋予了教师文化以特殊的性格,不仅带有教师文化的消极特征,如封闭、标准形式、显性价值追求、空洞等等;更带来了教师文化积极的契机,如反思、省查、开放、智慧等,朝向形成"反思性实践家"的专业文化。教师文化的构造就是要寻求不断反思、生成的"专业自觉"、"专业自律"的文化智慧。

二是建立多样化的教师学习共同体。在学校教师组织的学习过程中,教师的缄默知识难以在学校内通过物质性传播媒介进行直接传播,一般要通过实践团体,通过面对面的接触、对话、交流才能组织共享。教师的缄默知识是教师在长期的学习和生活中所得到的有关教育、教学的经历、体会,它们会在教师头脑中共同建构教师的"教育教学图式",形成相应的教育观、学生观、教育信念,从而支配其教育行为。教师的缄默知识是一种个性化的知识,很难显性化,是无法陈述和传授的。如教师的敏锐感受性、准确判断能力、把握教育时机、转化和解决教育矛盾的机智等,这些只有靠教师自己在教学实践中不断地反思、探索和创造才能获得。但教育缄默知识往往凝聚着教师的教育需要、教育信念、教育体验，对一个教师的成长和成熟来讲是非常重要的。在学习化教师组织中，缄默知识的共享会促进组织中每一位教师的成长和发展，进而促进教师集体的成长和发展。因此建立多样化的教师学习共同体就提供了教师之间缄默知识共享的机会和实践园地。教师学习共同体可以是正式与非正式的组织结构，例如备课组、教研组、课题组、专业协会等，在强化和健全传统校本教学与研究团体时，学校更需要制度的创新，促进了教师跨学科的交流与对话，也提高了教师进行组织学习与知识创新的效率。

三是建立教师发展的共同愿景。共同愿景的形成，源自"内心渴望能够归于一项重要的任务、事业和使命"以及对组织的"共同关切"。学习化教师组织的共同愿景是由组织中的每一个教师的个人愿景汇聚而成的，体现着教师组织共同的发展目标和成长规划。由于共同愿景是人们心中所真心向往的景象，因此它具有强大的驱动力，它会引领组织成员一步一步地接近目标。共同愿景的建立，一方面要鼓励每个教师发展个人愿景。实践表明，原本各自拥有目标感的人结合起来，朝向个人及团体真正想要的目标迈进，才能"创造强大的综效"。如果组织的愿景不是从个人愿景中建立起来的，或者反映的只是少数人的愿景，那组织根本无法孕育出能量。教师组织的共同愿景要真正反映并高于每个教师的个人愿景，只有每个教师自由表达个人愿景，聆听别人的构想，并进行愿景的彼此分享与融会，才能最后融合成共同的愿景。另一方面，教师组织的共同愿景要融入学校发展理念。建立共同愿景只是学校发展和教师发展基本理念的一项，其他还包括目的、使命与核心价值观。愿景必须与人信守的价值观相一致，否则不仅无法激发真正的热忱，反而可能因挫败、失望而对愿景抵触。一般地说，组织的基本理念需要回答三个问题：一是"追寻什么"，最直接的就是要追寻一个大家希望共同创造的未来景象；二是"为何追寻"，就是要对社会有所贡献，有高于教师自身需要的目的和使命感，立足社会，得到生存和发展；三是"如何追寻"，就是按价值观行事，价值观应该是组织在向愿景迈进时期望教师遵循的准则和依据。三者合一，才能有效地引导组织，即组织中的成员成长发展。

四是建立学校内部的知识共享平台。学习型组织中的学习是一种团体学习，组织中不同层次、不同部门的成员都处于一种相互交往、相互学习的状态之中，所以必须构造一个学习共享系统，以促进教师之间、教师与管理者之间、师生之间的交往与对话。在这个学习共享系统中，每一位学习者都是平等的交往者、服务者、指导者。"除了他的正式职能以外,他将越来越成为一位顾问,一位交换意见的参与者,一位帮助发现矛盾论点而不是拿出现成真理的人。他必须集中更多的时间和精力去从事那些有效果的和有创造性的活动:互相影响、讨论、激励、了解、鼓舞。"当前信息技术的发展也充实了学校教师组织学习与知识创新的内涵,学校可以通过建立互动式、人性化的知识学习网站,建立各种专业小组……促进学校内部知识共享,不仅能保存、积累、传播学校创造的知识,与外界分享学校教师组织学习的成果,更能为学校教师提供创造和管理学校组织知识的机会。当前很多学校都建立了校园网以促进教师的专业学习,但是,怎样提升其作为知识共享平台的功能还需要进一步努力。

教师学习化组织的构建过程本身就是一个教师不断学习和提高的过程,在这一构建过程中,教师组织的共同愿景的形成,知识、经验的交流、共享,教师文化的构造,对每一位具体的教师来说,都是一个教师的专业成长过程。学习化教师组织构建过程本身就是教师成长的过程。

三、在学习化教师组织中的成长

教师在学习化教师组织中一方面通过学习型组织构建而成长发展,另一方面也在具体的组织活动中通过合作、"深度汇谈"、反思而成长发展。

(一) 合作

合作是人类社会得以形成的根基。合作产生人的群体力量——社会力量,这种力量是单独个体的力量所无法比拟的,也不等于各个体力量的简单相加。人是群体动物,没有哪个人能够脱离群体而单独存在,人与人之间需要融洽、和谐,需要相互帮助。个人的力量是有限的,人是需要帮助的。个人的脆弱性和种种限制,使得他无法单独达到自己的目标。只凭个人的力量来应付自己的问题,他必然无法保持自己的生命,也无法将人类的生命延续下去。个人只有与他人合作,才有力量。

教师曾被描述为一种孤独的职业。现实生活中经常看到教师与学校中的其他教师相隔离。像有的教师所说的那样:"在教师休息室中,除了寒暄以外我们不谈班级的事情。我们不想让他人知道我们的问题,因为我们害怕他们认为我们是不称职的老师。"一间教室就像是一个有城墙和护城河的城堡。教师不出去,而同事又羞于进来。

教师间的孤立是不幸的，因为教师有很多东西需要从彼此身上汲取获得。

教师间的合作不仅可以获得心理支持——能有人与我们共同分享成功、分担问题总是一件好事；而且能给予学生示范合作——我们需要展示给学生：在我们说合作很有益时，我们也在力行我们所倡导的信念；还可以通过合作获得力量——作为一个集体我们可以获得比个人努力更多的成绩；当然也可以减少工作负担——通过分享材料、计划和资料及共同努力，我们可以减轻自己的负担。更重要的恐怕是彼此间心灵的交流和生命的融动而产生教育的灵感和创造的激情。

学会合作是21世纪人才的必备素质。联合国教科文组织在第16届大会的研究报告《学会生存——教育世界的今天和明天》中提出"教育的一个重要目标就是要培养感情方面的品质。系统的训练有助于人们学会彼此如何交往，如何在共同的任务中彼此合作。"美国哈佛大学心理学教授乔治·赫德华斯博士根据多年的研究认为，一个人的事业成败在于人品的优劣，他把"与同事真诚合作"列为成功的九大要素之一，而把"言行孤僻，不善与人合作"列为失败的九大要素之首。当今世界竞争激烈，合作愈加重要。

首先，教育是多方的共同责任，而且教育问题是千丝万缕，互相影响、互相牵制的。学校和教学课堂中的问题是复杂的，很多是随机的、偶然的，使教师们无法预先把握。现代社会的复杂性和不确定性往往使得教师们面对教育问题、教育事件、教学难题、学生行为之时有时会"有心无力"甚至"茫然失措"，这就需要教师间彼此的帮助和共同协作才能获得成功。可以说，教师之间在课程设计、教学经验、教育体会、学生特性及发展、改善教学等方面有着广泛的合作空间和合作需要。其次，合作意味着共享和交流，这有利于教师个体共同成长。教师的合作不仅可以共享能够陈述和交流的显性的教育专业知识、技能，而且还可以通过合作的对话、观察、默会而体验教师间难以表达和陈述的而又恰恰反映教师的睿智的教育缄默知识，形成教师间的教育生命流动、共享和融动。教师在这种民主的、合作的对话与交流中，形成了对鲜活、生动、丰富的教育生活的理解，进而促进教师整体生命的发展。第三，教师成长是一个长期的专业发展过程，教师的专业发展必须与学校改革同向，专业发展不能离开教学，而教学无疑是在学校改革这一大环境下进行的。只有学校全体教师协作，形成教师组织的共同愿景，学校才有发展。

教师的合作可以通过多种方式进行，如"传、帮、带"、"作业合作"、"小组合作"、"课题合作"、"活动合作"等等。学习化的教师组织表明,教师专业成长与其说是个人的发展过程,不如说是共同的社会过程。因为教师的专业发展或者说教师的专业成熟之基础的实践性学识本身就要求广泛的经验与教养的共有,是以专业共同体的形成为背景的。专业共同体的形成也就是教师合作的"有"。

(二)"深度汇谈"

团体学习的修炼从"深度汇谈"(dialogue)开始。"深度汇谈"是一个团体的所有成员,摊出心中的假设,而进入真正一起思考的能力。希腊文中"深度汇谈"(dialogos)指在群体中让想法自由交流,以发现远较个人深入的见解。有趣的是,"深度汇谈"在许多"原始"文化中仍然保存,例如美洲的印第安人,但是在现代社会中则几乎已完全丧失。今天,人们重新发现"深度汇谈"的原理与技巧,并使它更适合现代的需要。

鲍姆认为 dialogos 之原义是"在人们之间自由流动的意义,就像流荡在两岸之间的水流那般"。鲍姆认为在深度汇谈中,群体可以进入一种个人无法单独进入的、较大的"共同C义的汇集",它是由整体来架构各个部分,而不是设法将各个部分拼凑成整体。

"深度汇谈"要求"每个人摊出心中的假设,并自由交换他们的想法"使组织成员"变成自己思维的观察者";同时要求"自由和有创造性地探索复杂而重要的议题"、"先暂停个人的主观思维,彼此用心聆听"、"以开放的心胸,面对彼此之间一股更大的智识之流",在无拘无束的探索中,敞开心扉,揭露思维的不一致性,把应该解决的问题谈深谈透,寻找到具有重大意义的"杠杆解"。它的实质是由整体架构部分,而不是设法将各个部分拼凑成整体,寻求窥见深入见解的窗户,更充分地把握议题并找出新的见解,而不是"同意";它的目的在于,揭露大家思维的不一致性(与客观的矛盾、逻辑上的混乱或不是真正想要的结果),增进集体思维的敏感度,获得超过任何个人的见解,而非赢得对话;如果深度汇谈进行得当,人人都是赢家,个人可以获得独自无法达到的见解。"如此,以共同意义为基础的新心智开始呈现,大家不再以反对为主,他们也不能算是在互动,而是加入这个能够不断发展与改变的共同意义的汇集。"

鲍姆认为:"深度汇谈的目的,在于揭露我们思维的不一致性,这种不一致性的起因有三:一、思维拒绝周遭任何交流加入;二、思维停止追求真相,而像已设定好的程式，下了指令便不假思索地进行；三、思维所面对的问题，正源自它处理问题的方式和模式。"为了说明起见，试以偏见为例。一个人一旦开始对某一类人有刻板的印象，这个想法就变成你行动的代理人，影响自己和这类人接触时的行为。然后对方的行为也会被你这种态度所影响。持有偏见的人，看不见偏见如何影响自己的所见和言行；如果看得见，那也就不是偏见了。偏见在思维运作的时候，总是无法被偏见的持有者察觉的。

通过深度汇谈，教师之间可以敞开心灵，而不至于自我防卫。如果大家都在心中设防，使别人攻不进来，使自己得到保护，那么，深度汇谈将无法进行。即便是时间与形势在不断发展，但实际工作中产生的问题与矛盾依然存在。组织中的自我防卫常见的表现有：为了保护自己不提没把握的问题；为了维护组织不提分歧性的问题；为了不使人难堪不提质疑性的问题；为了使大家接受只作折中性的结论。其结果必然是构成了组织学习的障碍。所以说学习化的教师组织不仅是形成教师的专业共同体，还是要形成一个教师的学习型组织。这样的组织需要通过教师间的深度汇谈来评判、探询、议论问题，明辨是非，寻求真谛。

按照鲍姆的看法，要进行有效的深度汇谈，必须具有三项基本条件：一是所有的参与者必须将自己的假设"悬挂"在面前，以便更清楚地看清自己的假设，并和别人的假设加以比较，不断地接受询问、检验，实现互补。如果怯惧发表意见或一味为自己的假设辩护，坚持"事情就是这样"而不容商量，深度汇谈就会被阻断；第二，所有参与者必须视彼此为工作伙伴。建立深深的互信关系——不是说一定要赞成或持有相同看法，而是创造良好的交谈气氛，在无拘无束的交谈中改变、补足和加强各自的思维，以取得理想的共识；第三，必须有一位掌握深度汇谈精义与架构的辅导者。帮助（启发）参加者了解自己对汇谈结果所负的责任，能够悬挂假设，肯于聆听意见，善于保持良好的情境，使对话顺畅而有效率，并能通过参与去影响汇谈发展的动向——使人看清当下需要说的话。

经常深度汇谈的团体，成员之间会逐渐形成一种独特的关系。虽然这种关系对讨论不一定有所帮助，但是他们发展出一种彼此间深深的信任。他们对每一位成员独特性的观点，逐渐有了充分的了解。教师的深度汇谈不仅可以表达他们自己的教育教学想法、思考和体验，也可以从与他人的汇谈中获得帮助，不仅自己反思，也促进集体的思维愈来愈默契，愈来愈深入。

学习化教师组织中的深度汇谈,是借助教师集体的力量,通过每一个组织成员进行思维、行为的对话和交流,从而提高教师的专业素养和专业能力,深化教师的实践智慧。

(三) 反思

在学习化教师组织中,教师的反思一方面是个人的自我反思,另一方面,更主要的还是教师组织中的集体反思。

在学校中,教师对以往教育经历、教学过程的个人反思与"个人理解"毕竟有一定的局限,如果有同事参与相互讨论、共同分析,提供"不同意见"、"多种声音",就可以促使教师借助集体的智慧,不断矫正个人理解的偏颇,进行更深刻、更全面的反思。

在教育实践中,集体反思实践是伴随着教育案例或者"公开课"(也有称研究课)进行的。教育案例的集体反思是教师集体共同观摩、谈论、研究而进行的,由于它的教师现场性问题这里不予深度探讨,我们主要来看看"公开课"的集体反思。

公开课是上课教师经过精心准备的,是供教师集体进行观摩、研究的课,也是供教师本人进行研究的课。"公开课"的集体反思不仅使教师本人通过个人的"反思"和他人的"启蒙",逐步对自己教授的学科知识体系有系统的把握和对学科内容的教育意义和学生的需要有深刻的理解,而且在持续的对话与交流、合作与生成的过程中,共同参与反思和研究的教师群体也在感受着每一个教学内容在自己教授的学科中的位置和它们体现的教育意义,也在体验着如何逐步调整自身"日常生活"的结构,丰富"日常生活"的意义,在尝试着建构教育、教学、反思合一的专业生活方式。

一位初中语文教师以"两节研究课的启示"为题,叙述了她所经历的集体反思的过程与感受。

今天要讲的这篇课文是小说《变色龙》。这是第二课时,重点分析人物性格。在准备这节课时,为了充分发挥学生的主体作用,我设计采用讨论式教学方法,把学生分成若干小组,让他们通过讨论找出文章中主人公的语言变化,来归纳人物的性格特点。为了调动学生参与的积极性,增强直观性,我把人物的每次变化用"笑脸"和"哭脸"表示,做成图片,让学生依次粘贴在黑板上,然后连出变化的曲线图,使学生一目了然。

在课堂上，当学生按要求粘贴图片时，我看到其他学生坐在下面无所事事，从学生们那无奈的表情上，我看出了他们的忍耐和对我的"支持"。很明显，这种方式对他们来说太容易了，简直没有什么意义，既浪费了时间，又不能真正发挥学生的主体作用。我想，我是低估了学生的水平……

接下来的讨论会，我首先对自己这堂课进行反思。我的同事和共同听课的其他教师给了我客观的评价，指出这节课最大的不足就是对学生的估计不够，教学方法过于简单。通过大家的指导，我也进一步认识到语文课的教学，其实正应了中国那句古语"授之以鱼，不如授之以渔"——在课堂上教给学生学习的方法。我仿佛一下子豁然开朗，应该突破传统的教学思维模式，与其引导学生按照教师的思路思考问题，不如放开手脚让学生通过自己思考得出结论。

我连夜更改了教学思路，把课堂上要求学生最后推导出的结论以问题的形式放在前面先提出来，让学生们自己讨论这个问题。我想，这样不仅可以调动学生的积极性，而且有助于他们自由地发挥想象，培养自主探究的意识和能力。

第二天，我又在另外一个班进行了尝试。

课后，全组老师再次分析了这节课，他们对我的这种尝试给予了积极的评价，也提出了进一步完善的建议，促使我对自己的整个经历进行了再次反思。

两节不同的研究课，前一节由于低估了学生的水平，不能"解放"学生的头脑，没能更好地发挥学生的积极性、创造性，而后一节由学生根据材料自己归纳结论，使他们充分体会到了自己发现问题、解决问题的快乐。以前讲课总是在不知不觉中延续着习以为常的教学理念，把学生当作张着嘴的小鸟，而老师就是啄食、喂食的大鸟。日复一日……小鸟就只会张着嘴巴等着食物，却永远学不会捕食的方法。通过这两节看似普通但却有着不普通的意义的语文课，我认识到作为老师是应该不断思考自己的教育理念、思维方式和思维习惯的，更有义务、有责任让学生在学习中自由地发挥聪明才智，在学习中感受探索的乐趣和成功的喜悦。

在教学的集体反思过程中，教师本人以及共同参与者自始至终都在经历着对自己的教育理念、个人习以为常的工作方式的分析、反思，都在感受着如何通过个体、集体的共同反思，改进教育实践行为，达成促进学生发展的教育目的。因此，教师集体共同反思、研讨是逐步达成教师专业生活方式的一个可行路径。集体反思，不仅有益于教师本人不断改进和提升教学实践的水平,而且提高了教师集体分析和研究教学的意识和能力,促进了教师集体的专业发展。

最后,我们要明确的一点是,教育实践是一项涉及人的终极关怀的复杂的伦理性社会实践活动,因此,学习化教师组织所关切的事务不仅仅只是教师们自身的工作权益和教育专业,还要提升整体教育工作者对于教育事务之公共性、政治性与伦理性之自觉意识;在社会整体结构脉络下,不断反思教师身份与角色的定位认同,不断反思人的成长和发展的内涵,秉承为了学生的发展而发展的信念,而促进自身的成长发展。其中,不仅是自身的"人"在,而且更有学生的"人"在,因为教师的存在是以学生的存在而存在的。只有时刻以等待、关爱、发展的心去成就学生成其为人的"能在"过程,同时也会使得自身能够由"在"的过程不断实现自我发展、自我超越,那就不仅仅是一种单纯专业知识、技能的习得和成长,而是在对生活整体的观照下的生命意义的提升。

参考文献:

1. 陈桂生. 师道实话[M]. 上海:华东师范大学出版社,2005:30—36.
2. [日]佐藤学. 课程与教师[M]. 钟启泉译. 北京:教育科学出版社,2003.
3. [美]彼得·圣吉. 第五项修炼——学习型组织的艺术与实务[M]. 郭进隆,译. 上海:上海三联书店.
4. [美]戴维 A·加尔文. 学习型组织行动纲领[M]. 邱昭良译. 北京:机械工业出版社,2004.
5. 联合国教科文组织国际教育发展委员会. 学会生存——教育世界的今天和明天[M]. 北京:教育科学出版社,1997:108.
6. 张菁. 在反思中促进教师专业成长——"教师发展学校"中教师的反思[J]. 《教育研究》,2004(8).
7. http://www. lpxx. com/Article_Print. asp? ArticleID=481.

非正式教师群体与教师专业发展

阮高峰 *

内容摘要:从组织知识演化的角度来看,学校组织发展与教师个体的专业发展是融合的。对教师非正式群体的有效管理,有助于推动学校组织的发展,同时也使得教师个体获得专业成长。本文分析了非正式教师群体在教师专业发展与学校发展中的作用,并探讨了学校组织有效引导与管理非正式教师群体的策略与建议。

关键词:教师专业发展　知识管理　非正式群体　非正式学习

教育对于培养社会成员素养与劳动技能起着基础性、关键性作用,特别是在知识经济概念已经深入人心的当代,随着知识的重要性得到了前所未有的显现与重视,以及知识更新加速,知识"半衰期"不断缩短,教育对社会发展的支持作用更得以凸显,同时社会对教育质量的要求与期冀也日益关注,而作为教育质量重要保障因素的教师技能水平与专业素养的发展,即教师专业发展也越来越被关注与寄予期望。

教师专业发展不仅是教师个人的发展,同时应当是学校发展的组成部分,与学校发展是一致与相互促进的(戚业国,陈玉琨,2002)。本文试从组织知识演化的角度探析教师专业发展与学校组织的知识管理实践的关系,并关注学校组织中的非正式群体在教师专业发展中的作用,探析有效引导与管理非正式群体,促进教师个体成长与学校组织发展的策略与建议。

---

* 阮高峰,华南师范大学教育信息技术学院认知与技术研究室。

一、组织知识视野中的教师专业发展

（一）学校发展与教师专业发展

从组织知识的角度来看，学校发展可以理解为在学校这一学习型组织中，集体知识的存储、转换、利用与创新的活动，也即在共同愿景下，整合技术、知识、人力构建组织记忆，提供绩效支持工具，促进组织学习与知识创新的知识管理过程（罗森伯格，2002）。

知识管理是自19世纪末20世纪初泰勒制以来，管理科学发生的一次伟大而深刻的革命，是知识经济浪潮与信息技术发展的产物。对于知识管理的系统研究与开发始于20世纪70年代末，早在此时Rob Acksyn和Don McCracken就已经开发出了一种开放的分布式的超媒体工具——知识管理系统（Knowledge Management System），甚至早于WWW的出现。20世纪八九十年代是知识管理发展的飞跃时期，这一时期学者如彼得·德鲁克、彼德·圣吉、野中郁次郎等相继出版了一批关于组织学习和知识管理的专著；同时，一些知识管理整体技术解决方案开始普遍应用。当前，受助于知识管理的理论体系的进一步健全和信息技术的支持，知识管理正进入第二次鼎盛时期。

在组织知识管理中，组织成员个体成长与组织的发展是统一的。作为学校组织的知识生产者，教师群体的专业发展同样是学校组织知识管理过程中最重要、最核心的部分。教师的个人成长必须以学校为背景，扎根于教育实践，才能得以实现；而当教师个体在此背景下实现自我成长时，也同时促进了学校组织智慧的积聚，提高了组织竞争力。因而可以说，教师专业发展与学校发展是相辅相成、互相统一、互相促进的，只有将两者结合起来，才能促进教师与学校的共同发展。

（二）知识管理、教师专业发展与群体

在知识管理理论与实践中，通常将知识分为显性知识（Explicit Knowledge）和隐性知识（Tacit Knowledge），前者指那些可以用以文字、图像等符号系统表达的，可以印刷或以电子方式记载和传递以供人们交流的结构化知识，如事实、自然原理和科学的知识等。后者隐性知识则是指那些个人的、由情境限定的，并且很难用语言、文字等符号系统进行正式表述与交流的知识（波兰尼，1958，1966）。在此基础上，野中郁次郎

(Nonaka)与竹内光隆(Tadeuchi)提出了著名的知识螺旋结构模型(SECI 模型)，此模型将知识按载体不同分为个体知识、团体知识、组织知识和组织间知识 4 种，其中的每一种知识又有相应的隐性和显性知识，认为知识的生成经过了演化与个体发展的过程，实际上个体的隐性知识经过社会化(S)、外化(E)、组合化(C)和内化(I)四个阶段，实现在个体、组织之间的传递与转化，并最终又创造了新的隐性知识。

SECI 模型从组织视角解析了组织中的知识演化动态机制，为研究学习型组织的成长提供了一种新的视角，开创了知识管理理论的新天地。但是，囿于时代与理论研究的阶段限制，此模型未过多考虑组织知识演化的最基本动力，即个体的反思与自主发展。Darrell Woelk 和 Shailesh Agarwal 在此基础上作了补充，提出了组织知识管理的第五个阶段——认知(见下图)，认为认知是包含反思、自我建构在内的问题解决过程。这既肯定了认知在个人知识建构中的重要作用，也启发我们有效的知识管理必须关注成员个体知识创新，这也与教师专业发展中关注反思的自主发展取向相一致。

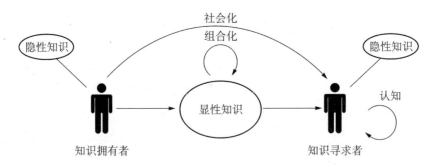

图　组织知识演化模型

资料来源：Darrell Woelk & Shailesh Agarwal

由此可见，从知识管理视角来看，教师专业发展整合于学校发展之中，它的动力来源主要有两个方面，即来自学校组织知识管理(如培训、e-Learning)以及个体知识管理。但由于学校组织比较庞大，其兼顾全局的发展愿景与个体的发展目标常不能密切地融合，加之组织知识管理对隐性知识的外化与社会化尚未有非常有效的策略，而教育是一个非常重视经验、直觉等隐性知识技能的行业，因而有必要在学校组织知识管理与个体知识管理之间寻找到一个调节与中介的机制。

从 20 世纪 90 年代开始，组织行为学与管理学学者开始关注群体在组织知识传播方面的关键作用。Brown 和 Duguid(1991)把组织视为"由小群体组成的大群体",把组织学习视为若干个小的"认知群体",将其视为组织知识形成与积累的重要来源。在教师专业发展实践中,这样的做法(如以教研组为单位的教师群体发展模式)也开始受到学校管理者的推崇。尽管如此,相关的研究主要还是关注于学校组织中的正式群体的管理、建设及其与学校组织发展的作用,实际上,组织中尚存在着各种形态的非正式群体。

二、学校组织中的非正式教师群体

(一)群体与非正式群体

从心理学的角度来说,群体(Group)是指两个或两个以上成员组成的,具有共同关注的目标、任务、活动,在行为上相互作用,在心理上相互影响的人群集合体(陈国权,2006)。群体具有以下特征:首先群体成员之间相互依存,在心理上可以相互觉知彼此的存在;其次,成员可以直接或是通过媒介相互作用、相互影响;多数情况下,成员共享同一目标和利益基础,具有群体意识与归属感。

根据群体的形成方式及组织结构,通常将群体分为正式群体与非正式群体。正式群体是指由组织正式确定的,具有明确的群体结构、规范制度和任务目标,并受组织奖惩制度激励与约束的群体,比如学校中的教研组、工厂中的项目小组等。非正式群体则与之相反,它通常是组织成员在工作生活中为了某些需要自发形成的(如友谊情感型非正式群体、利益型非正式群体、兴趣爱好型非正式群体),没有严格的群体结构与规范,一般都有一个或几个自然的核心人物作为"守门人",具有凝聚力强、信息沟通顺畅、结构相对稳定及排他等群体特征,它与正式群体的区别如下表所示。

表　组织中非正式群体与正式群体的区别

团体	实例	目的	成员选择方式	聚合力	持续时间
非正式群体	实践社区、非正式网络	开发员工能力,创造、传播知识,收集和传播信息	成员自发加入或通过同事、朋友介绍加入,不向任何人负责	共同的兴趣、爱好和专业领域,以及相互之间的需要	完全由个人兴趣决定,有的很长,有的很短

续 表

团体	实例	目的	成员选择方式	聚合力	持续时间
正式群体	工作小组、项目小组	产生一项产品或服务，或完成一项特殊任务	成员由小组或团体领导选择，并向小组或团队领导负责	工作需要、完成项目需要及实现共同目标需要	由组织再造周期及项目持续时间决策

资料来源：王润良，郑晓齐，2001

可见，不管是在群体的目的、选择成员方式，还是其聚合力与持续时间，非正式群体与正式群体均有较多差异。传统的管理主要关注正式群体问题，而从组织发展的角度来看，显然还需要对非正式群体进行有针对性的引导与管理，以将其纳入组织管理范围并形成组织发展合力。

在学校组织中，同样需要重视对非正式群体发展规律与作用的分析与研究，对其实施规范的引导与管理，发挥其积极作用，限制或避免其消极影响。

(二) 学校组织非正式教师群体的作用与影响

非正式群体有特殊的规范与影响群体成员的行为，对学校组织中教师个体及教师的专业发展有着重要的作用。

1. 非正式群体是协调组织与个体的中介

首先，非正式群体是组织中必不可少的补充。组织行为学认为，任何组织内部都会存在各种类型的非正式群体，因为组织成员除了通过工作来满足某些需求外，还会有其他需求，如归属、尊重和自我实现等。正式群体一般具有严格的事务规范，通常较少考虑教师个体情感层面需求。而非正式群体则主要以群体成员的情感来维系，如引导得当可以充当组织与个体中桥梁与润滑作用，帮助组织改善人际关系，形成善意、互助的工作氛围。

2. 非正式群体是学校组织文化建设的重要因素

组织文化是组织成员共有的信念体系，它的核心是组织的基本价值观和信念。非正式群体对学校组织文化建设的意义在于：首先，非正式群体的价值观与组织追求是确立学校组织文化时的重要来源。学校组织文化的确立除需要分析外部环境外，更要分析内部大多数成员的个人特点、需要与偏好。在确立组织的核心价值观、奋斗目标与愿景等时,必然需要考虑非正式群体价值观与目标;其次,非正式群体是分享与传播学校组织文化的重要渠道,利用非正式群体成员间的沟通与交流,容易使人们形成共同的价值观与行为规范。

3. 非正式群体可以对教师个体的专业发展起到支持与促进的作用

非正式群体对于教师个体的专业发展具有十分重要的影响作用。首先个体有寻求归属感的需要,这就要求他自觉地以所依附的非正式群体的隐性规范作为指导自己的行为规范与发展目标。因而如果教师个体处于一个积极、互助的非正式教师发展群体,则会出现社会助长效应自觉追求个人成长。其次,个体的现实人际圈特别是他与所依附群体成员间的交互对于其个体成长意义重大。有调查表明,在遇到困难时人们倾向于向朋友或同事求助的程度,比向其他信息资源如数据库或文件资料求助的程度要多出 5 倍。Rob Cross 等人对 40 位经理的调查显示,85％的人声称他们是从其他人身上,获得成功并完成重要项目的重要知识。即使他们的组织有技术上领先的平台,以及获取、识别与储存知识的制度和实践经验,但他们仍然会求助于他人或其他信息资源。

但是非正式群体具有双刃性,如果不加以有效地引导、管理与整合,也会带来消极影响。比如学校中不同非正式群体间因不同的群体目标与价值观,有可能会造成组织内耗增大;当非正式群体与组织目标相背离时,会不利于组织凝聚力的形成,影响目标达成;在消极的非正式群体内,优秀的教师个体可能会迫于群体压力而不敢崭露头角,即出现社会抑制作用。

三、对学校组织进行非正式群体管理的建议

(一) 进行目标管理,对非正式群体进行正确引导与利用

作为学校管理者,要在学校组织发展中整合非正式群体的积极作用,需要正视非正式群体的存在,并进行目标管理,将非正式群体的发展引导到学校发展的方向上来,以形成与正式群体互补的多元局面,形成组织发展的合力。

由于学校组织中的非正式群体形式各异,因而在管理实践中要了解与调查群体发展情况,并依据不同类型有针对性地采取相应措施,利用共同目标将其整合入学校发

展中。徐爱新、冯瑞建(2007)按耦合程度与性质,将非正式群体分为紧密而积极、松散而积极、松散而消极、紧密而消极和中间型五种类型,并主张在具体实践中根据分类不同而选择合适的引导方式与管理策略,值得参考。其次,由于核心人物在非正式群体中扮演了"守门人"的作用,在管理策略上要重视做好非正式群体核心人物的沟通与引导工作。此外,对于一些尚未出现自然核心的非正式群体,管理者则更应予以关注与扶持,培养一种互相协作、共同发展的群体氛围,带动教师群体的专业发展。最后,要重视组织文化的凝聚作用,引导教师个体、各种群体在共同价值观基础上形成共同的愿景。

(二) 建设个人知识建构与非正式群体发展的支持系统

学校管理者还应当从教师专业发展与学校发展的高度出发,对学校中的良性的非正式群体活动与发展提供支持。

管理者除对非正式群体要有接纳的态度外,还要尽可能地在场地、资金上予以支持,并以聘请外部专家,组织群体学习,鼓励知识积累与创新等方式加以规范与引导。当前,随着教育信息化进程的推进,学校也应在信息基础设施建设中考虑为非正式群体及教师个体的发展预留空间,比如构建校园信息平台时预留虚拟共同体活动空间,提供教师个体与群体间知识共享与协同工作的平台等。一方面促进了教师个体知识管理与专业成长,同时也使非正式群体拥有了一个进行知识交流与管理的平台,提高了其内部聚合力,并最终提升了组织智慧。

(三) 采用非传统的激励机制

管理者也要善于利用激励机制与绩效评估方法对非正式群体进行管理。通过激励机制的指挥棒,有助于促进学校中的非正式群体往积极的方向发展。激励的实施对象,既可以是非正式群体整体,也可以是非正式群体中的教师个体。如当某个非正式群体在某些方面的做法很成功,或某一教师的个体表现非常优秀,对群体其他成员的专业发展有帮助有贡献时,学校组织可对其进行肯定与表扬。

需要说明的是,教师非正式群体作为一个特殊的知识工作者群体,往往有着较高层次的需求与动机,因而在激励机制的设计上,应该以精神奖励为主,比如将教师的知识贡献纳入绩效评价方法中;在教师评估时,采用结合过程与结果的综合考核,并适当参考非正式群体的意见等。

四、小结

　　总之,将学校发展与教师个体专业发展加以融合,符合两者的共同利益与发展目标,也符合学校组织知识演化的机制与规律,是一个双赢的过程。在学校组织系统中,非正式群体作为正式群体的有效补充,对于组织集体知识的建构创新、组织目标的达成,具有积极作用。综合研究非正式群体发展规律,并对其进行针对性的引导与管理,将其纳入学校组织的发展规划,既可以促进学校组织的发展,同时也使教师个体得以成长与发展。

参考文献:

1. 戚业国,陈玉琨. 学校发展与教师的专业发展[J]. 教育理论与研究. 2002(8):27—31.
2. 马克·J·罗森伯格. 在线学习:强化企业优势的知识策略[M]. 北京:机械工业出版社,2002.
3. 李华伟,董小英,左美云. 知识管理的理论与实践[M]北京:华艺出版社,2002,89—91.
4. 赵铭建,信息教育与个人知识管理能力的发展[J],聊城大学学报,2003(4):57—59.
5. Darrell Woelk, Shailesh Agarwal. Integration of e-Learning and Knowledge Management[DB/OL], Available online at : http://dmc. ic2. org/publications/elearnkm. pdf. 访问日期:2007. 3.
6. 宋超英,孙广兵. 认知群体间知识传播与组织管理功能定位匹配研究[J]. 科学管理研究,2006(2):88—91.
7. 顾惠樑,张雪龙,刘国华. 让每位教师都提升[J]. 上海教育,2005(12A):46—51.
8. 王润良,郑晓齐. 非正式团体:知识传播的有效途径[J]. 科研管理,2001(7):39—45.
9. 徐爱新,冯瑞建. 解析教师非正式群体[J]. 教育理论与实践,2007(1):40—42.

为明日的学生重新设计教师标准

［美］帕梅拉·基廷 *

内容摘要：教师标准是美国教育改革的一项战略。美国全国教师教育鉴定委员会、州际新教师评估与支持联盟和全国教学专业标准委员会分别开发了三套成体系的全国性教师专业标准——为教师未来从教做准备的资格标准、为教师正式执教颁发执照的标准和识别高级专业实践的优秀教师专业标准。不过，上述三套标准虽然都宣称要"基于标准"，将重塑现代世界的教与学作为教育改革使命的核心，但实际上都与美国20世纪80年代和90年代初期为学生开发的基于标准的学习毫不相干，从而忽视了教师标准的真正目的——最终促进学生的发展。因此，为了明日的学生，美国必须对教师标准进行重新设计，使教师专业标准以学生学习标准为基础。

关键词：学校改革　教师标准　学习标准

在美国，随着标准制定发展为教育改革的一项策略，教师标准被视为促进教育卓越之使命的一个基础部分。对此，我们引以为豪。不过，令人遗憾的是，教师标准开发却与学生学习标准脱节了，教师标准因而成为专业计划和表现中的系列期望，难以步入正轨。这与我们对学生学习与学业成绩的期望脱节，也由此与我们对高质量表现的期望格格不入。另外，我们开发了三套教师标准和为之做准备并得到公认的计划。我们设法使这三类截然不同的专业标准变成一种合理的进程——在有些州，甚至开发了未来教师的"进阶执照"模式(a model for prospective "tiered licensure")——并将之贯

---

* 帕梅拉·基廷(Pamela Keating)，美国威斯康辛大学教授、华东师范大学国际教师教育中心兼职教授，曾任美国联邦教育部高级顾问、阿拉斯加州立大学教育学院院长。本文由熊建辉翻译。

穿在教师的整个专业生涯中:从中学后的教育计划——主要是全国教师教育鉴定委员会(the National Council for the Accreditation of Teacher Education,简称 NCATE)制订的计划标准,到由州际新教师评估与支持联盟(the Interstate New Teacher Assessment and Support Consortium,简称 INTASC)拟订的模范州级教师执教标准,再到由全国专业教学标准委员会(the National Board for Professional Teaching Standards,简称 NBPTS)开发的识别高级专业实践的标准。我们竭尽全力依赖这种专业进程,并视之为一种确保教育卓越的手段。

虽然这种力图使三类截然不同的事项变得有意义的事后分析(post hoc)的努力,将重塑现代世界的教与学作为教育改革使命的核心——三者均宣称要"基于标准",但实际上都与美国 20 世纪 80 年代和 90 年代初期为学生开发的基于标准的学习毫不相干。当时,上述三种情境中的教师标准都成了对教师培养和实践之质量的系列期望,与对学生实际学习和成长的关注和责任相互脱节。

一、美国学校改革:教育标准开发的轨迹

在美国教育改革的初期,伴随着 1983 年颇有煽动性的《危机中的国家》(*Nation at Risk*)报告的发布,美国陷入了教育改革的乱象之中。由于并不清楚什么是最重要的,我们想当然地要变革几乎所有的一切。由学校、企业界和社区的领导组成、遍布全国各地的蓝丝带委员会(Blue Ribbon Committees)和特别任务专家小组(special task forces),对美国教育部门负责的各个专业协会,以及各种特殊利益团体,都跳上了一种指向变革的"乐队花车"。他们列举了美国学校系统中一切可能的变革事项,但却忽视了现代化的真正关键内容,亦即:我们已在步入一个后工业的"知识经济",也就是我们在大众想象力中曾经预期并宣称的"信息时代"——我们在教育规划和结构调整中,在更为重要的教育调整中,并没有珍视其价值。

在这个疯狂的时代,公众的大声疾呼,专业人员的不懈求索,各种观点和建议的多元交织,无疑是与民主的精髓相契合的——这是一项自由表达的运动,它有助于探索构成民主社会及其有教养公民的合理前提条件,同时也有助于促进我们以市场为基础的社会更加成熟。正如在上一个世纪之交,我们经历了一次社会变革,在移民如潮、城市化凶猛到几乎无法控制的地步之际,以及在美国化的计划混乱不堪之中,我们明晰

了现代美国的构成要素，并由此确立了其中的学校教育的工业模式；由此，在如今，我们有必要打造美国教育的后工业的未来，如同助催我们上世纪经济发展的工厂被迁移到海外一样。我们可一向是为其生产的产品引以为豪的。

然而，在最初，我们并没有看清楚摆在我们面前的未来。所以，我们只能从最简单的变革入手，调整学校教育本身的工作时间和任务，考虑学校工作日和学年的长度，增加高中毕业所要求的必修课程的数目，并从总体上"夯实"和"强化"课程与教学——从本质上来说，做的"大多数都是一样的事情"，而非"存在更多差异的事情"。

不久，摆在我们面前的任务证明，这一看似前景美妙的"重建"阶段是有缺陷的。我们认识到，欲改变一项事务，就必须改变其他事务。即便是很微小的调整，如课程与教学，都要求重新思考学校组织、教育目的、教师培养及对学生的期望。对此，我们展开了一场全国大讨论：与其是小规模的"重构变革"，还不如将我们的关注点拓宽至大规模的"系统变革"。我们所关注的焦点最初是落在科学教育上，其原因是：促进科学卓越的紧迫性认识——其未来焦点在技术和生物科学上；中学教育里的科学在不同领域是相互分离的，在这种情况下，重新调整科学学习顺序的智力考试，先是从物理开始，接着是化学，紧接着是生物学和地球科学；科学基金会在教育改革上大量投入，同时，美国科学促进协会（AAAS）和国家科学院（NAS）都对学校改革持有强烈的兴趣；与此相对应，对科学研究中技术的传播，以及技术同时对数学和科学的关联性，都强化了对上述三个相关研究领域在教育上的关注。在小学，执教科学的是早先有"多面手"之称的教育工作者，其主要兴趣是对学校中科学"专家"的期待，这些"专家"是这次大规模系统变革的一部分。

在这种有关变革的持续对话情境中，新的问题出现了，犹如对广泛而又热烈的讨论的一个紧急刹车，目光全聚焦在行动上："每一个孩子到底应该知道什么和能做什么？"随之而来的是，更明确一点来说，我们学校的目标是什么？一份1972年美国最高法院决议指出，我们必须对美国学校教育增加另一项职责，即除了为启迪民众以支持民主正常运转而做准备之外，还应有对"经济自足"的期望。

在20世纪80年代，我们在对美国教育目标的认识上更趋一致，为的是明确我们到底期望我们的学校做什么。老布什总统与48位州长汇聚到一次国内级别最高的教育峰会，并达成了六点政治上的共识。随后，国会又将共识扩大到八点。不过，共识中却没有一点涉及为达成我们的政治领袖们对学校设定的目标而密切相关的教学质量或系统能力建设。

教育峰会过后，国会成立了一个全国教育目标审查组（National Education Goals Panel），这是一个持续运作多年、两党相互对立的委员会，成员由行政和议会部门的代表组成，以确保我们在朝着教育目标前进。为使这些目标在教育上变得更为有意义（超越纯粹政治目标的陈述），审查组组建了一个专门性的全国任务专家小组（第七点和第八点目标当时还没有得到国会批准），针对最初的六点目标中的每一点，阐明其具体目标以及有助于实现每一点目标的标准、指标和基准，亦即，我们如何知道是否正在取得进步？我们何时将知道已经实现了既定的目标？

几位积极参与组织教育峰会的州长，担任了全国州长协会和州际教育委员会的主席，并利用这些论坛及其州长办公室的"强大布道讲坛"来宣传学校改革。他们后来都成为著名的"教育州长"。其中，阿肯色州州长比尔·克林顿，成为老布什总统的接班人，顺利入主白宫；南卡罗莱纳州州长理查德·赖利（Richard Riley）则成为教育部长，实施了其一生中最具有里程碑意义的《目标 2000：教育美国人法案》（*Goals 2000: Educate America Act*）。该法案贯穿两届总统任期，其对各州学生学习标准研制的巨额投入是其他项目所望尘莫及的。超过 27 亿美元的《目标 2000》巨额资金支持各州制定核心科目领域的学生学习标准。与此同时，许多州也投入了更多的州一级的资金来支持同样的技术、外语和其他被认为同等重要的学科领域的标准制定。此外，为扩大标准研制过程中参与者的人数，以及出于其他一些具体与某一州州情相关的原因，有些州还特别追加了额外投入。

尽管只是在州级层面，但是这些已经出台的州级学生学习标准反映了一点极为重要的共识，即我们各州的每一个儿童和青年，需要知道什么和能做什么。（在老布什担任总统期间，为后来在儿童和青年应该具备的核心知识上达成共识，人们已在学科关联性上做了大量的工作。在这一改革阶段，一份教育周报也开始在全国发行，迅速传播各州改革进展的信息，就像一只采花授粉的蜜蜂一样，通过报道改革活动来推进并鼓励变革。）此外，在标准制定上的巨额联邦拨款，促使各个州在几近完全自由的情况下，竭尽全力开展工作。但也必须承认，有些州就是比其他一些州要做得好。那些工作做得特别到位的州开发出了内容丰富的发展性标准体系，并藉此消除了教育工作者对上个世纪故步自封、按等级水平划分的教与学的依赖；同时，他们采用了概念性术语对各个标准做出明确的表述，规定要强化探究，并使学习水平多样化。

不幸的是，《目标2000》法案所提议的其他三项最初规定，并没有得到1994年国会的全力资助：评估要与州所制定的标准结合在一起；《表现标准》（*Performance Standards*）（因此，熟练程度要求要远胜于考试中的"一刀切"分数）和《学习标准的机会》（*Opportunity to Learn Standards*）——这种机会旨在为学生提供掌握所期望的学习内容的保障。各州有五年的时间（到2000年）开展适切的评估，但不幸的是，他们并没有得到拨款来支持这项昂贵的要求。一个精细的同行评估程序被开发出来，用以评价各州的考试，联邦教育部和主要州级学校官员委员会都在教育资料编制大型研讨会上为各州提供了《操作指南》与书面材料。不过，随着截止日期的临近和克林顿总统任期的结束，只有29个州的评价计划在行政部门领导发生变更的情况下获得有条件的批准。从法律上看，每一届总统人选的变更都将出现一段无所作为的时期。这同样适用于上述情境。它所发生的信息中断的事件，持续时间甚至比法律规定的时间还要长。在小布什总统入主白宫的六个月里，每一个州的考试都顺利获得"批准"。根据《纽约时报》中一篇轰动一时的报道，四家标准化考试制定者从各州新的评估业务中捞取了巨额好处，而州的标准几乎没有考虑任何客户的要求。

二、各自为政的工作：改进教师教育和基于标准的学校改革

在过去，教师教育变革大多与促进学校改革和中小幼教育发展不相干——既非线性，也非与外部力量相连。不过，已经有两项教师教育改革计划与改革学校相关，尽管这些进展与标准和学校改革的策略尚有距离。

第一项改革计划是约翰·古德莱德教授倡导的中小学—大学伙伴关系策略（school-university partnership strategy），旨在同时变革中小学和大学教育学院。他在南加州进行了大规模的学校教育研究。研究成果《一个称作学校的地方》于1974年出版。这是关注美国学校改革"第一次浪潮"的最主要代表作之一。在书中，他描绘了学生被束缚其中的迂腐陈旧的教学，毫无生气、令人沮丧的学校教育环境；这一研究也促使他对教师教育进行重新考察，建议将大学教师教育和中小学实践联系在一起，特别是针对隔离的环境，使之组成一种持续、无间的互惠与革新的"共生"关系。作为先锋，他将这些伙伴关系发展至全美约三分之一的州，将几个学区的诸多中小学与附近的大学联系在一起，主要通过这种合作伙伴与有目的的专业发展之间的"临床"教职员工互

动来致力于变革教师教育,同时也变革学校。

这项学校革新计划与另外一项与教师教育和学校联系在一起的发展计划颇为相似,即教师专业发展学校(Professional Development Schools,简称PDSs)。它虽然不一定有改革家参与,但却反映了一种对促进教育卓越的清晰且持续的责任。教师专业发展学校最初只是一种为培养高质量教师而创建革新了的和正在变革的模范学校场所的尝试;随后,它日益被认为是"最佳实践"的场所——尽管在名称表述上可能会存在很大的差异。它已被制度化为一种特别富有价值,但却无需多大成本的教师教育临床场所;也被制度化为这样的一个场所,即它可能在真实的学生中间开展大学教育课程所"鼓吹"的内容的"实践",致力于对专业实践进行有价值的指导性的反思。

教师教育者与教师教育改革本身最相关并最受认同的是"霍尔姆斯小组"(The Holmes Group)。该小组由那些实力最强的美国研究型大学中的大多数教育学院院长组成。在名称和公众关注度上,霍尔姆斯小组都是空前的,因为小组成员代表了一些在全国最有影响力的机构,从其经过缜密思考的出版物中所发出的声音容易得到广泛尊重。该小组在某种意义上被认为是从实践领域中游离开来的组织,是一个"精英俱乐部",与他们作为教育者的同行教育者(peer educators of educators)是相隔离的。它更多关注的是与教师教育有关的可靠知识的应用,而非改进一线教师日常真实的实践。上述情况随着小组名称变更为"霍尔姆斯合作伙伴"(The Holmes Partnership)而有所改变。霍尔姆斯合作伙伴引领着教师教育变革,将具体关注点聚焦到教师专业发展学校——作为改进实践,有目的地实施全国教学与美国未来委员会(the National Council on Teaching and America's Future,简称NCTAF)的建议。

此后,美国各种教师教育协会团体实施了大量的改革和改进计划,然而其中没有一项能与州一级的基于标准的学校变革要求相媲美——其主要原因是,这些机构在中学后机构之间的协调、视野和权威性方面存在自身的局限。在各种各样的改革活动当中,与基于标准的学生学习改革关系最密切的是美国全国数学教师协会(National Council of Teachers of Mathematics,简称NCTM)所做的工作。该协会不仅制定了数学标准,而且通过在《算术教师》和《数学教育》杂志上定期发表NCTM版学生标准及如何运用的文章,将标准传播到专业领域,在全国范围内"教育"教师。因而,在基于标准的学科教育领域中,数学教育者的专业发展要远胜于其他学科领域的发展。

不过,体现卓越和绩效(excellence and accountability)之结果的"标准"语言,还是渗透到对教师学术准备、州一级文凭与资格证书的规定上，以及随后对高级专业实践的重新认识上。其最优先，同时也是最切实的运用——影响教师发展的三套教师标准中的第三套——是全国专业教学标准委员会已经得到很好设计和开发的标准的方式。这些标准可以有效地与学生学习标准有意义地结合起来，即便其更多的关注点是放在教师表现上——尤其是教师切实可行的教学行为表现上，目前较少关注必需的内容或学科知识——以引导我们所要求的基于标准的学生学习。

第一套反映教师教育与实践系列进程的标准虽然是以教师培养为基础，但却与我们对学生基于标准的学习的期望相去最远——它不过是综合性大学教育学院或学院的教育系的初任教师培养计划的资格认证标准。确保高校教师教育计划质量只不过是一项在传统时期的计划资格认证活动。依据"标准"对机构使命、计划概念化、图书馆资源、课程和临床体验的评价要素细化，仅仅是简单地运用主流语言来描述对计划质量承诺的特点，以操纵学生欲成为一名教师所需要学习的内容的机会，但却无法确保这类教师培养品是我们所需要的基于标准的教与学的真正教师。

至于州的执教资格证书，与州的其他资格证书获得的方式一样，如实践其他专业、驾驶、操作某些类型的机械等的资格证书的获得，通常只需简单地满足一个清单表上所列的条目，就可以达到州对某一证书的表现期望要求。直到当前的这一改革时期，大多数州才开始强化对一名教师的必备特征的理解。现在，我们的希望与日俱增：在教学领域中的能力得到增强；不断拓展和延伸的综合技能；对种族、伦理、经济等人口的多样化更加敏感；在人与人、社区关系中的社会和文化能力。

三、为教师从教做好准备

对大多数未来教育者来说，作为教师的专业生活的"初始阶段"是在高校。他们在那修习核心课程和教育课程，以获得"教学"学位——一般是为其专业实践做准备的心理学、教育学和政策研究（后面这些课程可能只出现在修完核心课程后的第五年或"临床实习"阶段，之后才能获得学士学位，或更有甚者，在学士后的硕士学位课程中才能接触到）。

影响教师培养的初期标准来自那些资格论证团体，特别是 NCATE——它目前已经批准了 1200 项全国教师培养计划中的约 500 项——所有这些计划都是各地申请者自愿向计划认证委员会提交的。委员会表面上致力于这些基于高校的教师教育计划的质量问题的工作,宣称高质量教师教育计划(以 NCATE 的评价标准为基础)将能从实质上培养高质量的教师。

由于 20 世纪 70 年代以来就遭受会员减少和不足批判的长期威胁,NCATE 修正了其含混不清的资格认证标准,代之以更为严格的标准,以努力"确保"有质量的教学;同时,根据教师培养机构的要求修正了标准的文本。在最近的一份报告中,根据修改后的标准,自 1988 年以来,他们评估了会员单位中的 40%,有三分之二获得资格认证,有四分之一未通过,有 10%经过短暂的具体调整而获得通过。但是,其中却没有一项为这些教师培养机构所培养的教师所熟悉。

虽然 NCATE 标准已被证明是更加严格,但其仍然不能在理念上与我们已经为学生制定的知识成就标准的严格性相匹配。此外,据报告,在审的教育课程所存在的最大问题就是难以满足以教职人员质量、分配和知识为基础的 NCATE 标准。我们需要教师成长为具有胜任力、自信的知识增长的领导者。同时,我们并没有任何数据可以表明他们正在成为这类知识的领导者;而且,可以确信的是,培养教师的场所也不可能马上就发生什么大的变化。而经 NCATE 论证通过的机构,转而根据其他机构的标准,正努力申报新的项目,譬如图书馆藏书,授予学位,机构管理,内外部的专业与大学之间的关系等。

无论采用何种标准的语言,NCATE 标准事实上是教师教育学生获取学习机会的标志,接受培训学生的保证,藉此,他们可以获取足够的资源来学习应知的内容,成为教师。但令人不安的是,标准几乎没有注意到要把公众对学生学习的期望与必要知识的规定——包括内容知识和教育学知识——联系在一起,为师范生未来从教做好学术上的准备。

高校教师自由教学是美国中学后教育的一项特权。其课程内容主要取决于每一个教师自己,与学院的同事并无多大干系。尽管 20 世纪 90 年代 NCATE 得到卡内基公司的资助,试图将中、小、幼学科内容标准与教师培养标准及资格证书颁发结合在一起,但这种投资并未出现明显的效果。对中、小、幼教育界而言,要影响或改变中学后教育,其困难程度可想而知。在教师培养领域,特别是已经被培养出来的公立学校的教师,他们从舆论上支持高校;不过,将州对学生学习的期望与州对教学服务的准备与规定联系在一起,仍然是有意义的。

过去的十多年来，NCATE 已经和州建立了伙伴关系，将其各自为政的教师培养计划资格审批与州的教师资格证书颁发活动结合起来，强调机构与个人的自我学习和关注二者结合在经济上的优势价值。不过，这种"伙伴关系"虽然在政治上和制度机构上颇受关注，但却掩饰了其在 NCATE 计划资格认证和州教师资格标准中的根本上的瑕疵：他们并没有实质性强调未来教师与我们对学生学习期望相结合的应知和应会的内容。

NCATE 在计划质量上的重点正在使其失分，他们不能让公众确信教师教育候选人在其所在高校学习应知的内容。既然在大学学不到教授学生学习标准的内容，那他们还可能在哪儿学到呢？诚然，INTASC 标准是对州的教师实践资格进行评价的一种工具，但它实际上不过是一种对教师培养的低水平的评价，其基础只是州自己确立的实践标准。

NCATE 的标准和 INTASC 的标准均将内容知识视为"背景"，设想学位学习可以一劳永逸——特别是"在校就座时间"获得满足；基本的教育学知识——知识的表征——对受过良好教育的学生开展持续的教学是足够的。一名教师候选人只掌握学科知识和如何教授该门学科的知识，是不足以胜任教授一大批背景各异学生的任务的。无论是教师培养或后续培训计划资格的审核，抑或是其与州教师资格颁发相结合，对学生应该学习的学科概念维度鲜有关注。因而，我们谈何确保我们自己在这些过程中，能真正为教师的未来工作做好准备呢？

四、给教师颁发实践执照

由于各州教师获得实践资格的规定差异甚大，因而，在区区一篇文章里不可能很好地分析其政策与实践的特征。目前，针对职初教师的州从教资格安排"标准"存在两个令人困惑的问题。其一，标准在多大程度上与传统的教师能力"检查清单"类似——大多数州教育机构中的教师教育主管们都在使用这类早在 25 年前的学校改革时期就使用的清单，当时的目的就是检查必要的课程作业和能力情况。其二，有多少州在开展水平十分低下的教学实践习题考试，以此作为教师入职的考试，而非采用内容更为丰富的、基于标准的表现评价。

1987 年，州立学校行政主管审议会（the Council of Chief State School Officers，简

称 CCSSO)——一家来自各州学校行政主管官员的全国性组织——创建了州级新教师评价与支持联盟(Interstate New Teacher Assessment and Support Consortium, NTASC),致力于"行业模范教师执照标准,以体现学生标准的目的"。十年后,有 36 个州积极参与到 INTASC 项目中。INTASC 受 NBPTS 识别专家教师的标准的启发,开始通过设计基于表现的执照标准,"以为整个教师职业生涯的专业发展奠定基础。"

INTASC 的工作同时也建立在许多州先行改革的最新进展的基础上,以及对霍尔姆斯小组、约翰·古德莱德的工作、其他为改革教师教育而设计的主要计划的思考之基础上。在这些情况的影响下,INTASC 研制了核心标准,描述教学的基本特征,而不考虑学科、年级水平或所教学生。这些核心标准的设计有两大特征。首先,标准以表现为基础,换言之,标准描绘了教师步入专业之际应知和应会的内容。第二,标准与当前的学生应知和应会的标准直接联系在一起,旨在满足挑战学科内容的中、小、幼学习新标准。

INTASC 确立了标准的十个原则,并在其后根据隐性知识、个人特征和期望所有新教师拥有的表现技能来对各个原则做详细的描述。

CCSSO 的长期执行主任在 1996 年的著作中指出,全国有一半的州"已经采用或修正了 INTASC 标准,以指导他们的执照颁发规定";INTASC 在改革教师执照的后续工作,为具体学科内容的教学提供了清晰的"如何证明核心能力的具体要求"。这些模范州级标准成形的速度极为缓慢,如今,仍然没有按预期要求完整地出台。CCSSO 承诺开发的一种教学知识(主要是背景和内容知识)的测试也仍在进展中。据报道,针对这种测试以及内容知识测试的效度研究也仍在进行中。

在 INTASC 的工作中,我们并没有发现将会员州学生的学习标准与运用于颁发专业人员执教实践之执照的教师表现标准联系在一起。确实,各州在标准上还存在着变数,但原则的系列表述却糟糕地取代了判断教师能力的丰富标准,而不考虑鼓励教与学上的教育卓越。此外,作为公共职业的门槛,州的执照颁发同时影响教师培养和持续专业发展。教师教育发展链上最为脆弱的环节好比某种杠杆的支点,我们藉此来平衡其他培养高质量教师的投入。具有讽刺意味的是,州教育机构虽然是每个州学生学习标准的主要权威部门,但却没有一个州的机构将其责任的两个方面有效地联系在一起。

五、识别高级专业实践

事实证明，上述这些制定教师培养标准、州执照标准、专业发展和识别标准的努力，都有对系统质量的关注，但这些计划却未能保证质量，因为他们不能透过彼此共事或相关联系来为其提供保证，开发出一项超越各自活动领域、彼此相互连结的理性计划。

在参考 NCATE 标准和 INTASC 标准的原则的基础上，NBPTS 标准先出台的是学生学习标准——也是一种不同类型的标准。尽管 NBPTS 标准是根据学科领域和水平进行安排，但它们并不真正与具体学科领域知识基础的目标概念知识相关。他们呈现知识能力，聚焦教学法深度和流畅上的卓越。

NBPTS 这种对高水平、有思想且多样化的教学法的关注，是对高级专业实践——经过一些年的专业实践以后——的一种合理的阐释。一项基本成就的假设在专业成熟水平上固然有意义，但教学方法的复杂性只是得到其自身的简单评价。就教师目的而言，并没有出现在任何教育卓越的情境、多样化的学习者或学习，或将更具体的细致缜密的诊断见解整合进个体成长与发展的过程之中。教师培养档案袋也好，现场评价也行，不过是系列的展示或表现，并不能真正捕捉人与人之间教与学的"深层结构"——指导某人理解每一个学生做人之学习经验，并真正为之去量身定做的你我关系。

六、修订教师标准

作为全国数学标准开发和传播的先锋，密执安州立大学教育学院院长 Deborah Loewenberg Ball 教授在最近的一项数学教学评价实证当中，与我们分享了几个数学问题。这些问题说明，如何期望一个好教师具备这样的胜任力——诊断某个学生的错误答案中不充分或错误的推理，进而指导学生纠正错误的公式，以获取正确的答案。它们涉及的教育范围以及流畅性不仅对学习更有助益，而且也能促进更有效的教学。同时，有充分证据表明，这份数学标准是面向数学执教者的高"标准"。这就是我们需要开发的具体学科知识类型，以确保基于标准的教师知识和技能引领基于标准的学生学习。

过去二十年，我们对发展基于标准的教育的重心工作给予了足够的专业关注和投入。但是，我们却没有认清真正变革我们国家学校教育实践的期望，从而为我们所期望的儿童和青年人应有的动态未来做好准备。我们有能力从已经为学生制定的学习标准中重新振作，鼓舞士气。尽管这些标准并非完美无瑕，且已经在全国范围内开始适当的修正，但是各州根据联邦《目标2000》的投入所制定的标准——以一种激进的分权化方式——反映了绝大多数人在我们认为学生应知和应会、以实现我们对其未来最大希望的共识。

国会对相当一部分用于与各州制定标准相关的评估经费的削减，已经导致改革进程滞缓，因为取而代之的是随堂考试（"shelf" tests）。这种考试与标准几乎没有任何关系，但却给学校、教师、社区带来严重的后果。这可以从当前行政部门的《不让一个孩子掉队》法案里的具体规定中发现。事实上，这些糟糕的低水平技能考试正在确立教与学的标准，并破坏我们国家通过教育现代化的形式促进卓越的投入与责任。

如果我们欲严肃对待基于标准的教育，将之视为教育儿童与青年的工业化影响形式，那么，在考试已经为我们界定"学习"之前，就有必要对基于标准的学生学习的真实性评价加大投入。它将促使主要联邦管理层消除对美国学校管理的侵害和令人气馁的影响。同时，全国的领导层们必须带领我们回到问题的实质上，其中，各州只是简单地"审批"标准，在审批过程中忽视同行的评审，公众的参与，并通过开展与州已经制定的标准相结合的丰富、多维的评估，促使州级学生学习标准合法化。

但是，为了与重建州级学生学习标准完整性保持一致，我们需要认真从专业上聚焦指向教师准备、实践执照、高级专业识别的教学标准。根据民众的反馈，上述第三个关注领域的标准制定和标准开发，即NBPTS标准，是构思最为缜密的，也是最为成功的。不过，我们仍然任重道远，需要将学生标准的本质与教学工作的本质紧密相连，这远非某一模范教学所能做到的。在私立及范围较小的学校情境中，创新性的特殊结构实践良好，但对于大范围的公共目的而言，我们需要确信，正在向所有学生提供机会学习我们要求他们知道的内容。那意味着所有层次的教师，必须熟稔我们基于标准的知识期望，必须做好充分准备去帮助风格各异的学生达到这一知识和理解的水平。唯其如此，我们方能放心地拥有我们所需要的教师，让他们去引领我们所关注的学生的学习。

　　而且,那意味着我们必须对所有三套教师标准开发部门"强硬起来"。NBPTS可能受到智力上的挑战,更直接地将内容知识整合进高级实践标准中去。教学(pedagogy)是一种交流,一种过程,而非对其自身的一种终结。过于依赖教育工具则丧失学习本身的真谛——知识与理解。全国委员会已经对其认可的教学水准进行了拓展。现在需要做的是修正标准,包括更清晰的聚焦教学作为工具的内容,以确保每一位学生都能进行有价值的学习。

　　对NCATE持续的不满必然与学术性资格认证的傲慢与偏见的传统观念发生正面对抗。NCATE甚至没有采用相同的"标准"语言。事实上,它与学生的学习毫不相干,而只关注教师的学习。NCATE采取的是一种一切都透过大学和国家来进行的传统项目审批模式。这一传统已经在走下坡路了。一些学术性项目,譬如商业学校,是可以带来好处的(体现在其所吸引的教职员工质量和所招收到的学生上面),而资格认证过程却在各个层面都遭受着质疑。NCATE不得不去证明其标准是有用的,特别是在目前这个特定的时期,一个各自为政的高校教育者团体已经建成了另外一个替代性的资格认证团体,而且,为美国而教的计划以及其他吸引大学毕业生投身教学教师招募计划广泛流行,并正在取得巨大的成功。如果NCATE仍想发挥作用,它其实可以促成学术性学科的重要对话,做到与中学后未来教师课程和谐共融,并协商其期望的基于标准的教学内容。而且,从批判的角度来看,NCATE通过展现中学后教育准备的专业性,可以很好地看到并走进教师教学法的培养。仅知道学科内容并不意味着你就可以教授这些内容。而许多"方法"课在教学法范围上却远未达到我们对于多元文化、多变的学校和教室中的教师的期望,在这种学校和教室情境中,我们期望教师帮助儿童和青年人达致新标准。

　　在更好地贯通基于标准的教育环境中为教师从教准备和我们对于学生学习的期望之间,我们还有很多工作要做。但是,在NCATE标准的情况中,采用"修订"(revision)一词并不可行,而"重构"(re-formation或restructuring)则更为适宜。首先,这些变革要求一种截然不同的思维。正如我们期望教师将学生视为"学习者"作为关注的中心一样,教师教育计划亦应如此,其关注的中心必须是作为"学习者"的教师。同时,我们应特别关注未来教师应知和应会的内容。倘若这项重要的工作在传统的学院和大学里无法开展,抑或在专业发展学校或其他远离中学后课业的"临床"场所得到最佳实施,那么,我们应让课程(Program)去适应学生,而非试图在未来教师身上堆砌许多与他们相关的"课程"和"标准"。

最后，与当下相比，各州应该为教师学习负起更大的责任。知识和行为清单，低水平的实践评估，准备课程的伙伴关系，认证团体等都是在浪费公众的资源和时间。为州级教师执照开发模仿州级教师标准已过去二十年——仍未完成——实在是荒唐可笑！每一个州都已经开发出了学生学习标准。同时，每一个州都有投入——几乎在每一个州，教育都是最大的"享有特权而得到拨款"的项目。而且，一旦联合行动起来，各州都可以得到与学生学习标准制定数额相当的联邦拨款。对教师标准的修订其实可以轻而易举地自各州开始。从学生标准切入及其影响结果的必要性的原因分析，各州已有具体规定。既然各州已经看到颁发执照之前负有教师教育项目评估职责，那么，一旦这些执照标准付诸实施，各州也应在公正和公众问责方面担当责任，以确保学院和大学正在为我们需要的教师做准备。

正如我已在其他地方指出的那样，如果各州基于标准的执照考试，初期表现评估足够严格，那么，20个中学后项目的评审或许就没有必要。反之，如果有足够证据表明教师培养与教师执照两者的功能很好地贯通，那么，长期合作应能显现出教师为教学准备的疏忽之处和判断力的特征。州过去常常扮演这种角色，只要与学生标准紧密结合的教师标准被用作学院和大学教师教育项目的评估基准，那么，我们就可以再一次恢复这种角色。教师培养机构能做的有很多，但其学生将不得不满足州对他们为从教而开展基于标准的学习的期望。现在，他们正在有效进行，不过却与我们已为学生制定的高标准毫不相干，这就是修订的实质。同时，州——无论是各个单位，抑或是部门（课程与教学、教师教育、执照颁发）通常都是在同一大楼——正是其肇始之地。

修改总是比撰写来得容易。要不是CCSSO以及后来一个又一个州，或洲际团体，如INTASC联盟，根据需要校准、修定、开发反映对学生期望的教师标准早已经开始。实施以获得高度认可的NBPTS高级教学实践评价为模型的评估，和州级水平一样，可以从内影响教师教育项目，以为基于标准的教师执照的形成性和终结性评价做准备。

一旦各州为教师教育制定了与他们已经为学生制定的学习标准相结合的标准——真正的标准，那么，我们就应该考虑涉及这些标准的上述三个教师标准的部门之间的整合问题了，在我们为学生制定的学习标准的基础上对它们进行重新思考。或许，对内容知识和教学法的修订将同时发生，教育越来越变为一种动态的过程。最近，据《今日美国》报道，美国学生在网络上花费的时间比任何场所都要多得多。我们的学习环境需要变革。这就是为什么基于标准的学习是如此的重要：它不是在限制学校或课堂、等级水平或课程，它是在发展知识。为应对这种学习，我们需要知识更为渊博的教师。他们需要同样类型的基于标准的学习，正如他们所负责的学生一样，以便能够引导学生的学习，引领他们走向未来。

这种对教师标准的重新设计是从根本上对影响教师的标准的"重新界定"。现在，仅仅给事物起个"标准"的名字是远远不够的，NBPTS 成立已有二十年；INTASC 第一份材料发布已有十年，但仍未全部完成；NCATE 首次感到退化的威胁也有三十年。标准的语言已被过度使用。教师教育中的真正内容已成为过去时：清晰界定关于教师的知识和表现的期望，它将确保我们清晰地阐明学生的学习，这一点我们在十年前已经指出。

参考文献：

1. Abdal-Haqq, Ismat. "Professional Standards Development: Teacher Involvement." *ERIC Digest*. 93:8(June, 1995).
2. Ambach, Gorden. "Standards for Teachers (Potential for Improving Practice)." *Phi Delta Kappan*. November, 1996, pp. 207 - 21.
3. Avila, Linda, Frances Van Tassell, Marva Dixon and Steve Tips. "Texas Adopts New Standards for Educator Preparation." *Educational Leadership*. 52:6(March, 1995), pp. 68 - 71.
4. Ballou, Dale and Michael Podgursky. "Reforming Teacher Preparation and Licensing: What is the Evidence." *Teachers College Record*. 102:1(February, 2000), pp. 5 - 27.
5. Ball, Deborah Loewenberg and Heather Hill, "Learning Mathematics for Teaching Project." Presentation, *ETS 2007 Invitational Conference: Measurement Challenges and the Assessment of Teacher Quality*, San Francisco, CA, September 24 - 25, 2007.
6. Baratz-Snowden, Joan. "National Board for Professional Teaching Standards." *ERIC Digest*. 92:4(November, 1992).
7. Bradley, Ann. "Consortium Drafts Model Standards for New Teachers." *Education Week*. (February 10, 1993), http://www.edweek.org/ew/vol-12
8. "Pioneering Board Faces Challenges in Setting Standards for Teachers." *Education Week*. (June 3, 1992), http://www.edweek.org/ew/vol-11
9. Carnegie Forum. *A Nation Prepared: Teachers for the 21ˢᵗ Century*. New York, NY: Carnegie Corporation, 1986.
10. Castor, Betty, President, "National Board for Professional Teaching Standards". *Kappa Delta Pi lecture, annual meeting, American Association for Colleges of Teacher Education*, March, 2000.

11. Clark, Burton R. "Constraints and Opportunity in Teacher Education: Reflections on John Goodlad's Whither Schools of Education?" *Journal of Teacher Education*. 50:5(November-December, 1999),pp. 346 - 51.

12. Darling-Hammond, Linda. "Standards for Teachers". [34th Charles W. Hunt Memorial Lecture] *Chicago, IL: AACTE 46th Annual Meeting*, February 17, 1994.

13. Diegmueller, Karen. "Revamped NCATE Posts Highs Lows in Tides of Teacher-Education Reform. " *Education Week*. (February 26, 1992). http://www. edweek. org/ew/vol - 11

14. Diez, Mary E. "Teachers, Assessment and the Standards Movement. " [Commentary] *Education Week*. (May 3, 2000),pp. 45,49.

15. Virginia Richardson, P. David Pearson. "Setting Standards and Educating Teachers (A National Conversation)" [A Report from the Wingspread Conference] Washington, DC: American Association of Colleges for Teacher Education, 1994.

16. Dilworth, Mary E. and David G. Imig. "Professional Teacher Development and the Reform Agenda. " *ERIC Digest*. 94:1(June, 1995).

17. Education Commission of the States. "A Compilation of the Major Recommendations on Teacher Education. " [The National Commission on Excellence in Teacher Education, The California Commission on the Teaching Profession, The Holmes Group, and The Southern Regional Education Board] 1986.

18. Fullan, Michael Gary Galuzzo, Patricia Morris, and Nancy Watson. "The Rise and Stall of Teacher Education Reform" Washington, DC: AACTE, 1998.

19. Goodlad, John I. "Places Where Teachers Are Taught" San Francisco, CA: Jossey-Bass, 1990.

20. "Whither Schools of Education?" *Journal of Teacher Education*. 50:5 (November-December, 1999),pp. 325 - 38.

21. Interstate New Teacher Assessment and Support Consortium. "Fact Sheet: INTASC Test for Teaching Knowledge. " Washington, DC: Council of Chief State School Officers, i: mac: factsht3. 96.

22. "NEXT STEPS: Moving Toward Performance-Based Licensing in Teaching". Washington, DC: Council of Chief State School Officers. [n. d.]

23. Lieberman, Ann and Lynne Miller. "Teacher Development in Professional Practice Schools. " *Teachers College Record*. 92:1,pp. 105 - 122.

24. National Board for Professional Teaching Standards. "Backgrounder. " 1996.

25. "What Teachers Should Know and Be Able to Do" Washington, DC: NBPTS, 1994.

26. "National Commission on Teaching and America's Future" *What Matters Most: Teaching and America's Future*. New York, NY: NCTAF, 1996.

27. National Council for Accreditation of Teacher Education. "Standards, Procedures and Policies for the Accreditation of Professional Education Units" Washington, DC: NCATE, 1995.

28. "Peer Reviewer Guidance for Evaluating Evidence of Final Assessments Under Title I of the Elementary and Secondary Education Act" Washington, DC: U. S. Department of

Education，1999.

29. Reynolds，Maureen A. "State Professional Standards Boards: A Means for Educators to Control Their Own Profession." *Policy Briefs*. [No. 1] Association of Colleges and Schools of Education in State Universities and Land Grant Colleges and Affiliated Private Universities，October，1994.

30. Scannell，Marilyn and Judith Wain. "New Models for State Licensing of Professional Educators." *Phi Delta Kappan*. (November，1996)，pp. 211 - 14.

31. Shulman，Lee S. "Taking Learning Seriously." *Change*. 41:4(July/August，1999)，pp. 10 - 17.

32. Shapiro，Barbara C. "The NBPTS Sets Standards for Accomplished Teaching." *Educational Leadership*. 52:6(March，1995)，pp. 55 - 57.

33. Teacher Education Accreditation Council. TEAC [Brochure] Washington，DC: TEAC，http://www. teac. org

34. The Holmes Group. "Tomorrow Schools of Education: A Report of the Holmes Group". East Lansing，MI: Author，1995.

35. Wilson Suzanne M. ，"Measuring Teacher Quality for Professional Entry." Presentation，ETS 2007 *Invitational Conference: Measurement Challenges and the Assessment of Teacher Quality*，San Francisco，CA，September 24 - 25，2007.

36. Wise，Arthur E. and Jane Leibbrand. "Standards and Teacher Quality: Entering the New Millennium." *Phi Delta Kappan*. 81:8(April，2000)，pp. 612 - 21.

科学史哲:我国科学教师专业发展中的一个盲点

蔡铁权　姜旭英*

内容摘要:理解科学本质是科学教师专业发展的一个重要组成部分。随着科学哲学观点的演进,科学本质观有了新的内涵,而我国目前科学教师对科学本质的认识并没能跟上时代的潮流,这极大地影响了科学教学,影响了对科学本质的理解和科学素养的提高。科学教师的科学史哲素养可有效地促进其对科学本质的认识。而我国当前科学教师的职前培养与职后培训中都未融入科学史哲教育,科学教师科学史哲素养缺失,科学教师的专业化步履维艰。基于此,科学史哲书刊的编撰与出版亟待重视,科学教师教育中必须关注科学史哲,中小学科学教科书中应该融入科学史哲,以尽快促进我国科学教师专业素养的提高,推进我国科学教育的改革与发展,提高我国公众的科学素养。
关键词:科学教师　专业发展　科学史哲

我国的基础教育课程改革贯穿着这样一个清晰的逻辑:教育改革的核心环节是课程改革;课程改革的核心环节是课堂教学;课堂教学的核心环节是教师的专业发展。21 世纪国际教育委员会提出,"教学质量和教师素质的重要性无论怎样强调都不过分……提高教师的素质和动力,应该是所有国家优先考虑的问题。"美国政府将教师教育提升到事关"美国前途与未来"的高度,将改善教师教育,促进教师专业发展列入美国十大教育目标之一。

科学教师是科学教育成败的关键。科学教育的根本目标在于提高学生的科学素养,科学素养不仅包括对科学知识的了解,而且包括对科学本质的理解。美国在 1996

---

* 蔡铁权,浙江师范大学课程与教学研究所;姜旭英,浙江师范大学课程与教学研究所。

年颁发的国家科学教育课程标准中明确地将科学本质的相关理念放入课程标准，另外，英国的科学教育协会在 1983 年的课程改革草案中也提到："学生应该对科学原理及理论的历史发展有一些基本的了解。"我国新颁布的科学课程标准也十分强调学生必须领悟科学本质。

科学教师在要求学生理解科学本质时，科学教师自己必须先理解科学本质。理解科学本质是科学教师专业发展的一个重要组成部分。澳大利亚学者马修斯（M. R. Matthews）写道："科学的本质很久以来就是理科教师和课程专家们所关心的问题。自 19 世纪初期，科学开始在学校课程中取得一席之地以来，人们一直希望学生不仅要懂得科学，而且要通过内化科学精神懂得欣赏科学的本质，使科学教学对文化品质和个人生活产生有益的影响。显然，要实现人们这一合理的、长期存在的期望，必须依靠教师和课程专家们理解科学方法和认识论（即一些科学本质的知识）。"

近年来，鉴于科学哲学观点的演进，科学本质观已由以往的逻辑实证主义转为当代主流的社会建构主义。但是，我国目前教师和学生对科学本质的了解并没有跟上时代的潮流，仍然停留在逻辑实证主义的观点上。这极大地影响了科学教学，影响了学生对科学本质的理解和科学素养的提高。

科学史哲的核心内涵就是关于科学本质的认识。科学教师的科学史哲素养可显著地影响其对科学本质的认识，从而影响科学教学。因此，提高科学教师的科学史哲素养是科学教师专业发展的核心内容和必经的重要途径。

一、科学教师科学史哲素养对科学教育的影响

诺斯鲍母（R. K. Nussabum）强调，人们往往只是注意到了科学知识阶层的目标，而忽视了科学本质阶层的目标。特别是，后一倾向在一定意义上就可以被看成是与建构主义在教育领域中的兴起是直接相关的："在许多宣称自己是建构主义者的科学教育工作者当中，只有少数人对于上述两个学习阶层都有兴趣。许多教育学者所提出的理念和目标，仅限于达到学习的第一阶层目标。"

在关于科学知识的认识上，科学史哲所蕴涵的当代科学本质观反对把科学知识看作是绝对客观真理，同时也批判了单一的、客观的、纯理性的科学方法论。绝大多数西方当代科学哲学家和科学史学家像波普尔（K. Popper）、库恩（T. Kuhn）、拉卡托斯（I.

Lakatos)、劳丹(L. Laudan)等都有这样的共识:不存在永恒不变的科学真理,科学在本质上是相对、可变的,是处在不断地修正和发展过程中的。科学进步既体现在"累积式"的量变中,又体现在"革命式"的质变中。通过科学史哲教育,科学教师认识到所有的科学理论都不是最终的真理,原则上要接受变更和改进,当科学家们遇到与已有的解释不一致的新的实验证据时,他们的确要改变有关自然界的概念,而事实上他们也已经是这样做的。科学教师在教学中,就不再将知识仅仅作为绝对真理来呈现,这将有利于学生怀疑的态度和科学精神的培养。

在关于科学认识的过程中,当代科学哲学则认为,观察是理论浸染的(theory laden),知识、信念决定着我们的知觉,人在接受感觉印象时绝不是空白的,而是他原来所具有的理论在很大程度上决定着观察到什么。因此,观察本身不是客观的、中性的,一个人的知觉必定依赖于他的信念、价值观和以往的知识与经验。我们所观察的不是自然本身,而是自然对我们探究问题与方法的回应,我们不只是这个宇宙的观察者,而且也是参与者,我们所进行的是一种"观察者参与"的行动。自然只有透过人类心灵才使它自己成为可理解的。

科学史哲教育,为科学教师理解科学方法提供了又一个平台,科学史上的每次重大进展和发现都离不开缜密、特殊的科学方法。伽利略(G. Galilei)是以论证的方式说明自由落体的速度与质量无关,当时真空技术尚未发展,伽利略的推理不是以实验数据为基础,而是运用假说、逻辑推理和数学推理相结合的方法揭示了自由落体定律的奥妙。欧姆(G. S. Ohm)应用电流与热传导相类比的方法总结出欧姆定律;法拉第(M. Faraday)由电生磁逆向思考到磁生电,通过反复实验研究,最后得出电磁感应定律等等。科学史哲教育使科学教师既了解科学家是怎么做的,也学会了自己应该如何去做,使科学方法的教育更具有可操作性,而且促进了科学教师对科学方法本质的了解。关于科学方法的本质,科学哲学所蕴涵的当代科学本质观抛弃了过去那种将"科学方法"神秘化的观点,认为并不存在一种单一的万能的"科学方法",科学方法是多元化的、丰富的,既有实验的、理性的、逻辑的方法,也有非实验的、非理性的、历史的方法乃至系统思维方法,任何方法都是具体的历史的。科学方法也与科学知识一样不是纯客观的。

科学史对科学教育的作用至少有:①科学史可以促进学生对于科学的概念与方法的理解;②透过科学史对于历史的研究,可以使学生的思考与科学的发展进程一致;

③科学史在本质上是有内在价值的；④认识科学史可以了解科学的本质；⑤科学史可以抵消在科学教科书或是课程里常发现的科学主义或独断主义；⑥透过检视科学家们的活动历程，科学史使得科学科目更为人性化，而易为学生所接受；⑦科学史呈现了科学与其他学科之间的连结关系，展现了人类成就整合并且互相依赖的本质。萨顿(G. Sarton)指出："向学生详细追溯一项发现的全部历史，向学生指明在发明道路上经常出现的各种各样的困难，以及怎样战胜它们，避开它们，最后，又怎样趋近于那从未达到的目标，再没有比这种做法更适于启发学生的批判精神、检验学生的才能了。"

经典的科学观认为：自然界是真实和客观的；科学知识是有效的；科学知识的证据来自观察；科学知识的有效性可以通过实验加以检验；科学知识具有特殊的认识论地位；科学知识是一种不断增加的事实资源；科学共同体被认为必须具有一种学术上开放和普遍主义的规范结构。科学仿佛就是全部真理的化身，科学几乎形成了一种话语霸权。

这种科学观认为科学发展从观察开始，科学认识的基本程序是通过观察、测量和实验，获得经验事实性的知识，然后通过归纳与假说，上升到定律，再逐渐形成理论。其基本认识程序是：事实—定律—理论。迄今为止，我国中学科学课程基本上一直采用这种科学观。而科学哲学家波普尔认为科学的发展是由问题开始的，在提出问题后，接着提出猜测性的假说，然后用观察和实验来检验。波普尔主张科学认识的程序是：问题—试探性假说—批判与检验。近年来，由于科学实践哲学、SSK 和女性主义科学哲学研究的兴起，主张"科学研究始于机会"。这种理论认为，没有机会，科学家不会意识到问题；没有机会或者研究条件不具备，即便意识到问题，科学家也无法进行真正的研究。只有机会真正地反映了实际中的科学研究。观察、问题和机会共同形成一种科学研究的起点性链条，形成实践性的科学研究的解释学循环：①通过机会性寻视，我们在评估自己和同行所掌控的资源的基础上，通过先前的实践寻找合适的研究项目或者问题；②然后通过问题，我们去更加具体地实践，并且观察到新的差异和推进原有的研究；③接着在原有研究推进的基础上，我们通过实验室中的科学家社会协商的实践，寻找研究的新机会。显然，科学史哲揭示了科学发展的内在规律，可以有效地促进科学教师对科学本质的理解，从而正确地认识科学教育，有效地实施科学教学。

二、我国科学教师专业发展中科学史哲素养的检视

我国在普通中学系统地开设理科课程,始于清政府颁发的"壬寅癸卯学制"。自20世纪20年代初至40年代末,初中理科教学在分科制与合科制之间摇摆,但分科制占上风。从建国至20世纪80年代的自然科学课程基本上都是统一的分科教学。在20世纪70年代中期,香港率先开始教授综合科学课程。20世纪80年代受国际综合科学课程改革思潮的影响,我国浙江省和上海市在全国率先开始了综合理科课程的尝试,经过十多年的发展,已经取得了一定的成绩。2001年6月,教育部颁发的《基础教育课程改革指导纲要(试行)》中明确规定在小学中、高年级阶段和初中阶段开设《科学》课程。同时,我国教师的专业化也提上了议事日程。

(一) 我国科学教师专业发展中科学史哲教育的缺失

科学教师的专业发展主要落实在职前培养与职后培训中。

1. 我国职前科学教师专业发展的培养

长期以来,我国教师培养机构都是以分科的形式为社会输送合格教师。随着我国不断重视综合科学教育的发展,我国在职前科学教师的培养上竞相开设科学教育专业,使得科学教育专业成为我国教师教育体系中一个以培养高素质的中小学科学教师与科学教学研究人员及科学普及教育工作者的复合型人才为目标的综合型专业。到2003年为止就有32所高校经审批开始招收科学教育专业本科生,浙江省至今已有6所高校开始招收科学教育专业本科生。一些高校正在按照教育学的二级学科或三级学科,开始招收科学教育学硕士研究生。北京师范大学在全国率先开始招收科学教育学专业博士研究生。

目前,科学教育专业在课程设置方面,大多数院校的专业教学计划(人才培养方案)中的课程设置带有学科本位和分科专业的色彩。即,如果是物理院系办的科学教育专业,那么教学计划中开设的主干课程以物理类课程为主,而如果是化学院系举办的科学教育专业,那么开设的主干课程以化学类课程为主,使得专业的综合性不突出。而在职前科学教师的培养中,科学史哲的课程设置竟告阙如,实在令人百思不得其解。

2. 我国在职科学教师专业发展的培训

与其他各科教师相比,科学教师是教师中一个独特的群体,科学教师专业发展的过程中除了要面临着教师专业发展的普遍性问题以外,还要应对一些独特性问题。在职科学教师要面对的独特性问题主要表现在:教从未经历的课程,综合课程对教师的开放性要求与分科教师职业特有的保守性和封闭性之间的反差很大,工作负担过重,致使科学教师无暇扩充知识面。这种局面表明我国目前科学教师连正确理解科学都有困难,怎么可能正确地理解科学本质呢？我们的调查研究也表明了这种推断。

在我国的教师教育结构中,在职教育体系已经形成了庞大的规模,这并不是表明了在职科学教师的培训已经获得了应有的重视和理想的效果,因为现存在职科学教师队伍的形成源于这样一个事实:设置综合科学课程以来,中小学大量不合格学历教师的存在,与国家的经济发展和教育改革发展明显不相适应,从而使得中小学教师在职培训主要是进行学历教育和科学知识的临时补充。这种培训,以书本为中心、以教师为中心、以课堂为中心,实际上承担的任务是对职前教育的缺陷的"补偿",其质量因"速成"和"急功近利",难以达到原本想达到的程度。当然,科学史哲作为一门重要的课程,就根本无法纳入科学教师职后培训的课程体系之中了。

（二）科学教师科学史哲素养缺失对科学教师专业发展的阻碍

由于科学教师科学史哲素养的缺失,他们对科学的理解仍然停留在传统的逻辑实证主义基础上的科学本质观。认为科学知识是客观真理,科学知识的产生范式是以纯粹客观的观察为基础,经由培根(Bacon F.)的归纳法得到科学知识或理论。整个科学研究的过程,就是以客观的眼光来观察自然现象,通过归纳发现获得某些规则,进而在头脑中形成某种假设,再收集资料验证假说,若假说成立就变成科学知识。由于科学知识形成的过程被认为是客观的,而且它是对自然界本质的真实的描述,因此是极不容易改变的,故科学知识被视为客观的真理。由于视科学知识是客观真理,自然把知识及其结构看作是科学的本质。与此相应的科学教学方式当然是传递、灌输,是记忆背诵,视书本为权威,以"双基"为目标也成为自然的结果。

当代科学本质观的基本内涵,根据麦克马斯(W. F. McComas)针对八个国际科学教育标准中关于科学本质部分所分析、整理出的三十项交错、重叠性的观点,整合成14项高度重叠性的科学本质观点:科学知识是多元的,具有暂时特征;通向科学没有唯一的道路,因为没有一种普适的一步一步的科学方法;科学是一种解释自然现象的尝试;在科学中,规律和理论起着不同的作用,因此学生应明白,即使有额外的证据,理论也并不变成规律;来自一切文化背景的人都对科学作出贡献;新的知识必须要清楚地、公开地得到报道;观察渗透理论;科学是社会和文化传统的一部分;科学和技术彼此影响;科学思想受到其社会和历史环境的影响等。对照当代科学本质观,可以清楚地发现我国科学教师对科学本质的理解尚存在较多的偏差,显得比较陈旧与落后。

我国科学教师专业发展中存在的先天不足、后天失调的成长历程,使科学教师的专业化变得步履维艰。

三、提高我国科学教师科学史哲素养的呼吁

科学教师科学史哲素养的缺失影响了对科学本质的理解,进而影响了对科学教育本质的理解。我们在各种可能的场合,不断地为科学教师科学史哲素养的提高大声疾呼,极力推动。

(一) 科学界亟待重视科学史哲书刊的编撰与出版

自 20 世纪 80 年代以来,由于科学史哲与科学教育的学者在一些国际学术研讨会或学术专刊中不断提倡与呼吁,科学史哲的相关研究已逐渐成为当前的国际研究新趋势。欧洲物理学会(European Physical Society)自 1983 年起,在各地陆续举办多场"物理学史与物理教学研讨会"。1987 年,英国科学史学会(British Society for the History of Science)于牛津大学举行"科学史与科学哲学研讨会"。1989 年,国际科学史、科学哲学与科学教育社群在美国国家科学基金会(NSF)的赞助下,首次召开"科学教学中的科学史与科学哲学"(The History and Philosophy of Science in Science Teaching)国际会议。第二届国际会议于 1992 年举行,并易名为"国际历史、哲学与科学教学会议",此后每三年举办一次。1989 年,来自科学史、科学哲学、科学社会学及科学教育各领域的学者及学校教师研究成果的《科学与教育》(Science & Education)季刊正式发行,专门刊登与科学史、科学哲学和科学社会学和科学教育有关的论文。与此同时,一些相关的论文及专著相继发表与出版,科学史哲已成为当前科学教育研究中的主流。

为提高科学教师科学史哲素养,国外也已出版大量的相关书籍。1994 年澳大利

亚科学哲学教授迈克尔·马修斯(Michael R. Matthews)出版了专著《科学教学：科学史和科学哲学的角色》(*Science Teaching*：*The Role of History and Philosophy of Science*)，他认为科学哲学和科学史素养对于理科教师十分重要，他希望理科教师多懂一些科学史、科学哲学。他认为，理科教学中都会不可避免地遇到一些科学史问题，教师如果具有较高的科学史素养就能将其有效地应用于科学教学中。同时，在马修斯看来，在任何一个理科课堂上，哲学问题无处不在。当教师和学生在科学教学过程中遇到诸如观察、假说、模式、理想化、证据、定律、理论等等术语时，当他们停下来问一问它们是什么意思以及正确使用它们的条件时，哲学就出现了，因为所有这些概念都起源于科学哲学家的思考。此外还有休特兰德和沃里克(M. shortland & A. Warwick)著的 *Teaching the History of science*，丁格尔(H. Dingle)著的 *The Scientific Adventure*：*Essays in the History and Philosophy of Science*，德威特(R. DeWitt)著的 *Worldviews*：*An Introduction to the History and Philosophy of Science* 等。

科学史哲相关论文与著作的发表与出版，为科学教师科学史哲素养的提升、科学本质的理解提供了一个良好的平台。而我国目前有关科学教育、科学课程与教学的著作与论文中，仅是少量地对国外科学史哲教育进行简单介绍，系统的研究和丰富的出版物都尚待时日。这就使得我国科学教师未能很好地了解科学史哲的最新发展。由此，为提高我国科学教师科学史哲素养，必须加强相关的研究，并重视专门书籍、论文的发表与出版，为我国科学教师科学史哲素养的提高提供平台。

(二) 科学教师教育中必须关注科学史哲

科学史与科学哲学是国外科学教师教育中的重要课程。最早提倡将科学史哲教育纳入科学教师教育的是德国科学家马赫(Mach E.)。1895 年，马赫提出将科学史与科学哲学融入科学教师的教育之中，他指出，没有任何科学教育可以不重视科学的历史与哲学。1917 年，英国政府在一份题为《教育中的自然科学》的报告中明确提出：在科学教学中，应当进行科学史和科学哲学的教学。报告指出需要把科学的主要成就及其取得这些成就的方法引进到教学中，应当要有更多的科学精神而不是干巴巴的事实。其方法是开设科学史课程，科学史和科学哲学知识应当成为每个中学理科教师智慧的一部分。20 世纪初，萨顿开始在哈佛大学教授科学史，认为学习科学史能够帮助人们更深入地理解科学。

二战后，在美国兴起反科学思潮，为了避免造成科学与人文的对立，科学史便开始在大学并非主修科学知识的科学课程中崭露头角，在此期间，哈佛大学校长科南特(J. B. Contant)为最具影响力之人物。科南特在大学生的通识教育中用案例教学法（编入 8 个科学史事例）实施科学史教育获得了极大的成功。

此外，对科学史哲教育的关注也反映在当代各个发达国家的科学课程与教学改革中。美国的《2061 计划》(1989)，《科学素养的基准》(1993) 和《国家科学教育标准》(1996)，加拿大一些省新编的科学课程(1991)，英国国家课程的科学部分(1988)，荷兰的 PLON 课程(1988)，挪威的核心课程(1994)，丹麦的科学技术课程(1990)，以及西班牙的新课程中，都对科学史哲与教学有着明确的要求。科学史和科学哲学课程也已成为上述国家培养理科教师课程的一部分。在美国有些学区，学完这门课才能取得教师资格证书。西班牙和丹麦最近也为理科师范生开设了这门必修课。

在港台地区，台湾师范大学数学研究所及高雄师范大学科学教育研究所先后于1992 年及 1993 年开设科学史、科学哲学的课程。在大学部，高雄师范大学及东吴大学目前也都设有科学史的课程。

在科学教师的培养中，无论是职前培养还是职后培训，都必须纳入科学史哲教育的内容。以科学史哲相关文章和著作为载体，以科学教师教育体系为渠道，使科学教师高度重视科学史哲学习，提高其科学史哲素养，使其正确理解科学本质。

(三) 中小学科学教科书中应该融入科学史哲

科学史哲在中小学科学教科书中的融入是国外科学教育发展的一个重要举措。美国科学教育专家克劳普福(L. Klopfer)发展了适合高中生使用的 8 个科学史事例。根据克劳普福及库力(Cooley)的研究，在高中物理、化学及生物课程中使用科学史事例，可以增加学生对于科学及科学家的兴趣及认识，同时并未减少学生对于学科知识的学习。与此同时，国际物理教育学会也提出物理学史有益于物理教育的观点。

20 世纪 60 年代，哈佛大学的科学史教授霍尔顿(G. Holton)和一些教育学家、中学教师参与了"哈佛物理教学改革计划"(Harvard Physics Project)，开发了《改革物理学教程》(*The Project Physics Course*，简称 PPC) 作为中学物理教材（还包括补充读本、实验设备等），这部教材大量利用科学史内容，具有明显的人文取向。它以历史文化的观点呈现物理科学进展，成了美国有重要影响的物理教材之一，为中等学校引入科学史哲教育塑造了一个典范。人们称赞它"犹如一位知识渊博、思想深邃的老师，在讲述一个连续的故事情节那样，把物理学是如何通过理论、实验和科学家之间的相互作用而发展的历史生动地展现在学生面前，使他们理解科学研究的方法和思考的方法。"

在我国中小学科学教科书编写的过程中，也要高度重视科学史哲内容的渗透，使科学教师在进行科学教学时，不断进行反思，同时引导学生积极思考，从而正确地理解科学，提高科学素养。

四、结语

科学哲学、科学史对科学本质的理解是关键性的，从而对科学教育的作用是毋庸置疑的，也正因为这样，在国外的科学教育研究中科学史哲成了热点。但是，在我国的科学教育研究中，至今没有引起对科学史哲的关注，在科学教师的专业发展中竟成了一个盲点，这是一种忽视，还是一种偏见？无论如何，在今天，我们必须消除这个盲点，进而重视科学史哲在科学教师专业发展中的作用，大力研究。这样，我国科学教师的专业素养才能进一步提高，我国科学教育的改革与发展才可能有效地推进，我国公众科学素养的提高才有可能。

参考文献：
1. 钟启泉."有效教学"研究的价值[J]. 教育研究，2007(6)：31—35.
2. Michael R. Matthews. The nature of science and science teaching. In B. J. Fraser and k. G. Tobin (eds)，International Handbook of Science Education，Kluwer Academic Publishers，1998：985.
3. 翁秀玉，段晓林.科学本质在科学教育上的启示与作法[EB/OL]. http://140.128.172.7/~bioteacher/inform/learningweb/natureofsci. doc，2004-3-25/2007-9-29
4. Joel J. Mintzes，James H. Wandersee，Joseph D. Novak. 促进理解之科学教学——人本建构取向观点[M]. 黄台珠等译. 台北：台湾心理出版社，2002：178
5. 黄永和.后现代课程理论之研究：一种有机典范的课程观[M]. 台北：师大书苑有限公司，2001：128—129
6. Michael R. Matthews. Science Teaching：The Role of History and Philosophy of Science [M]. New York：Routledge，1994：50
7. 乔治·萨顿.科学的生命[M]. 刘珺珺译. 上海：上海交通大学出版社，2007：50
8. 周丽昀. 当代西方科学观比较研究：实在、建构和实践[M]. 上海：上海社会科学院出版社，2007：46—48.

9. 吴彤,科学研究始于机会,还是始于问题或观察[J]. 哲学研究,2007(1):98—104.

10. 蔡铁权,姜旭英,赵青文,王丽华.浙江省小学科学教师科学素养与科学本质观现状调查及认识[J]. 全球教育展望,2007(8):55—58.

11. Brock,W. H. History of science in British schools:past,present & future. In M. shortland & A. Warwick (Eds.),Teaching the History of science. Oxford:Basil Blackwell,1989:31.

12. Klopfer,L. E. &Cooley,W. W. The history of science cases for high schools in the development of student understanding of science and scientists:A report on the HOSC Instruction Project,Journal of Research in Science Teaching,1963(6):87‐95

学科教师专业知识发展研究的十个问题

邵光华*

内容摘要：教师专业知识发展是教师专业发展的核心部分。本文提出十个值得研究的有关学科教师专业知识发展的问题,对每个问题的研究内容、重要性、意义进行了论述。这些问题包括:学科教师专业知识发展的认知结构框架;学科教师专业知识发展状况以及影响学科教师专业知识发展的因素分析;各学科教师专业知识储备现状;各类培训对学科教师专业知识发展的实际效能的研究;学科优秀教师的专业知识发展轨迹;优秀学科教师的特质研究和成长经验的总结分析;优秀教师专业知识发展案例研发;各学科教师需要知识的"量和质"的研究;各学科教师的专业知识发展的有效途径和策略研究;学科教师专业知识标准的思考。

关键词：学科教师 教师专业知识 发展

一、教师专业发展研究现状和教师专业知识发展研究的意义

自 20 世纪 80 年代初起,国外不同学者如埃尔伯兹(Elbaz,1981,1983)、舒尔曼(Shulman,1987)、布罗姆(Bromme,1994)等相继提出了不同教师需要的知识及类型。分析这些关于教师需要哪类知识的认知模型和研究方法不难发现,在很大程度上这些研究是理念性的和"人为的",而非以实证为根据的,它们主要反映的是研究者个人的教育信念、经验、专长以及研究兴趣和领域,这也正是这些模型中有如此之多差异的基本原因。另外,进一步的问题是关于"教师需要多少量和质的知识"很少被提及和研究。新课程改革之前,国内几乎没有什么教师培训之说,不谈什么专业发展,只是不合

---

* 邵光华,宁波大学教育学院。

格的人员或学历上有进一步要求的人员去教师进修学校、教育学院学习,是一种学历学习,不是现代意义上的教师专业发展概念。近十年,国内关于教师的专业知识及发展已有许多研究,然而这些研究大多停留在宏观的层面,研究者多采用对教师的要求这一外在的视角,而没有立足于教师专业发展的内在需求以及学科教师的层面,翻开文献,很难找到关于学科教师专业知识发展的实证研究资料。总之,已有的研究,从研究对象上看,多是一般对象的泛论,较少针对某一学科教师的专业发展进行研究。从研究方法上看,多是宏观的,很少深入各学科教师专业知识领域内部。从研究结果上看,这些研究理论性强,重在回答教师需要什么类的知识,而对教师现在具有什么样的知识、学科教师需要具有哪些知识和教师是怎样发展自己的专业知识的研究结果相对较少。就时间段而言,大多数研究局限于教师职业生涯中的一个特定时期,如职前或职初,而教师如何在其整个职业生涯中发展他们的知识仍旧不甚清楚,尤其是一些优秀教师的专业发展的历程、经验提炼的研究缺乏。

而课程改革对教师专业发展研究要求需要达到学科教师专业知识发展层面。教师是课程改革的实践者,新课程的实施最终要落实到各个学科的教师身上,学科教师对所教学科知识内容的理解以及对学科知识内容相关的教学知识的了解与把握直接影响着学科教学的质量,直接关系到整个课程改革的成败。因此,关于教师专业发展研究应该由过去"抽象"地研究教师专业发展细化到"具体"研究各学科教师的专业知识发展,研究学科教师专业知识发展、提升学科教师专业知识水平,对新课程的顺利实施和基础教育水平的提高均具有核心意义和作用。

二、学科教师专业知识发展研究的十个问题

学科教师的专业知识发展是教师专业发展的一个关键部分,学科教师专业知识发展亟须研究。从总体上来说,我们又可以将学科教师专业知识发展研究分为许多专题进行研究,目前,我们认为有十个专题需要深入研究。

(一)学科教师专业知识内容结构分析

各学科教师专业知识结构体系研究是依据教师专业知识分类理论(学科知识、教学知识、教育学知识)对学科教师专业知识具体化的针对性研究,更具有现实指导意

义。这种研究不是简单地把知识分分类，而应是细化到各种专业知识点上。正如我们在分析研究数学教师专业知识结构体系时，我们就应该围绕数学学科的特殊性和数学教学的特殊性，去揭示数学教师专业知识的特殊性，与其他学科教师专业知识的不同性，像我们所知道的，数学教师的学科教学内容知识与物理教师的教学内容知识的不同，物理教师必须要有如何演示实验、做实验的教学内容知识，而数学教师不需要这些教学内容知识，但数学教师需要有如何开启学生逻辑思维分析的技能类知识。弄清学科教师专业知识结构构成，对学科教师需要什么样的知识、学科教师现在具有什么样的知识以及学科教师应如何发展他们的专业知识的研究以及科学认识各学科教师专业知识结构具有重要的理论价值，对确定未来各学科教师专业发展培训内容和途径具有重要的借鉴价值，对职前教师培养和职后教师培训都有重要的指导作用。

在对学科教师专业知识结构分析的研究中，首先应该从宏观上弄清楚，各学科教师专业知识结构是什么样的。这可以借鉴一般教师专业知识分类标准。关于专业知识结构的研究，埃尔伯兹（Elbaz，1981，1983）提出，教师需要拥有学科知识（subject matter knowledge）、课程知识、教学知识以及自身的知识；舒尔曼（Shulman，1987）将教师的知识分为七类：学科内容知识、一般性教学知识、课程知识、教学的内容知识（pedagogical content knowledge）、学习者及其特点的知识、教育环境的知识和关于教育目标、目的和价值以及它们的哲学和历史基础的知识。其次，结合学科特点，具体提出学科教师专业知识结构。如数学学科，布罗姆（Bromme，1994）提出了一个更为具体详细的分类。他区分了教师在教学中所需的五种专业知识：（a）数学作为一门科学的知识，包括数学命题、法则、数学思维方式以及方法；（b）学校数学的知识，学校数学具有自己的逻辑并自成一体，它并不只是大学所教的数学的一种简化；（c）学校数学的哲学，即关于数学和数学学习的认识论基础以及数学和人类生活及知识的其他领域间的联系的思想；（d）一般性教学（和心理学）知识，它主要包含一般的课堂组织和教学上的交流，相对独立于学校科目而具有通用性；（e）特定学科内容的教学知识，类似于舒尔曼所说的"教学的内容知识"。第三，各学科教师专业知识的细化分析，结合学科特殊性弄清学科教师专业知识内容体系。也就是说，对学科教师专业知识的子成分，如学科知识、教学内容知识等，进行深刻而具体地研究。如教学内容知识要结合数学学科知识及其教学特点进行具体化研究，如数学课堂中进行怎样的情感和价值观教育，如何逐步使学生养成理性精神等。

另外,教师专业知识显然有与时俱进的特性。上述教师专业知识结构研究发生在上世纪 80 年代或 90 年代初,信息技术尚没有发展到当今地步,在信息技术教育与课程整合的今天,教师的技术知识(计算器、计算机、软件、多媒体使用)对其教学的重要性是不言而喻的。因为技术已经深刻地影响教什么和怎么教,所以,在教师专业知识的构架之中,应有信息技术知识的适当位置。

(二) 各学科教师专业知识状况的调查分析研究

只有了解了目前学科教师专业知识状况,了解当前各学科教师的专业理念、专业能力状况,以及各学科教师专业知识储备情况和应然情况,才能更好地指明学科教师专业知识发展方向,做好教师教育工作。只有弄清教师在适应当前教育教学实际或在一个时期教育教学实际要求方面缺少什么知识,弄清学科教师专业知识在哪些方面有欠缺,才能更好地、有目标地去补充或引导教师自主完善,才能有的放矢地进行专业培训。因此,进行各学科教师专业发展情况及教师专业知识状况的调查分析是制定学科教师专业知识发展政策的一个非常重要的前期工作环节,具有较高的实用效能。在这些方面,我们缺少实证的分析和深度的调查。诚如莱因哈特和史密斯(1985)所指出的:"令人惊讶的是探索教师所使用和所需要的学科技能的类型和水平的研究寥寥无几。除了少数几个例外,对教师学科知识(水平、组织和理解)的探讨只是被侧面提及而没有做专门的研究。"现在情况也没有太大的进展。教师对学科知识的理解水平怎样,对某个学科内容的教学知识了解多少,这是我们所缺乏的。我们需要这方面的实证研究。

(三) 优秀学科教师专业知识特质分析

我们希望我们的教师越来越优秀,那么,优秀教师的特质如何? 优秀教师优秀在哪里? 在专业知识方面有什么特殊性? 从专业知识角度对高中各学科优秀教师的特质进行分析与研究是一个非常有意义的课题。研究学科优秀教师的成长经历以及专业知识构成,对于构建教师专业成长"路线图"和专业知识发展途径,对指导学科教师积极主动可行地进行自我专业发展,改变教学方式,应对新课程改革的挑战,全面贯彻落实新课程改革精神均具有重要的指导意义。对各学科优秀教师专业发展历程进行全方位考察,以期获得各学科教师专业发展的成功经验和针对性强的专业发展有效路径，能为教师向优秀发展提供参照，也提供标准。这对于提高各学科教育质量以至整个基础教育的质量，对新课程改革的顺利进行有着不可估量的作用。

专家和新手比较研究的结果为我们提供了一定的借鉴，但优秀教师和专家还不能划等号，尽管这两个概念都是不好界定的，优秀教师更多地应该从学生的视角去看，专家教师更多地应是从学术的视角去看。优秀教师我们可以粗略地界定为受学生爱戴、教学效果好、教学效率高的教师。这可通过学生评价和同行评议胜出。针对这类教师，我们通过质的研究方式和量的研究方法进行细致分析，获得其专业知识特性。如内在的知识在行为方面应有一定的表现，我们可以通过优秀学科教师教学行为观察分析，发现好的教学行为的专业知识方面具有什么特殊性，良好的教学行为受怎样的专业知识影响。专家和新手对比研究初步发现，学科专业知识不扎实、不宽泛、理解不透，将导致拘谨的教学行为，不能游刃有余，有束手束脚之感。教学的经验知识（个人知识）也非常重要，对新手教师如何弥补这方面的缺陷有重要的指导意义。

（四）优秀学科教师专业知识发展案例研发

案例教学是促进教师专业发展的一种良好的教学方式。加强优秀学科教师专业知识发展案例的分析研究和开发，不仅有利于引导一般教师专业发展，而且有利于探索基于优秀教师个案分析研究的学科教师专业知识发展。

从个案角度去研究各学科典型优秀教师的特质和成长经历，揭示各学科典型优秀教师的专业知识特征，总结优秀教师成长规律，这方面的研究不多，我们需要建立典型优秀教师专业（知识）发展案例库，包括数字媒体的和文本格式的，展现其专业发展历程，使更多的教师获得启示。

（五）学科教师的专业知识发展观研究

了解学科教师的专业知识发展观对学科教师专业发展具有基础性指导意义。同样的师范教育培养出来的教师后来发展不一样，有前期学习结果不同的差别，也有后期自主发展的不同。那么，研究学科教师专业知识发展观，比较优秀学科教师与一般学科教师专业发展观方面的不同，对于扭转教师专业发展观念，形成良好的专业知识发展观具有重要意义。平时的知识积累、经验反思等可能都是不起眼的专业发展途径。目前初步了解发现,教师专业发展观念单薄,缺少发展意向,缺乏原动力,教师都是在"加分"或"必须参加,否则继续学习分或进修分不够"的强制下"被迫"参加的一些培训活动。是他们感到不需要? 是不思进取? 还是培训内容不适合他们? 这就需要通过调查了解弄清的。一个缺乏专业发展意向的教师是难以进步的。我们的教师整体上是比美国强,这也是教师专业发展为什么由美国率先发起的一个原因,我国没有美国教师专业发展的需要迫切可能是正常的,但教师宥于原有知识领域、故步自封、不思进取,就难以跟上教育发展的步伐。因此,如何树立学科教师专业知识发展观研究具有重要的现实意义。

这方面的研究既需要大面积的问卷调查,又需要对不同层次教师的深度访谈。弄清发展观状况以及导致根源,为形成教师正确的教师专业发展观找到关键所在。

(六) 学科教师专业知识标准的研究

学科教师专业知识标准既是变化的又是相对固定的,研究学科教师专业知识标准具有时效性。新课程下学科教师专业知识标准与以往标准有明显不同。如数学教师,以往标准中不需要球面几何的学科知识,而新课程标准中增加了这个内容,那么时下数学教师就必须有这些知识。同样,教学内容知识方面,以往的教学理念中缺少自主学习能力的培养,现在提倡这种能力的培养,那么在教学方法方面,就应该有怎么样能促进学生自主学习能力提高的教学策略知识;在概念教学方面,以往不注重概念的形成过程,不考虑概念的来龙去脉,对为什么引出这个概念与引出这个概念有什么用即对引出概念的必要性和意义等方面的知识是不考虑的,现在注重过程性教学,这些就成了教师概念教学方面必备的教学内容知识。总之,学科教师专业知识标准与学科课程标准应同期研究提出。只有达到这个标准才能进行课程标准的教学。所以,我们亟须学科教师专业知识标准的研究和制订。标准研究应该具有前瞻性和实效性。就学科知识而言,有知识范围界定,有知识理解要求,有对知识的教学法理解。关于学科知识的教学内容知识,是独立存在的,还是一般教学法知识临时应用在学科知识的教学处理上? 我们认为两者都有。学科教学论学习一些重要学科知识内容的教学处理,这些就是存在的。许多是临时处理的结果,是一般教学法知识的应用,俗称教学机智——教学方面出现的意料之外的事件的处理策略。

学科教师专业知识标准的研究也就是学科教师专业知识"量和质"的分析与研究。当然,知识越多越好,但教师的时间是有限的,而知识是无限的,必须确定一个教师需要的最低知识量,这是一个非常困难的问题。首先要考虑学科教师的核心知识体系,然后再考虑宽泛的知识群,而这样的外延很难界定。但是核心知识体系必须确定。研究教师需要多少"量"的以及相应多少"质"的知识才算"够",不论对职前教师培养还是对职后培训都具有重要的现实意义。对各学科教师需要知识的"量和质"的研究将丰富教育理论、教师专业发展理论,是建立科学的学科教师专业标准评价体系的一个重要参考。

基本要求的学科教师专业知识"量和质"的标准是什么,非常值得研究。教师需要多少知识是一个难以回答的问题,可能正是因为它的难度,它很少被提及和研究。中国有句俗话"如果你想给学生一杯水,那么你就需要有一桶水"。这清楚地表明,对于同一种知识("水"),教师需要比学生知道得更多。这句话我们常误解为你要给学生一个,你要有十个,是面上的,而不是深度的。其实,更为重要的是要知道得更深刻,也就是一个"质"的问题。

(七) 各类教师培训实效性研究

新课程改革实施以来,我们进行了各种各样的教师培训,以扭转教师的教学观念,提高教师的专业知识水平和专业能力。那么各种培训的实效性如何,目前还缺乏相应的研究数据。为了使我们的培训有实效而非形式,通过实际调查了解各种形式的培训效果非常必要,对调整培训方式,提高培训效果具有重要作用。为了获得真实数据和情况,这种研究适于"民间"或学术团体研究,而不适于"行政"或政府行为研究。研究方法可以采用问卷调查的方法和访谈的方法,也可以进教室进行课堂观察,从教师的教学行为来分析教师的观念转变。

(八) 学科教师专业知识的微观分析研究

有研究表明,在专业知识中,影响教学效果的重要因素是教学内容知识,关于教师的教学内容知识的微观研究也非常重要,可以结合具体而重要的学科知识研究教师关于该具体学科知识的教学内容知识情况,如数学学科,可以针对函数概念或极限概念这些重要的概念,去研究数学教师关于这些概念的教学内容知识,具体可以采用课堂观察、深度访谈等研究方法。通过这些微观研究,可以了解一类教师的教学内容知识情况,为其专业知识发展找到方向。这方面的研究国内非常缺乏。这既与国内研究风格有关,也与人们看待研究的视角有关,教育研究者不看重这些微观研究,研究成果难以发表。

作为研究者,应对教师关于学科内容的教学知识了解清楚,同时,对各重要学科内容的教学内容知识应更好地去开发,基本的教学内容知识应该让一般教师掌握。我们可以编制一些关于学科内容的教学内容知识材料,供教师学习参考。如数学学科,可以组织人力编写《作为教育任务的数学内容及其教学的内容知识》之类的著作,含有重要学科内容以及这些内容的教学知识。如极限概念,可以围绕极限的产生发展从联系的角度深刻分析其概念的本质,进而从教学的角度阐述其各种教学方式和方案设计,可以从案例的角度进行,也可以从教学法角度进行。

(九) 教学案例的开发

在更广泛的基础上,Richert (1991)从以下几方面介绍了案例的用途:

* 反思——教师学会反思。因为他们会认真地思考他们的工作,把工作看成问题而不是任务。

* 学习——反思导致学习,例如,对特殊教学情景的理解。

* 知识——学习的结果是知识的构建。因为学习者书写和谈论他们的工作,他们会明确他们知道什么。

* 协作——与同事进行反思性交谈并共同处理问题。

在教师专业发展中,教学案例具有重要的作用。正像 Shulman (1992)解释的那样,案例给专业人员提供了一种聚集在一起进行复述、反思和分析的机会。新课程改革促使广大教师进行案例写作,但有计划的系统案例开发研究还没有。成系统的,每个案例都有一定主题的案例需要研究,让每个案例都成为一个研究型教学和学习模式的案例。如数学案例,可以选一个教师课堂教学片断,描述一些事件,这些事件通过教师和学生在课堂上共同参与到挑战性数学任务来展现。每个案例通过教师的视角来讲述,在与学生的互动中突出他(或她)的思想。伴随每个案例的是一个开放的数学活动,通过这些活动使读者体会其中的数学思想。认真研发教学案例,有助于教师专业知识的良好发展。

（十）学科教师专业知识发展的方法、途径与策略研究

对于这个问题的研究，首要问题大概是要搞清楚教师专业知识的来源问题。一般地，人们认为中小学学习的经验、师范教育（职前培训）、在职培训以及教学经验是教师专业知识的主要来源，但这类研究得到的有关这些来源对教师知识发展影响的结论，对于同一种来源而言缺乏一致性，而对于不同来源而言则缺乏完整性。如关于每一种来源对教师知识发展的影响程度，研究者们得出了不同的结论。因此非常需要在这方面开展直接而系统的研究。弄清教师专业知识的来源，就比较容易去进一步探索教师专业知识发展的途径、方法和策略了。

教师是如何发展他们的专业知识的？大多数研究局限于教师职业生涯中的一个特定时期，通常是他们的职前培训阶段，或是他们在进入教学职业后的最初几年，而教师如何在其整个职业生涯中发展他们的知识仍旧不甚清楚。学科教师专业知识该怎样发展？综合前面的研究，明确学科教师专业知识发展内容、途径和策略的意义是重大的，也是一个急迫的问题。

三、学科教师专业知识发展研究的方法和路线

教师专业知识发展具有一般性和特殊性，各学科教师专业发展路径和策略既有共性又有个性。不同的专业知识成分有不同的来源和发展途径。各学科教师的专业发展重在学科教学内容知识的丰富和更新，优秀学科教师的成长经验和教学经验有着重要的借鉴价值。所以，学科教师专业知识发展应具有学科特色。

上述十个问题，其实进一步按教师的类别和学科的类别进行再分：纵向维度可以按小学教师类、初中教师类和高中教师类来分别研究；横向维度可以按数学、语文、外语等学科分类。这样，就形成了各学科、各级别的教师专业知识发展研究专题。进行各个专题的研究，最后，小溪汇成河，形成整个学科教师专业知识发展系统成果。

上述不同问题使用的研究方法一般也不同。如调查研究需要采用大样本统计分析技术对各学科教师专业知识进行全面综合系统的调查分析，以及案例分析技术。总之，这些研究涉及的研究方法包括了教育研究的一些主要方法，如抽样调查法、比较研究法、文献研究法、案例分析法、个案研究法、访谈（包括深度访谈）、课堂观察技术、统

计分析法、层次分析、聚类分析法等。我们认为,如果一个研究者要做某个学科的教师专业知识发展系统研究,可以采用下面的技术路线:

(1) 概念界定。通过文献研究和国际比较,再结合专家访谈,界定学科教师专业发展和专业知识的内涵及相关概念,建构学科教师专业发展的认知框架。

(2) 学科教师专业知识发展状况调查。设计学科教师专业知识发展状况调查表,通过抽样调查分析学科教师的专业知识发展状况,给以真实地描述。

(3) 学科教师专业知识发展状况的现场考察和案例分析。收集不同层次的教师的具体课例和案例,并结合访谈,进行分析,丰富调查分析的结果。

(4) 学科教师专业知识研究。通过调查和访谈,比较和分析,以及理性思考,获得学科教师专业知识状况。

(5) 对优秀教师进行个案研究。收集整理有关优秀教师专业成长的资料,深度访谈,描述他们的专业知识发展过程。

(6) 优秀教师的特质分析和研究。对优秀教师的课堂教学通过观课技术进行分析研究,比较和分析优秀教师和普通教师的课堂行为,探索他们的专业知识的差异,同时获得优秀教师的专业知识发展经验和策略途径。

(7) 教师需要知识的"量和质"研究。精选学科概念、思想和方法,考证教师的理解和认知。

(8) 教师培训成效作用研究。既可以直接通过教师问卷调查了解各种培训方式效果,也可以通过对新旧课程下的学生问卷调查了解旧课程教师和新课程教师教学方面的差异,从一个侧面反映培训的效用。

(9) 学科教师专业知识发展途径研究。综合以上研究成果提出有针对性的发展策略和路径,形成学科教师专业知识发展的"路线图"。

参考文献:
1. 魏国栋,吕达主编. 新课程中的教师角色与教师培训[M]. 北京:人民教育出版社,2003.
2. 裴娣娜. 教育研究方法导论[M]. 合肥:安徽教育出版社,1994.
3. 李森,宋乃庆. 基础教育概论[M]. 成都:四川出版集团四川教育出版社,2004.
4. 佐藤学. 课程与教师[M]. 钟启泉译. 北京:教育科学出版社,2003.
5. 陈向明. 质的研究方法与社会科学研究[M]. 北京:教育科学出版社,2000.
6. 傅道春. 教师的成长与发展[M]. 北京:教育科学出版社,2001.
7. 施良方,崔允漷. 教学理论:课堂教学的原理、策略与研究[M]. 上海:华东师范大学出版社,1999.

8. 范良火. 教师教学知识发展研究[M]. 上海:华东师范大学出版社,2003.

9. 吕达等. 超越经验:在自我反思中实现专业发展[J]. 教育学报,2005(4):65—70.

10. 马云鹏等. 教师理解课程影响因素的研究[J]. 教育研究与实验,2001(4):30—35.

11. Leinhard G, Smith D A. Expertise in mathematics instruction: Subject matter knowledge. Journal of Educational Psychology, 1985(77):247 - 271.

教师发展与学习质量:学校领导的影响

Mel West 赵 丽 *

内容摘要:本文对国际上有关学校领导的研究状况进行了简要回顾,评析了教育领导在学校效能和学校发展中的核心地位。本文也对教育领导的模式进行了探讨,它的一些主导模式主要包括交易型领导(transactional leadership)和变革型领导(transformational leadership)。

关键词:教师发展 学习质量 学校领导

一、背景

研究者一致认为,实践中有关教育变革的一个核心领域就是学校领导对学校效能和学校改进的重要影响。很多国家在此领域的研究结果表明,校长在学校发展和变革中起着重要的作用(Van Velzen et al., 1985；Hopkins et al., 1994；Ainscow et al., 1994；Stoll and Fink, 1996)。本文认为,那些在发展过程中体现出本身发展能力的学校,必定是校长对教师发展和学校本身效能提高起到关键领导作用的学校。无论在"学校改进"这一复杂领域中存在多少争议,学校领导在学校层面所起的核心作用都是毋庸置疑的。

30多年前,英格兰皇家督学署就将"学校领导"定义为"优质学校"的核心要素之一。该署指出,在"十所优质学校中,最重要的一个因素,无一例外地表现为校长的优异领导力"(Ten Good Schools, 1977)。自此之后,世界上很多国家在其进行的教育改

---

* 梅尔·维斯特(Mel West),英国曼彻斯特大学教育学院；赵丽,华东师范大学国际教师教育中心。本文由赵丽翻译。

革中都异常重视学校校长的角色和责任。很多国家的教育体系在发展中出现了学校管理的地方分权化趋势，这更加使得校长成为经费和资源的"管理者"，学校人员的"领导者"。此外，学校之间竞争的不断加剧，政治对教育影响的不断加大，都更加强调关注提高教学标准，提高学生学业成就。而在这些过程中，校长被视为发挥影响的重要因素。

上述发展需求的结果之一是学校领导培训项目的萌芽（Huber and West，2002）。虽然很多学校领导培训项目局限于校长能力的培训，但还是加强了校长在学校发展和改进活动中的核心作用和中心地位。社会在对校长领导角色更加关注、加深理解的同时，关于领导理论发展模式的研究也得以推进。例如，对领导行为和学校文化之间关系的研究成为研究者关注的重点（Hopkins et al.，1994；Sergiovanni，1994）。

英国强化地方对学校的管理，这一举措具有一定的理论依据，即"地方分权和学校效能"之间存在相关。很多国家也受到这种理念的影响而纷纷效仿。其中，学校自主管理的趋势是建立在一种假定的基础之上，该假定认为，基于机构本身所作的管理决策更为有效。对学校自主管理的重视为很多校长所认可，其根本原因是它扩大了校长对学校政策和资源的掌控力度。当然，从另一方面也增加了校长工作的复杂性。

首先，校长在掌控经费预算和资源运用，改变和制定新的发展战略方面的机会不断增加，这必然面临着学校人员发展的新问题。实际上，校长必须要发展的能力不仅仅要具备在操作层面运用经费和资源方面的技能，而更重要的是在人际关系层面制定并支持教师发展的新的优先战略所必需的更为复杂的能力。也就是在这个方面，特别是学校面临困难和需要发展的时期，校长领导力的质量（对于处理人际关系能力的运用）受到考验。当前校长培训项目的重点都过于集中于操作层面管理能力的培养，并没有充分认识到当学校致力于师资发展和自身发展时，其更可能需要的是校长的人格力量和处理人际关系的能力。一般的领导理论中，都对领导者及其团队之间关系以及领导者发展、调控与其团队关系进行了阐述。这并非仅仅是一个"学校"的问题。Murphy 于 1991 年指出，领导力是由朝向领导者行为和组织文化之间关联建立的过程中很多阶段组成的。这些阶段从广义而言，包括以下方面：

第一阶段：最初关注成功领导者的个人品质和性格特点，因此产生了人格理论或特质理论；

第二阶段：很多研究者关注领导者的实际作为，是否存在与成功领导力一致的行

为模式或途径?这些疑问促成了行为理论的发展;

第三阶段:研究者不断意识到对于"任务导向"和"以人为本"的行为模式,不同情境中的群体对其的理解不一,这就突出了在一般领导理论中具体情境对于更好地解释领导力的作用,从而使一系列情景导向的领导理论得以产生;

第四阶段:强调领导风格和组织文化之间的关联。领导力的定义发生了转型,其潜在含义是改变人们工作的文化情境。

最后一阶段的领导理论对过去十年中教育领导的发展产生了最为深远的影响,很多国家都对"交易型领导"和"变革型领导"进行了大量的探讨。在那些中央集权的国家,"交易型领导"被视为"当务之急"而加以运用;而在分权盛行的国家,"变革型领导"则受到广泛青睐。在此,有必要对上述两种典型领导理论加以比较。

在更为稳定的学校制度中,发展目标都是游离于学校体制之外的,维护当前权力关系较之发展更为重要。在此系统中的校长,其主要角色是维护并促进系统的利益,这是"交易型领导"模式的一种体现。该领导模式的重点是学校制度和结构的管理、效率和效益的创造以及规定目标的达成。交易型领导的作用是聚焦组织发展的核心目标,帮助组织成员认清实现目标需要付出的努力。当影响成功的各项参数清晰明确时,交易型领导能做到非常有效。特别是组织成功参数十分明确,强调统一而非创造性,组织结构和关系保持不变时(比如说教育内容和模式发生变化也不能影响组织结构和关系的变化),交易型领导甚至能非常有效地使组织发生某些变化。因此,交易型领导非常适合稳定的学校和社区。当然尽管这样的领导模式为组织带来稳定性和安全性,它也存在着一些局限性。例如,在这样的领导模式下,教师的积极性和创造性得不到鼓励和发展,也不太可能保证学生获得全面发展。

然而,在交易型领导的环境中,也不可能产生学校持续进步所必须的复杂而又动态的各种组织文化的变革(Stoll and Fink, 1996;Beare, et al. 1989)。能适应组织文化变革的领导模式就是变革型领导。这种领导关注组织中的人以及人与人之间的关系,寻求转变人员情感、态度和理念的途径。变革型领导不但管理组织的结构,而且还有目的地影响学校文化进而对其加以改变。在校本改革中,文化变革及其连带的复杂性居于学校改进之核心地位。对此还存在很多的争议。因此,不论从理论上还是概念上,变革型领导更倾向于学校改进,而非仅仅"改变"学校。

当然,尽管领导力在学校改进中的核心地位是毋庸置疑的,但不同文化情境的学校改进中起领导作用的人包括哪些？在这方面不断呈现出来的文献研究表明了组织中所有层面的领导都是非常重要的，例如在解释学校微观层面的效能方面，"中层管理者"所起的领导角色被认为很重要(Sammons et al. ，1996；Harris et al. ，1995)。同样，越来越多的研究者呼吁，要认可教师在其所负责的领域所起的领导作用。最近研究中出现一个新的提法——"分布式领导"(distributed leadership)，它是在明确定义个人权责及确保二者一致过程中产生的一个新概念。然而，有研究结论指出，学校自我管理所带来的一些变化导致领导和下属之间层级划分的加大(Wallace and Hall，1994)。在某些经理主义文化盛行的学校，高层管理者更加凸显，相对于大多数人而言，领导成为少数人的行为。

有些学校的目标是促进学校的持续改进，这些学校受限于具有等级功能的领导模式并在不断地超越这种局限。然而，这些学校在本校文化基础上，依据学校的使命来广泛地发展领导力和追随力。

上文曾引用了 Hopkins (1994)的观点，即在一所学校中，如果校长是唯一的发展指引方向和源泉，那么它自身的发展能力将受到极大的限制。然而学校的管理结构通常是强化而不是削弱这一点，使知识和技能在传播过程中受到层级制度的限制。根据我们对学校的研究发现，能促进学校改进的领导应是具有活力的、分权化的。在工作中，校长要赋予其他人权力并帮助他们明智地使用权力。这就要改变将"组织结构"看成是控制手段的看法，而应将其视为赋权给其他人员的一种工具。这种看法的改变对学校十分重要，不但对课堂教学的发展具有重大意义，也对学校决策层意义非凡。

即便如此，改变并非易事。即使当领导和下属目标一致时，领导也不容易信任下属能运用自己的知识和技能促使变革。然而，信任是营造领导气氛之必不可少的。变革型领导就是建立在信任的基础上。Evans 指出，"信任是领导者和被领导者直接的重要纽带，对人们工作、地位、职责、忠诚和团体关系至关重要。当组织快速发展进步时，需要成员付出更多的努力，贡献更多的智慧，这时信任就处于双重的关键地位；对于像学校这样自身激发因素不多的组织也是如此。"

在对领导的研究中，有必要更加关注人际关系对领导的影响，明确校长领导的概念和其相关价值观。在"如何造就高效能的学校"方面，已经产生了很多不同的研究成果。但这些研究是否也对人际关系、校长领导的概念及相关价值观进行了探讨呢？它们对校长做了怎样的描述？它们认为校长和学校领导者在推进学校效能方面应该起到什么作用?

二、效能研究和学校改进研究中有关学校领导的概述

关于赞同学校需要有效领导的文章不胜枚举(如 Caldwell and Spinks, 1992; Crawford et al., 1997; Grace, 1995),但对于有效领导的本质却看法不一。学校效能和学校改进的研究促进了领导特别是校长领导概念的发展。尽管两类传统研究都认可领导的重要性,但它们分别是从不同的理论视角对其加以探讨。

学校效能研究着重强调组织发展和变革中结构的重要性。它较少考虑学校内部不同管理层面或者对学校(或部门)效能发展起作用的过程因素。与之截然相反的是,学校改进研究一贯关注过程因素,并将之视为组织发展和改革的关键。

学校效能研究具有一些普遍特性。首先,它的信奉者倡导"效能"的狭义概念。依据 Scott 于 1987 年提出的一些概念,他们认为学校是理性的、目标导向的系统,并且目标清晰而一致,目标指向学生的学业成就,而这些学业成就是可测量的。设定可测量的成就目标,并将其中体现出的学生成就水平进行比较,就能确定哪些学校学生能达成较高的目标,哪些则不能。通过以上途径,便可评估学校的效能(这种方式意味着学校是什么——这一教育目标定义的问题已经解决,或者就不在研究范畴之内)。其次,学校效能研究尝试将学校中的行为素质与个体特质联系在一起。在个体特质与学生成就的关联方面,展开了大范围的研究,明确了学校的特征,进行了各相关性分析。Sammons 等人于 1995 年的研究提出与有效学校相关的十一项特征。这些效能因素涵盖了学校层面和课堂教学方面,十分强调领导、团结、秩序和高要求。这些研究将学校作为一个组织,关注技术核心、学校的结构、为学校成员服务的领导力。但是对于影响决策的价值观和原则,领导影响学校成员之间关系的途径,没有进行探讨。例如,1988年 Mortimore 及其同事在早期研究中将校长自觉领导力界定为英国小学效能的核心要素之一,"当校长理解了学校的需求并能积极投身于学校工作中时,自觉领导才能实现"。尽管他们将领导视为资源提供者和一种现实的存在,但却没有对自觉领导者的行为进行研究。

我们认为效能研究的最大局限之一是,它过于关注自上而下的领导模式,对学校内部环节或过程之间的交互作用没有做深入探讨。大多数学校效能研究忽略了组织

内部除高层管理层外其他层面的领导，把领导解释为校长（或高层管理层）的参与和存在。然而，近期很多学校效能研究指出了组织内其他层面特别是中层管理层领导的重要性（Harris et al.，1995；Sammons et al.，1996；Harris，1998）。

总之，当前的效能研究较多地论述对学校改进所提的建议，而对学校改进所需的行动则很少有详尽的探讨。由于缺乏对领导定义的动态界定，效能研究的实际运用也只能限于一些说教，而拿不出学校发展和改进的实践依据。由于学校效能运动正朝着标准化的方向发展，它首先用"交易型"的术语对领导作了解释。在我们看来，学校效能研究所采用的领导模式，因为它局限于用一种过于理性的视角来研究组织变革和发展，在某种程度上还容易受到质疑。

与之相反，学校改进研究重点强调影响学校个人和集体行为的标准和价值。在学校改进研究的文献中，对学校的分析都将学校界定为一个具备有机的、动态的文化整体。与学校效能研究不同，学校改进研究普遍认为，了解组织内的不同层面对组织十分重要。如能够认识到学校通常是一种等级的、官僚主义的系统，这十分重要。学校改进研究的一个关键假设是通过改善学校的内部条件，运用领导力消除官僚主义的限制，能引起学校文化的变革，营造一种更为自由的学院式组织结构（collegial structure）（Hopkins et al.，1994；Ainscow and West，2004）。

学校改进研究经常提到文化变革，认为文化变革促进形成新的教师协作，新的教与学的过程，反过来能提高学生的学业成就。基于文化变革的重要作用，学校改进研究将它列为领导研究的重心。促进学校改进的学校文化应该是合作的，对于学生和教师都赋予高期望的。这些学校文化在价值观上体现出统一性，能形成安全的环境，使得所有的教师在其相关活动中能承担领导角色。总之，学校改进中领导的作用是通过改变组织内部的环节而非影响组织结构自身来推动学校文化的改变。

学校改进研究认为，能给学校改进带来最佳前景的应该是变革型领导而非交易型领导。当领导者更为关心组织成员获得全面发展并能积极参与，而非仅仅履行自己的任务时，变革型领导便产生了（Mitchell and Tucker，1992）。变革型领导强调过程和交互作用，与学校改进更为一致。在这样的领导模式中，有效的领导者通过示范而非说教的方式，展现对文化变革的"感受"，运用事例塑造期望的典范。关键之处在于，他们把握住了真正实现学校改进的抓手，即教师的质量和参与，而非校长的决策。

　　本文探讨了在领导研究中普遍存在的两种争论，即在学校效能研究中被视为交易型领导，在学校改进研究中被视为变革型领导。然而，我们认为以上两种模式都不能完全概括能够持续发展的学校所具备的动态特质。这两种传统的研究所涵盖的领导的概念与模式，在理论层面上对于深入探讨和理解领导起了一定的作用，但是并不能为领导促进持续的学校改进提供实际指导。因此，我们所需要的领导模式，应是当前所有模式的一种统整，能为领导者鼓励和促进学校改革提供充足的行动指南。文章的第二部分将探讨学校校长通过队伍建设促进学校发展的各种途径。

三、变革型的理念：展现教师最好的自我

　　如上所述，变革型领导的核心是建立相互之间的信任和尊重。信任不是自发形成的，它需要刻意的、系统的经营才能产生。有效能的校长们了解信任教师的重要性，他们也知道鼓励教师的最好途径就是信任教师。信任使得组织结构关系个人化，而这种个人化的关系则能撒下互相承诺的种子。

　　信任还体现了给人们做不同事情的空间，甚至偶尔犯错误的空间。我们从自身经验上能学到比他人经验更多的东西。最好能够允许别人犯错，并能将错误作为一个学习的过程；而不要采取强加的干预措施防止犯错。当然，这需要我们重新思考学校情境中"授权"的含义。通常"授权"指，"我将让你来完成我需要做的事情"。它应该理解为，"我将让你自己来完成这件工作，如果你需要任何建议可以随时来找我"。

　　信任是指认可专业知识而非职位和资历。通常很多青年教师掌握最新的学科知识，比一些老教师能更好地发挥带动作用。在这类事务的管理中，应该按照知识的层级而不是职位的权力来决定。尽管很多学校都有官僚主义的组织结构，在实践中，很多系列的、灵活的管理比学校传统的官僚主义做法更为有效。信任也意味着团队合作是比个体独立工作更有效的一种策略。团队合作可以产生积极的、人与人之间的关系，加强相互之间的工作承诺并促使创造性张力的产生。

　　然而，提高教与学的质量需要一系列帮助教师发展技能水平的理念和策略，也需要创设一定的氛围，以鼓励教师进行课堂教学实验和经验共享。但是，教师的发展必须紧扣课堂教学的具体成果，这也非常重要。在这种情况下，教师的学习经验较其他兴趣和偏好更具有优先发展的地位。

四、了解教师如何发展

如果你询问任何一位教师，他们通过工作所学到的最重要的东西是什么，是从何处学到的，他们会告诉你在学校教学中的经历。毫无疑问，一些恰当的培训能起到激励教师发展的重要作用，但教师的很多发展还是发生在教学过程中。对教师而言，从课堂内外都能学到教学经验和相关技能。

因此，为了更好地制定教师发展策略，学校领导要认识到，教师发展是一个合作的也是独立的过程。有时教师发展会产生于学校范围之外，但大多数时间都发生在学校之内。它产生于专门的、正式的发展活动中，也产生于非正式的、教师的日常工作中。假定大多数教师的发展都是基于校本的，我们认为需要注意以下四个方面：

首先，必须认识到教师发展对于学校发展的必要性。换言之，如果教师不能发展其知识和技能，那么学校也就无法得到发展。但仅相信教师能够发展是不够的，即便很多教师已经在教学中实践多年。教师的学习要有计划性，并且还要联系并反映学校发展的优先事项。教师发展既要系统化，又要密切联系学校本身的发展计划。

第二，每所学校都应该有自己的教师发展政策，包括：关注学校的需求；通过教师评价来联系个人需求与整体需求；赋予每个教师专业发展的权力；建立并维护教师传播他们新知识与技能的网络；协调校外课程的信息沟通；反思教师培训时段设计并评价其相关性和有效性；确保将教师发展纳入学校财政和校历。如果没有一个精心组织调控的、积极的专业学习政策，教师的发展是无法与学校改进相结合的。

第三，尽管教师发展包括很多的方面和要求，从根本上讲，一个教师发展项目的首要目标是提高学生的学习质量。鉴于此，教师发展要聚焦课堂教学。教师可以从观摩其他同事教学，观察教学对学习者的影响，以促进自己的专业发展。同时，教师也有很多的发展需求，特别是当他们承担教学以外的责任时，他们仍然要继续发展课堂教学技能和理解力。当然，如果教师发展不能从教与学中获取进步，那么学校也不能作为一个学校而获得改进。

第四，学校是主要的专业学习场所。学校的组织将影响教师之间的相互作用，合作伙伴的选择与合作时间的确定。因此，学校的组织机构就要发挥强有力的影响，决定教师能否与他人一起学习并能互相学习彼此的经验。此外，学校的组织文化也能直接或间接的施加影响,教师能与其他同事分享教学理念、经验,探讨教学中遇到的问题与挫折。如果学校作为一个学习共同体,教师也能向学生学习,那么学校要建立鼓励专业学习的组织结构。

五、推动影响教师发展各项活动的特别举措

学校领导可以采取很多特殊的方案来促进学校教学质量的提高。研究结果表明,学校采取的特别措施与成功教师专业发展之间存在一定的相关。以下是一些颇具影响力的实践活动:

- 领导团队要把教师发展与培训置于优先发展地位。这可以通过学校发展计划与教师发展计划中特殊的、有目标的发展来加以认定;
- 教师发展计划应该建立在对学校需求和教师个人需求的定期分析基础上;
- 通过指定一名教师专业发展协调人来支持专业发展的事项,以强调该项活动的重要性。当然,该协调人必须经过培训和赋权来承担此任;
- 教师发展计划的持续性也是非常重要的。确定恰当人选并经过培训都需要时间,而这些能干的人也是最容易流动的。学校必须对此加以考虑并在负责教师发展的核心人员离任前做好相应准备;
- 教师发展活动所需的资源要合理规划;
- 教师发展计划和活动的重点要明确为教师的课堂教学实践。政府通常认为是他们的政策提高了教育经验和质量,实际并非如此。进行课堂教学的是教师而非政策制定者,所以决定学生学习质量的应该是教师。

当然,很多学校有时会部分地开展上述的各项活动。而问题是,学校如何确保一直坚持实践上述所有的活动。正如上文探讨的一样,只有当学校领导能有意识地将促进教师专业发展的政策与学校组织结构相结合,并把专业发展的文化视为教师日常工作中正规的、必不可少的一部分,学校才能确保一直坚持促进教师专业发展的各项活动。在此意义上,既需要交易型领导的机制来促进和激励个体发展,也需要变革型领导的模式来鼓励教师把面临的新挑战和面对的新问题看作是潜在的学习机会。学校领导可以考虑采用一些实践措施在学校内创造这样的环境。

例如,需要明确制定有关学校核心活动、教与学、评价和学生反馈方面的政策。英

国学者 West 和 Ainscow 于 2004 年的研究表明，对上述各方面问题政策的明确与清晰，有助于创建一个自觉的学校环境，教师更易于努力参加能直接提高学习质量的各项活动。在这样的学校环境中，要对学校的各个环节进行系统的规划：学生个体和学生群体，个别班级和整个年级规划课程、工作单元、所耗时间。达成共识的一些途径较人们各自为政而言，在完成这些规划的过程中更易实现对话交流与协调。可以通过一些特定的会议来加强沟通。一般而言，学校会组织很多会议，但应该采取短会和小会的方式，与会人员不宜多而宜精。会议应该是一种途径，根据明确清晰的日程把需要参与的人员集中在一起。如果没有日程就不能组织任何会议，不鼓励组织那些不明确的每日和每周的会议。

高效能学校的另一种特征是通过收集和使用相关数据来影响教师的决策（Ainscow and West，2006）。例如要建立良好的监控体系，使之适用于所有的教师。监控体系能通过对学生学习的数据使用和分析来影响教师教学，或者观察教师教学过程并给组织结构以反馈意见。根据监控体系反馈的信息来为个人、整体、班级和年级制定目标，教师通过对目标、期望、方法和结果的定期讨论来参与目标制定的过程。总之，我们认为，学校领导明确了自己和高层领导团队在教师专业发展方面所承担的责任之后，学校各层面的教师发展才能得以推进。因此，必须了解并推进有关教师发展的所有环节：恰当的新教师的入职培训、有经验的教师的聘任、积极的教师指导、校本教师培训。

总之，这些活动能够确保学校成为一个开放的组织，每个人都了解自己和他人所起的作用，承担的责任和获取的成就。学校成员拒绝将课堂变为私人场所，即教师关上门后可以沿循同样的教学方式，课复一课，年复一年地进行教学，没有任何的改变。相反，课堂应是同事之间可以互相观摩的地方，教师和其同事都能获得发展。在此意义上，课堂成为教师和学生学习的中心，教学方法在校内同事间自然地相互学习和传播。

六、专业学习的领导

学校经常被描述为学习的系统。学校中教师所进行的专业学习可以借用"转化学习"（Transformational learning）这一概念加以描述。"转化学习"包括集体（交互）构建所创造的关于事实和知识（数据）的诠释，它们既可来自学校组织外部，也可由学校内部产生。

学校改进研究中对专业学习的论述集中于两个问题，它们都是下位概念。第一个是专业发展。虽然研究者对专业发展过程支持学校改进方面进行了很多的争论，但是对于学校内部的专业发展如何开展——教师如何互相学习，形成新技能，改善教学实践——并不是很清楚。第二个是学校改进能力的发展。学校改进研究中一直提到这个问题，通常从狭义上对其加以理解。事实上，很多研究中的理论都是相关的。学校改进能力发展包括三个重要部分：通过询问形成组织的情境知识；运用情境知识解决组织发展中存在的痼疾；迁移和运用情境知识发展领导力。

该问题值得进一步探讨。学校不能像其他组织一样轻松地通过大量人员管理和领导变革来影响改进。学校想要发展，只能从自身的实际情况出发，运用自身所有的资源——财力和人力——来获得改进。

所幸的是，学校也能很好地推进其专业发展，促进其人力和智力资本的发展；因为学校聘任了很多具有学习动机的人，他们也在很大程度上希望为年轻人的发展发挥重要作用（Fullan，1993）。遗憾的是，很多学校的组织机构比较传统，在管理上更多是控制教师的活动而非鼓励教师间的学习，从而与促进专业学习是对立的，不利于教师专业学习的发展；这样的管理模式所形成的组织文化中也不会包含共享学习的理念。这是非常具有讽刺意味的，而且是令人失望的。这样的组织模式，其控制功能远远高于发展功能，因此，教师的创造潜力和良好意愿也变成一句空话。

然而，也会有例外情况出现。我们所研究的一些学校，它们首先明确学校发展的优先事项，然后再以此为中心来发展其组织结构。这与传统学校管理模式是不同的，不会限制学校的发展和其目标的实现。而且在这种组织结构中，教师要被培养成为最重要和不断更新的资源。1994 年 Wohlstetter 指出，那些积极地进行机构重组和改进的学校，具有以下特征：

> "学校具有强烈的专业发展愿望，将其看作是每一位教师也是校长当前的发展过程……这种学校通过发展所有教师的能力来管理学校……在所有学校成员中建立公共知识库"。

在此本文并非探讨传统意义上的在职培训或专业发展活动。Wohlstetter 的观点相对较为新颖，涉及不同类型的专业知识的融合，包括有关领导的理解的发展。

Wenger 关于专业学习和学习共同体的定义描述了一些重要的环境和过程，它们能够影响以工作为基础的专业发展的提高，影响专业实践的改善。

通过我们对教师发展其技能的过程的论述，能得到两个毋庸置疑的结论：第一，没有教师发展就没有学校改进。从根本上说，是教师的质量决定着学生学习的质量。第二，校长的领导力及其促进教师专业发展的潜力是影响学生学业成就的第二大因素，仅次于教师质量对学生学业成绩的影响。

参考文献：

1. Ainscow. M，Hopkins，D，Southworth，G and West，M (1994). Creating the Conditions for School Improvement. London：David Fulton Publishers.

2. Beare，H，Caldwell，B. J. & Millikan，R. H. (1989). Creating an Excellent School. London：Routledge.

3. Brighouse，T. (1991). What makes A Good School? Stafford Network Educational Press.

4. Caldwell，B and Spinks J. M. (1992). Leading the Self-Managing School Lewes. Falmer Press.

5. Campbell，P. Edgar，S. and Halstead，A. (1994). Students as Evaluators in "Phi Detta Kappan".

6. Crawford，M，Kydd，L and Riches，C. (Eds)(1997). Leadership and Teams in Educational Management. Buckingham：Open University Press.

7. Dalin. P，with Rolff，H，G and Kleekamp，B (1993). Changing the School Culture. London：Cassell.

8. DES (1997). Ten Good Schools. London：Department of Education and Science.

9. Donahue，T. (1993). Finding the Way：Structure, Time and Culture in School Improvement, "Phi Delta Kappan"，Vol75，pp298 – 305.

10. Duignan，P and Macpherson，R (1987). 'The Educative Leadership Project' in Educational Management and Administration 15，49 – 62.

11. Elmore. R,(1990). Restructuring Schools. Oakland, CA：Jossey-Bass.

12. Evans，R (1998). The Human Side of School Change. Jossey Bass.

13. Fielding，M (1997). "Beyond School Effectiveness and School Improvement：Lighting the slow fuse of possibility". The Curriculum Journal，Vol8 No1，Spring pp7 – 27.

14. Fullan，M. (1992). Successful School Improvement. Buckingham：OU Press.

15. Fullan，M. (1993). Change Forces：Probing the depths of educational reform，London：Falmer Press.

16. Glickman，C. D. (1993). Renewing America's Schools：A guide for school-based action,

Jossey-Bass, San Francisco.

17. Goldberg, B. & Richards, J. (1996). The Co-NECT Design for School Change in Stringfield, S. & Ross, S. M. (Eds). "Bold Plans for School Restructuring: the New American Schools' Designs", LEA Associates, New Jersey.

18. Grace G (1995). School Leadership: Beyond Educational Management. London. Falmer.

19. Gray J, Hopkins D and Reynolds D (1999). Improving Schools in Print.

20. Handy, C. (1990). "The Age of Unreason", Boston, MA: Harvard Business School.

21. Harris. A, Jamieson, M. & Russ, J. (1995). A Study of 'effective' departments in secondary schools, School Organisations. No 15 (3).

22. Harris. A, (1998). Differential Departmental Performance. Journal of Education Management and Administration (forthcoming Vol 27 No 3, Summer 1999).

23. Hopkins. D, Ainscow, M. and West, M. (1994). School Improvement in an Era of Change. London: Cassell.

24. Hopkins, D, West, M & Ainscow, M (1996). Improving the Quality of Education for All. David Fulton.

25. Hopkins, D, Harris, A. & Jackson, D (1997). "Understanding the School's, Capacity for Development: Growth States and Strategies", School Leadership and Management, Vol 17, No 3 pp401 - 411.

26. Huberman, M. (1993). The Lives of Teachers, New York: Teachers College Press.

27. Jackson, D, Raymond L, Wetherill, E & Fielding, M. (1998). "Students as Partners in the School Improvement Process: Students as Researchers", paper presented at the ICSEI Conference, Manchester, Jan 1998.

28. Joyce B, Calhoun E and Hopkins D (1999). The New Structure of School Improvement Buckingham. Open University Press

29. Joyce, B. Wolf, J. And Calhoun, E. (1993). "The Self Renewing School", Alexandria, VA: Association for Supervision and Curriculum Development.

30. Louis, K. S. Marks, H. M. & Druse, S. (1994). "Teachers' Professional Community in Restructuring Schools", paper prepared for the American Educational Research Association, New Orleans, April 1994.

31. Louis, K. S. (1994). "Beyond 'Managed Change' Re-thinking How Schools Improve" in School Effectiveness and School Improvement, Volume 5, No. 1, pp2 - 24.

32. Louis, K. S. and Leithwood K (1998). Learning Organisations Lisse: Swets and Zeitlinger

33. Murphy J (1991). Restructuring Schools: Capturing and Assessing the Phenomena. New York: Teachers College Press.

34. Murphy. J, and Louis, K. A. (1994). Reshaping the Principalship Insights From Transformational Reform Efforts. Thousand Oaks CA: Corwin Press.

35. Myers. K, (ed) (1995). Schools Make a Difference Project. London: Falmer Press.

36. Rosenblum, S. Louis, K. S. & Rossmiller, R. (1994). School Leadership & Teacher Quality of Work Life, in Rossmiller, R. Murphy, J & Louis, K. S. (Eds) Reshaping the

Principalship: Lesson from Restructuring Schools, Newbury Park: Corwin Press.

37. Reynolds. D, Hopkins, D & Stoll, L. (1993). Linking school effectiveness knowledge and school improvement practice towards a synergy. School Effectiveness and School Improvement, v4n1pp37 - 58.

38. Rudduck, J. , Chaplain, R & Wallace G. "School Improvement: What Can Pupils tell Us?" London: (1995). David Fulton.

39. Rutter M, Maugham B, Mortimore P and Ouston J. (1979). Fifteen Thousand Hours. Wells Open Books.

40. Sergiovanni, T. J. (1994). Building Community in Schools, San Francisco: Jossey-Bass.

41. SooHoo, S. (1993). Students as partners in research and restructuring schools, The Educational Forum, Vol 57, pp386 - 393.

42. Stoll, L & Fink D (1996). Changing Our Schools: Linking School Effectiveness and School Improvement. Buckingham Open University Press.

43. Smyth, J (Ed)(1989) Critical Perspectives on Education Leadership Lewes: Falmer Press

44. Van Velzen, W, Miles M, Eckolm, M et al. (1995) Making School Improvement Work. Leuven, Belgium ACCO (Accademic Publishing Company).

45. Weick, K. (1976) "Educational Organisations as Loosely Coupled Systems", Administrative Science Quarterly, 21(I),pp1 - 19.

46. West, M, Ainscow, M & Hopkins D (1997) "Tracking the Moving School: Challenging Assumptions, Increasing Understanding of How School Improvement Is Brought about." Paper presented at The European Education Research Association Annual Conference, Frankfurt.

47. Wohlstetter, P. Smyer, R & Mohrmam, S. A. (1994) New Boundaries for School-based Management: The High Involvement Model, in, Educational Evaluation and Policy Analysis, Vol 16, pp268 - 286.

师生文化性失配与美国教师教育改革

宋维红 *

内容摘要: 美国教师教育面临着多元化带来的挑战:城市师资的严重短缺与师生之间日益严重的文化性失配。为了更好地为日益多元化城市公立学校培养更多、更好的合格师资,美国教师教育者进行了一系列的探索。在加大对少数族裔教师的招募力度的同时,许多教师教育专业开设了多元化教育课程,并结合使用了多种教学策略:如反思型策略、研究型策略、实践型策略等。并且,以文化沉浸式体验模式为特色的新的多元化教师教育培养模式得到了越来越多的教师教育者的重视。这种改革的成功经验对于我国的教师教育改革有着一定的借鉴意义。

关键词: 文化性失配　多元化教育　教师教育　美国教师教育改革

今天的美国公立学校正面临着巨大的经济、社会及人口变化的影响。在城市学校中,少数族裔的学生迅速增加,其中以非裔与拉丁裔为主,其比例已超过白人而成为城市公立学校的主体。预计,到2020年,美国公立学校的学生将有一半是有色人的学生,而在大城市的学区里,有色人种的学生将超过70%。学生群体的文化、民族、语言之多元化已成为目前美国城市公立学校之常态。与此同时,美国的教师队伍却仍然是以白人女性为主,与学生群体构成形成鲜明对照,师生间的文化性失配现象也日益严重(cultural mismatch)。

一、文化性失配的现状

以白人女性为主的教师队伍与学生群体中日渐增加的少数族裔学生之间的文化

---

* 宋维红,苏州大学教育学院。

性失配常常伴随着白人教师对少数族裔学生持有负面印象、消极态度及低期望，使这些来自贫困家庭的有色人种学生在受教育过程中常常处于一种被忽视、被误解、被低估的状态。

1. 教师对少数族裔学生的误解

一些研究民族、文化、教育交互作用的研究者发现，少数族裔的学生常常因为一些异于白人文化习惯的行为表现和态度而被教师轻率地贴上了残障的标签，例如，非裔学生在交谈中有喜欢插嘴的倾向。他们好动，他们在思维、沟通及社会交往中容易有情绪化倾向，他们在自我表达形式上比较多变，等等，这一切都可能被老师错误地理解为患多动症、注意力缺乏症、易怒、寻求关注、捣乱、爱吵架等等。拉丁裔学生由于深受拉丁文化中强调合作与互助行为价值观的影响而不喜欢参加具有较强个人竞争性的学习活动，这种倾向在学校中更容易被老师理解为是缺乏学习热情和动机的表现。亚裔学生受其亚洲文化的影响对于参与群体交流及各种社会活动不大积极，而这也常常被认为是不友善、畏缩、逃避、缺乏安全感、忸怩等缺乏社会交往能力的表现。Gay 认为这些误解主要是在教师教育环节中缺乏多元化教育内容所造成的。她指出：

"大多数从典型的教师教育专业毕业的教师，对于有色人种学生所具有的不同的文化特质、行为习惯、价值观念及其对这些学生在课堂学习行为上的影响知之甚少……因此，他们经常把这些学生看成是不正常的并对他们进行惩罚……这些做法将有色人种的学生置于不利的地位。"

2. 教师对少数族裔学生的低期望

除了误解外，师生间的文化性失配还导致了教师对学生的低期望。研究表明，由于教师们不知如何向来自不同背景的学生提供与其文化背景匹配的学习环境，导致这类学生学业成绩的不理想；而这种不良状态下产生的不良学业成绩又进一步巩固了教师对少数族裔学生的偏见。这样，就形成了对少数族裔学生发展不利的"恶性循环圈"，即：教师对学生没有什么期望，而学生因此对自己丧失信心并导致低学业成就，而这种低成就反过来似乎又印证了老师的低期望。久而久之，在少数族裔学生与白人学生间就形成了巨大的学业成绩差异。Gay 指出："学生的文化、民族、智力特征与学校的规范化标准差异越大，教师对他们越可能持低期望和消极期待，而这种低期望反过来对这类学生的学业成绩的提高产生负面影响。"

数份研究报告披露了与民族背景相关的个人与群体的学业成绩的巨大差异。这些研究均强调了这样一个事实,即师生间因民族文化背景差异造成的文化性失配是造成不同文化背景的学生在学校中学业成就差异的重要原因。教师对文化多元化的知识与态度在很大程度上决定着文化、民族、语言多元化学生的学习机会与学习成就。

Oaks 从上世纪 80 年代开始就不断地指出,穷人与少数族裔的学生大量地出现在学业要求低、不以进入高等学校为目标的班级中,而极少出现在那些天才少年、超常少年班一类的培养计划中。教师们普遍倾向于认为欧裔及一些亚裔学生具有较高的智力及学术能力,且远比非裔、拉丁裔及美洲土著的学生有纪律性。Sleeter 和 Grant 指出,一些特定群体的学生不仅在学校的学业成就方面处于落后状态,他们走上社会后的社会成就也落后于其他群体。这些群体的学生包括有色人种学生、来自贫困家庭的学生、残疾学生、母语非英语的学生。因为"他们被剥夺了未来发展所需要的能力的机会"。

二、面对文化性失配的教师教育改革

面对文化性失配的局面,美国教师教育者们提出了两种主要途径改变城市学校师生文化性失配的局面。一是加大招募少数族裔教师的力度;二是帮助以中产阶级白人为主的职前教师在知识、技能及态度等方面做好必要的准备,使他们毕业走上工作岗位面对多元化学生时能进行有效的教学。

1. 招募少数族裔教师

因为大多数文化性失配的问题都缘起于师生之间社会、文化、民族及语言背景的不同,所以教师教育者提出了一种满足多元化学生需求的方案,即招募更多与少数族裔学生有着相同文化背景的少数族裔的教师充实到各个公立学校的课堂。近年来这方面的努力是多样的,包括鼓励中、上阶层中有色人种的学生进入教师教育专业;招募少数族裔的退役军人,使他们将教师作为退役后的事业选择;招募从事其他工作的少数族裔成人,希望他们选择教师作为他们的第二个事业。

教师教育者们认为,招募更多的少数族裔教师,使教师队伍多元化,是美国这样一个日益多元化的民主国家之必须。少数族裔教师的出现,对于少数族裔学生有着榜样的作用,意义重大。他们的出现给少数族裔学生以希望,使他们看到了自己今后的某种发展可能:通过努力成为一个对社会有用的人。而且,如果少数族裔学生在生活中能找到一个他们本民族的榜样时，他们更可能获得成功。

同时，少数族裔教师出现所形成的多元化教师队伍，不仅对少数族裔的学生意义重大，对于白人学生来说也是意义非凡的。因为，少数族裔教师向欧裔美国白人(European-American)展示了少数族裔的积极、正面的形象，使白人学生对于美国这个正日益多元化的国家有个清醒、真实的认识，并学会与不同背景的人交流并互相学习。研究者强调，学生不应该在单一文化的环境中接受教育；增加少数族裔教师数量的目的就是要让所有的学生在学校就能获得多元化的体验，而这种种族、语言及文化的多元化正是今天的美国社会现实。

然而，尽管有诸多的研究文献支持这一主张，并在实践中也进行了多种尝试，但结果似乎并不理想。少数族裔教师数量的增加仍远远跟不上公立学校 K - 12 年级少数族裔学生的增长速度。相反，有证据表明，在少数族裔人口增加的同时，少数族裔教师的数量不仅没有上升反而略有下降。

显然，城市公立学校教师短缺，包括少数族裔教师短缺的问题，以及师生之间文化性失配的问题，在短时间内是不可能靠招募少数族裔教师来解决的。所以，更为重要的还是帮助正在各教师教育专业中接受训练的以白人为主的职前教师们，使他们掌握在多元化教育环境中有效地工作的知识和技能，这可能是更为现实和有效地缓解和解决城市公立学校师生之间因文化性失配而出现的种种教育问题的有效途径。

2. 美国教师教育的多元化改革

教师教育者们一致认为，面对美国社会日益多元化的现状，教师教育专业的学生应该了解并重视多元文化及其相关哲学；他们需要学会真正尊重不同文化在行为表达方式上的多样性；他们还需要对自身的种族意识进行反思，并能主动对自己与种族、阶级、性别等与多元化相关联的问题的情感体验、价值倾向及态度进行分析、批判；更重要的是，教师教育必须能够培养职前教师一种积极的、愿意去城市学校工作的倾向——"对多元化的激情"。

多元化改革措施之一：开设多元化教育课程

为适应多元化社会对教师教育的要求，越来越多的教师教育专业开设了多元化教育课程。多元化教育课程在不同的院校其课程名称是不同的。常见的用于多元化课程的名称有：多元化教育(multicultural education)、民族研究(ethnic studies)、性别平等教育(gender fair education)、双语及双文化教育(bilingual/bicultural education)、人类关系研究(human relations studies)、多民族教育(multiethnic education)、跨文化交流(cross-cultural communication)、反种族主义教育(anti-racist teaching)、综合性教育(inclusive education)等等。这种名称的变化主要是根据课程关注焦点之不同而产生的。

为了提高多元化教育课程的教学效果,许多教师教育者尝试着对传统的以课堂讲授为主的教学方式进行改革,如:重视反思策略在多元化教育课程中的运用;重视研究活动与多元化教育课程的结合;重视实践性体验在多元化教育课程中的运用。

例如,Sleeter 在她的多元化教育课程的教学过程中使用了调查研究(investigative method)教学法。选修这门课的每一个职前教师被要求做一个研究课题,课题必须是对不同文化群体及其关系进行研究,特别是对不同群体在各种社会资源的拥有上的差异进行研究。这门课程试图阐明的核心概念是美国社会已经制度化了的歧视与偏见。这种歧视与偏见体现在种族、性别、社会地位、知识结构等各方面。选修这门课的学生必须参与一项有关种族主义问题的调查。调查主要是对至少两个不同的文化群体在社会资源获得途径及拥有数量上的差异进行比较——这种资源包括住房、医疗保险、福利保障、就业机会等,而不是对不同文化群体的行为特征、风俗特点进行一些无关痛痒的比较。Sleeter 的研究表明这种调查研究活动对于提高职前教师对现实存在着的制度化歧视的认识有很好的效果。职前教师们通过自己亲手收集的资料所揭示事实,开始真切意识到美国现实社会中的不平等现象。这远比教师以传统的讲授方式灌输的信息具有更高的可信度与说服力。

还有一个在多元化教育课程中被作为反思策略使用的方法是文化档案的制作(cultural portfolios)。文化档案是要求在职前教师对自己的意识形态活动、社会生活记忆、家族历史、改变生活的事件等方面的反思基础之上制作的一种个人文化档案。Lea 发现,这种方法在帮助职前教师反思他们的文化意识方面是十分有效的。通过建设个人的文化档案,职前教师可以分析他们个人的文化观念是如何在受公共的文化观念影响的过程中形成的,并分析、检验他们所说的、所想的、所感受的及所做的是否符合多元化社会的发展方向,以此帮助他们形成多元化课堂中的教学技能。

多元化改革措施之二:加强文化的实地体验活动

在对职前教师进行的多元化培养过程中,越来越多的学者发现,与少数族裔人群的直接交往可以有效地改变白人的偏见和误解,因而,教师教育者们开始尝试各种让职前教师走进少数族裔社区，与有色人种进行零距离接触的尝试，这类活动被称为文化性体验活动（cultural field experiences）。这种文化性体验活动有结合多元化教育课程进行的从一周一学时的社区访问活动到每周两整天的实地体验，也有长达数周甚至整个学期的体验活动。在那些长达数周或数月的体验活动中，职前教师通常是居住生活在少数族裔社区中。其体验活动从学习如何在多元化环境中面对文化背景不同的学生进行教学，到学习与来自不同文化背景的人们进行有效的沟通，以及进行社区服务学习等。几项大型的有关文化沉浸式体验项目的研究结果显示了文化沉浸式体验活动在职前教师多元化态度的影响方面有着显著的积极作用。这些项目包括"印地安纳大学—布鲁明敦的文化沉浸式项目（Cultural Immersion Project in Indiana University-Bloomington）"，新墨西哥州立大学的"探究型教育者们的学习环境（Communities of Inquiring Educators Amidst Learning Opportunities）"，中西部15所高校联合创办的"城市教育项目（Urban Education Program）"，威斯康星大学—米尔沃克的"都市多元化教师教育项目（Metropolitan Multicultural Teacher Education Program）"和"为达成理解的文化沉浸式体验（Mediated Cultural Immersions）"。

这些研究者发现，对于大多数职前教师来说，文化实地体验是他们生平第一次对不同文化进行的"探险"活动。而且，在少数族裔社区，这些白人职前教师第一次有了成为"少数族裔"的感受。这种成为"少数族裔"的经历对于他们是一个全新的体验。这种从社会主流到社区中少数派的身份的转变，使得他们有机会从少数派的角度去检验他们作为主流社会分子曾有的关于种族、关于文化的观点，从而对文化多元问题有了较深的理解。

通过对研究结果的分析，研究者发现，职前教师在参加了经过精心设计的文化沉浸式体验项目后，在下述8个方面有着明显的积极变化：（1）对自身信仰、观点、行为习惯、处理问题的方式及学习风格等有了更清晰的认识；（2）对他人的关注程度有了明显提高，包括观察和倾听能力的提高、鼓励技巧的改善、对他人分析和判断能力的提高等；（3）与他人——包括学生、同事、学校领导及家长——的合作与沟通能力显著提高；（4）因为可以从广泛多样的资源中获得信息并运用各种思想观念而显得足智多谋；（5）勇于进行自我评价及听取他人对自己的意见并乐于根据这种意见分析、改变、调整自己；（6）理解文化对人们生活产生影响的方式与途径，也认识到文化对人们学习方面的影响；（7）对于教育体制的认识得到了提高，对于教育体制对学习环境的影响具有了一定的分析能力;(8)自信心有了极大提高,不仅勇于质疑自己的一些观念,也敢于质疑现行学校教育存在的问题。

三、美国教师教育改革的启示

美国教师教育多元化改革的理论探讨与实践探索中的一些成果对于今天中国的教师教育改革具有一定的借鉴意义。

中国也是一个多民族国家。少数民族聚居地的教育发展在我们教育发展和改革过程中,尤其是在目前国家进行西部大开发的过程中越来越凸现其重要性和迫切性。西部及其他一些偏僻、贫困地区教育落后的重要原因之一就是合格、优秀师资的不足。而要改变这些地区的教育发展现状,没有一批合格、优秀师资的进入是难以完成的。如何吸引更多的师范生到条件较为艰苦、少数民族较为集中、经济发展水平相对落后、低收入人群相对集中的西部及其他偏僻、贫困的地区去任教,是我们教师教育改革中一直以来关注的问题。我们国家包括地方政府也出台了不少相关政策以吸引师范生毕业后能够选择去这些最需要他们的地方去任教。目前的这些改革措施主要是通过设置一些外部条件来刺激并影响师范生在毕业时的就业选择,效果并不尽如人意。

美国教师教育多元化改革的启示之一在于,他们将这种关注弱势群体发展现状的教育提前渗透到了教师教育的整个过程中,而不仅仅是师范生毕业前的教育。他们发现,亲身体验是消除偏见、学会沟通、达成理解的最好的途径和方式。而且,与不同背景的人群越早接触,越有利于达成彼此的理解和沟通。我们应该学习这种贯穿整个教师教育过程的态度培养:从认识的转变,态度的影响,价值观的建立到最后行为能力的培养,一环一环,步步推进,以期对师范生最终的就业选择产生积极的作用。

同时,美国学者在研究中还发现了一种称之为"激情"的态度培养。他们发现,职前教师目睹了美国城市公立学校学生的艰苦状况后,强烈地感受到了城市学校对老师的需要:他们觉得城市学校的学生比其他任何地方的学生都更需要他们;他们觉得城市学校比任何其他地方的学校都更需要具有献身精神的老师;他们觉得他们在城市学校工作的意义比到任何其他地方工作的意义都大得多;他们相信他们能对城市教育带来一些有益的变化并且他们期待着这种变化的发生。这种感受很强烈,抵消了城市学校不如人意的办学条件和糟糕的外部环境可能带来的忧虑;这种感受促使他们想留在城市学校献身城市教育。这种感受下的献身热情被学者们称之为"对多元化的激情"，被众多的教师教育者认为是培养一个职前教师愿意在艰苦条件的地方当老师的素质中最关键的一环。

如果我们在师范生的培养过程中，能够创造条件和机会让他们接触、了解教育不发达地区的学校、学生和老师的状况，尤其是如果能与处于艰苦生活环境下的学生交往、亲眼目睹他们为生活、为未来不懈努力的情境，可能会更好地激发师范生们对于贫困生活状态中的学生的关心，让他们发现，最需要他们的地方在哪儿，并进而促使他们愿意为改变这些贫困学生的生存状态而尽自己的一份努力。

参考文献：

1. U. S. Census Bureau. National population projections. [EB/OL]. http://www. census. gov/population/www/projections/natsum-T3. html. 2000-8-8/2003-10-18

2. Villegas, A. M. , & Lucas, T. Preparing Culturally Responsive Teachers: Rethinking the Curriculum [J]. Journal of Teacher Education, 2001,53(1):20 - 32

3. Gay, G.. Culturally Responsive Teaching in Special Education for Ethnically Diverse Students: Setting the Stage [J]. International Journal of Qualitative Studies in Education, 2002,15(6):613 - 629

4. Heward, W. L. & Cavanaugh, R. A.. Educational Equality for Students with Disabilities [A]. In J. A. Banks & C. A. M. Banks (Eds.), Multicultural Education: Issues and Perspectives (4th ed.) [C]. Boston: Allyn & Bacon, 2003. 295 - 326

5. Gay, G.. Educational Equality for Students of Color [A]. In J. A. Banks & C. A. M. Banks (Eds.), Multicultural Education: Issues and Perspectives (4th ed.) [C]. New York: John Wiley & Sons, 2003. 197 - 224

6. 同 3,p. 614.

7. Anyon, J.. Inner Cities, Affluent Suburbs, and Unequal Educational Opportunity [A]. In J. A. Banks, & C. A. M. Banks (Eds.). Multicultural Education: Issues and Perspectives (4th ed.) [C]. New York: John Wiley & Sons, 2003. 85 - 102

8. Farkas, G.. Racial Disparities and Discrimination in Education: What We Know, How Do We Know It, and What Do We Need to Know [J]. Teachers College Record, 2003,105(6):119 - 146

9. Weinstein, C. , Curran, M. , & Tomlinson-Clarke, S.. Culturally Responsive Classroom Management: Awareness into Action [J]. Theory into Practice, 2003,42(4):269 - 276

10. Stuart, D. , & Volk, D.. Collaboration in a Culturally Responsive literacy Pedagogy: Educating Teachers and Latino Children [J]. Reading, Literacy and Language, 2002,36(4): 127 - 134

11. Oakes, J.. Keeping Track [M]. New Haven, CT: Yale University Press, 1985.

12. Tettegah, S.. The Racial Consciousness Attitudes of White Prospective Teachers and Their Perceptions of the Teachability of Students from Different Racial/Ethnic Backgrounds: Findings from a California Study [J]. Journal of Negro Education, 1996,65(2):151 - 163

13. Sleeter, C. E. , & Grant, C. A.. Making Choices for Multicultural Education: Five Approaches to Race, Class, and Gender (3rd ed.) [M]. New York: John Wiley & Sons, 1999.

14. Darling-Hammond, L.. Inequality and access to knowledge [A]. In J. A. Banks & C. A. M. Banks (Eds.), Handbook of Research on Multicultural Education [C]. New York: Macmillan, 1995. 465 - 483

15. Quiocho, A. & Rios, F.. The Power of Their Presence: Minority Group Teachers and Schooling [J]. Review of Educational Research, 2000,70(4):485 - 528.

16. Price, J. & Valli, L.. Instructional Support for Diversity in Preservice Teacher Education [J]. Theory into Practice, 1998,37(2):114 - 120

17. Shaw, C.. The Big Picture: An Inquiry into the Motivations of African American Teacher Education Students to Be or Not to Be Teachers [J]. American Educational Research Journal, 1996,33:327 - 354

18. U. S. Department of Education. The Condition of Education: 2001 [R]. Washington, DC: Author, 2001.

19. Banks, J. A.. Multicultural Education: Characteristics and Goals [A]. In J. A. Banks & C. A. M. Banks (Eds.). Multicultural Education: Issues and Perspectives (4th ed.) [C]. Boston: Allyn & Bacon, 2003. 3 - 30

20. Cross, B. E.. Learning or Unlearning Racism: Transferring Teacher Education Curriculum to Classroom Practices [J]. Theory into Practice, 2003,42(3):203 - 209

21. Allen, J. & Hermann-Wilmarth, J.. Cultural Construction Zones [J]. Journal of Teacher Education, 2004,55(3):214 - 226

22. Greene, M.. The passions of Pluralism: Multiculturalism and the Expanding Community [J]. Educational Researcher, 1993,22(1):13 - 18

23. Sleeter, C. E.. White preservice Students and Multicultural Education Coursework [A]. In J. M. Larkin & C. E. Sleeter (Eds.) Developing Multicultural Teacher Education Curricula [C]. Albany, NY: State University of New York Press, 1995. 17 - 29

24. Lea, V.. The Reflective Cultural Portfolio: Identifying Public Cultural Scripts in the Private Voices of White Student Teachers [J]. Journal of Teacher Education, 2004,55(2):116 - 127

25. Grinberg, J. & Goldfarb, K. P.. Moving Teacher Education in/to the Community [J]. Theory into Practice, 1998,37(2):131 - 139

26. Gomez, M. L.. Prospective Teachers' Perspectives on Teaching "Other People's Children" [A]. In K. Zeichner, S. Melnick & M. Gomez (Eds.) Currents of Reform in Preservice Teacher Education [C]. New York: Teachers College Press, 1996. 109 - 132

27. Melnick, S. L. & Zeichner, K. M.. Teacher Education's Responsibility to Address diversity issues: Enhancing Institutional Capacity [J]. Theory into Practice, 1998,37(2):163 - 171.

中　编

策　略　编

学校变革过程中教师自主发展的生态机制之探索[①]
——基于"新基础教育"研究的认识

内容摘要："新基础教育"研究在开展区域性研究的过程中,经过了三个发展阶段,创建出了一套行之有效的生态型自主发展机制,从微观到宏观包括:教研组层面的梯队发展机制,日常性教研与专题式教研的互补机制和个体教师的研究性变革实践机制;学校层面的动力机制、行动机制、导向机制和更新机制,以及区域层面学校间的高端互动机制、核心辐射机制和网络互动机制。这些机制的建立,为教师营建了不同生态环境中的发展空间,放大了教师发展的资源基础。

关键词:学校变革 教师自主发展 生态机制

在当代中国众多中小学教师专业发展路径的探索中,"新基础教育"研究早在1999 年开始便在上海市闵行区开展了区域性推进教师发展的改革研究,从 2008 年开始又陆续在江苏常州、淮安、苏州吴江以及湖南株洲等开展了学校变革性的区域研究。经过近 12 年的探索,"新基础教育"探索出了一条行之有效的、生态型自主发展的机制链条。

① "新基础教育"研究是由华东师范大学基础教育改革与发展研究所首任所长、博士生导师、叶澜教授于 20 世纪 90 年代初发起并主持的,一项中国本土化、长时段、理论视野宏大、实践探索深入、整体综合式的大型基础教育改革研究课题。
本论文是卜玉华主持的全国教育科学规划课题:"提升学校变革的内在需求与持续发展力之研究"成果之一。课题编号:BHA100053。
* 卜玉华,华东师范大学基础教育改革与发展研究所研究员,教育学博士,副教授,主要从事教育基本理论、教育伦理学和基础教育改革等领域的研究。

一、"新基础教育"教师生态型自主发展的基本路径

在学校转型性变革的背景下，教师发展也必然是多角色参与、多伙伴合作、多方位思考和多渠道沟通中的发展，"新基础教育"学校的教师发展正是这方面的范型。就目前而言，按照生态圈大小进行划分，"新基础教育"教师发展主要由个体学校层内生态圈、核心学校骨干教师共同体生态圈、区域层内生态圈和区际层生态圈等构成，呈现出动态生成、立体分层式的发展样态；每一生态圈都在保持其独立发展机制的同时，与其他生态圈处于生成式发展的机制状态之中。当然，这种生态圈的营造不可能一步达成，需要随着发展过程的推进逐步建构起来。"新基础教育"的探索路径大致经过了三个步骤：

阶段一：激活微观，更新理念，实践创生

"新基础教育"进入闵行区开展研究的最初阶段，首先是让教师了解和熟悉"新基础教育"理念，学会认识和诊断现有教育教学实践中的问题，形成变革的氛围，激活教师变革发展的愿望。基于此，"新基础教育"研究首先在全区开展了大规模的教师培训和教学现场研讨活动，普及"新基础教育"在 1994—1999 年"探索性阶段"所取得的研究成果；与此同时，实验学校开始主动地在学校内部举办各种类型的学习班、研讨班和交流会。据不完全统计，1999—2004 年间，实验学校举办了"新基础教育"学术沙龙 3500 多次，举行假期学习研讨班 210 多期，校内、校际之间开展的自觉、主动、积极的教学现场研讨活动达 680 多次，学校相互聘请实验骨干教师和校级领导作讲座达到 350 多次，校际实验教师座谈和交流超过了 300 多次。经过这一阶段的理解与探讨，实验学校的大部分教师对"新基础教育"的理念与术语都比较熟悉与理解，心态开放，愿意听取批评意见与建议，形成了对"新基础研究"和发展自我的积极愿望，甚至有部分教师的课堂教学在主动创生中初步显现了"新基础教育"的实践色彩。

阶段二：形成核心，创造互动、专题深入

在变革成效初现，改革氛围逐步优化，教师初步认同与体验"新基础教育"理念的过程中，一批改革的先锋队——骨干教师和骨干学校显现出来。他们的形成对于学校变革和教师队伍的整体发展具有积极意义，因为他们是一所学校或一个区域教师发展

的先锋队,是一支日常化的、本土化的力量,可以起示范与引领的作用。另一方面,教师发展不再只是个体教师的事情,需要发挥教师群体资源作用,让教师们在互相参照中发展。于是,这一阶段,一些学校开始以新的理念和标准重新划分教师梯队,形成差异资源和动力,激活教师发展的内动力;在"新基础教育"课题组层面,也确定了 10 所左右的学校作为核心学校,重点优先发展,形成学校发展的差异资源与动力。

这个阶段的教师发展表明,教师们不再是新理念的被动接受者,他们在实践探索中既不断提出了变革中的新问题,也因解决问题而丰富了新基础教育理念,尤其是一些专题性的研究,更是深化了他们的认识,对"新基础教育"的理解从表层、点状走向深入与全面,从初步认同与体验走向创造与发展;从个别教师的身先士卒向全体教师差异式主动发展,学校内部教师变革性发展生态氛围逐步形成。

阶段三:开放自我、资源集聚与辐射,在生态更新与内涵发展中成事与成人

在"新基础教育"研究行进了五个年头之后,2005 年 4 月第一期区域性推进课题结题完成后,闵行教育局在吸收前五年改革研究经验的基础上,进一步确立了整体推进"新基础教育"研究的策略,决定继续由高校专家、行政领导、区教科研员为主体的三结合研究队伍,继续组建专业指导人员、学校领导、实验教师相结合的实验队伍;坚持面上整体推进,点上逐步滚动的策略,依据自愿、主动、积极的原则,不断扩大实验学校的队伍,形成更宽广的区域性研究共同体;建立互动、开放的研讨活动制度,继续开展每周一次的实地指导与研讨,并进一步加强基地学校与实验学校、实验学校与面上学校之间的互动;积极开展面上的培训活动;整合各项改革性研究,利用现代教育信息技术的优势,积极发挥"新基础教育网站"的作用,实现研究资源的积聚、辐射与共享;引入竞争激励机制,在定期评估的基础上,适时扩大核心学校的数量,逐步形成教师发展优质生态资源。到 2005 年,闵行区形成了四类学校分层推进的整体格局。教育局推动、组建了校际合作、互动的学校间组织,同时设计了基地学校研究活动和区域性推进活动两个层面的改革研究体系,全面建构起区域推进、立体构成、多层和多维互动的教师变革性发展的区域教育生态。目前,上海市闵行区的区域教育环境进一步优化,教育系统内部的合力更加集聚,一种整体更新、持续自主发展的区域教育生态村落正在显现新的面貌,如图 1 所示。

下面,我们大致按照"新基础教育"教师发展的几个阶段,按照由小到大、由内而外的方式,重点阐述教师在教研组、学校和区域三个不同生态层中的发展机制。

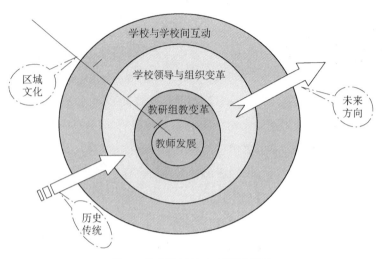

图 1　教师发展的生态圈示意图

二、教研组层:教师发展生态圈的形成机制

　　整体上,"新基础教育"教师发展在教研组层面上,经历了"骨干培养,形成核心"阶段,"中心辐射,由点到面"阶段,和"阶梯推进,自主发展"的三个阶段。在此层面,新基础教育的教师发展机制及其具体策略包括以下几方面。整体发展的逻辑框架如图 2所示。

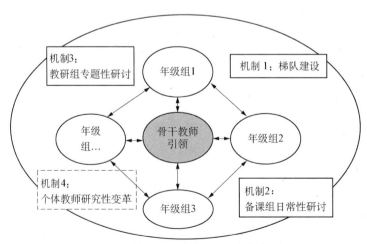

图 2　教研组互动发展的逻辑框架

(一) 教师梯队划分,骨干教师引领,梯队滚动式推进,形成教师群体发展的差异动力。

教师群体是一个巨大的宝库,蕴藏着无穷的智慧和力量,每个教师都是一颗金子。要把握每一位教师的特长和需要,根据教师的特长安排岗位,充分体现人各有才,人尽其才。为此,"新基础教育"的策略之一便是划分梯队,形成差异,发挥差异坡度的动力,如图 3 所示。

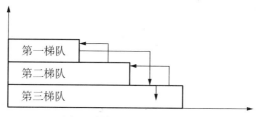

图 3 教师的动态发展梯队

比如,上海市普陀区洄阳路小学把全校教师分为了 5 个不同的发展层次,关注到每一梯队教师的发展,对不同梯队的教师,提出不同的发展目标、制定不同的培养措施(如表 1)。对前三梯队教师,培养目标是品牌教师,采取的策略是共享下的自觉发展与提升,让教师发展成为一种自觉。如开展"骨干教师专业成长日"活动,鼓励他们挑战自我、突破自我,继续攀升。对第四、五梯队教师的培养,主要是通过一些行政手段来形成一套有利于共享教育资源,共享教研成果的校本培训和教研制度,以一系列制度化的活动来加快这些教师观念、行为的转变,促进教师团队的整体提高。

表 1 教师梯队发展的目标

各级梯队	发展方向	发展途径	职责
第一梯队	提高课题策划、研究的水平,完善自己的课堂教学能力	通过读书提高理论修养、领衔参与各项小课题研究	开放自己的课堂,领衔本年级的小课题研究,带动年级组内第二、三梯队的教师进步
第二梯队	提高自己的课堂教学水平	深入骨干教师的课堂听课、学习,积极参与本年级小课题的研究过程	指导第三梯队中新教师的成长

续　表

各级梯队	发展方向	发展途径	职责
第三梯队	能适应教师生活、能逐步独立地上好每一堂课	走进第一、二梯队教师的课堂，认真学习、参与研究，努力提高自身的基本功	参与教研的辅助工作

（二）日常性教研与专题式教研的互补机制。

日常性研讨是散点式的点上突破，专题式研讨是整体的、集中式的研究，跨时较长，是日常性研讨水平的集中体现，也是下一阶段日常性研讨水平提升的起点。所以，形成两种研讨的互补机制非常必要。

具体措施式：

一是加强备课组日常性研讨活动。

在中国教师的建制体制下，教师日常性的群体活动主要是在以年级为单位组成的备课组内开展活动，这种活动频率高，涉及的人员较少，教师都几乎在同一时间教学同样的内容，彼此熟悉教学状况，了解学生在教学中所遇到的重点与难点，因此，加强备课组群体间的互动，对于他们加强日常教学活动的变革与更新具有重要的意义。新基础教育的许多实验学校一般都有每日下午或中午时间的交流与研讨活动，以保证日常教学的变革性更新。

二是开展以教研组为单位的专题性研讨活动。

然而，备课组是以同一年级为单位开展的横向交流，不利于形成不同年级之间纵向衔接的整体意识，且因参与人数少，更多是日常性的研讨，形成的新理解往往较点状而不深入。为此，开展教研组层面教研活动就显得很必要。教研组层面的活动是以学科为单位开展的教师群体活动，这种活动往往是学科内的纵向活动，可以形成不同年级之间同一学科教师之间的沟通与合作，也便于形成学科整体意识，在年级教师交流的同时起到相互借鉴的作用。但由于教研组活动往往需要全体学科教师的参与，涉及教师面较广，所以，这类活动不可能做到日常化开展，一般是以每周一次小专题研讨，每月一次大专题研讨为主要开展的形式。具体开展的活动理念如下图4所示。

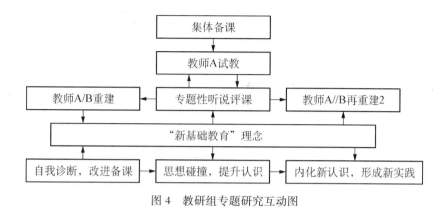

图4　教研组专题研究互动图

（三）个体教师的研究性变革实践机制

教师个体是自身发展的直接主体，能否真正实现变革，需要教师在研究性变革实践中自觉成长。所谓研究性变革中的自觉成长是指：

（1）每一位教师参与学校研究性变革实践，不仅是自己的选择，而且要努力学习相关理论，理解与领悟这些理论与传统的、已经成为自己头脑中的个人理论的差异乃至冲突，从而产生改变自己头脑中的观念和行为的需要、愿望与行动，逐渐使自己成为自觉的、有理念指导的、自主的变革实践者。

（2）教师能够将研究渗透于日常实践之中，在行动前和行动中渗透新的教育价值理念，在实践中自觉变革，因新理念的介入而更新参照系，并因参照系的更新而带来反思的新质量和重建的可能。

（3）教师要能够将研究的态度、意向和内容贯穿到实践全过程和多方面的实践。

我们在与教师共同探究和创造的过程中深深体会到："新基础教育"最着力和最艰苦的工作是课堂教学中的"互动生成"和养成教师自觉开展"研究性变革实践"，它是对传统学校教育中有关教育价值、教学本质、教师角色和教师生存方式的集中和深度挑战。其意如图5所示。

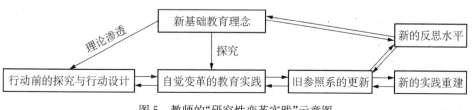

图5　教师的"研究性变革实践"示意图

三、学校内教师发展的生态机制

"新基础教育"认为,学校是教师发展的领导性和参与性主体,其基本任务是引领和服务于教师发展,营建目标指向一致、精神和向心力一致的教师发展内生态,形成教师发展的外部推力。这是教师发展在起始阶段能否向高质量提升的重要前提。学校转型变革意味着教师、学生、领导、环境都发生基质性的变化,既关注个体也关注组织,组织建设为每一个个体的发展提供营养基,个体的发展也推动组织在渐变中实现质变。

在此方面,"新基础教育"学校为教师发展所要承担的基本任务是:

(1) 明确学校发展整体规划和教师发展规划结合,教师发展与学校发展相互结合。

(2) 价值提升与管理重心下移,重构学校组织,激活教师责任意识与发展热情。

(3) 形成了日常化、群众性的教育科研体制、学习制度和评价制度。

(4) 营建学校文化,内化教师发展价值感与内在认同感。

(5) 形成机制,促进发展。包括:教师自主发展的内动力机制;分工负责与沟通协作的行动机制;评价反馈与激励完善的导向机制;以及常规保证和研究创新的更新机制。如图 6 所示:

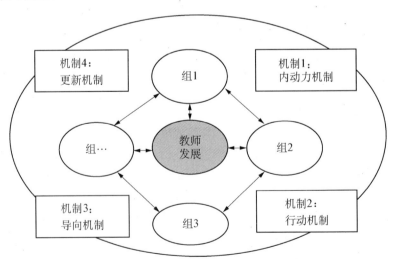

图 6　教师发展互动机制之间的生态关系

（一）自主发展的动力机制

以"师生的主动发展为本"，实现师生的"生命自觉"是"新基础教育"追求的人的发展的要义。所谓"自主发展型"教师，是指教师自我具有清晰正确的教育思想理念及教育价值取向，具有较强的自我发展策划能力和基于日常研究性教育变革实践的学习研究与反思重建能力，教师自我对职业的认同度高，教师团队既有较强的自主发展意识，又有良好的沟通协作氛围。

一是引导教师自主设计专业发展的阶段性目标。在教师的发展问题上，"新基础教育"采取"教师立场"，从教师的自身基础与需求方面思考，注重引导教师关注自我专业成长规划的设计，要求教师通过专题的研讨，根据教育改革的需求和学校学生的状态特点，自主设计具有个性化的教师自我专业发展的阶段性目标。

二是学校教研组际差异建设：以教研组/年级组为单位划分的群体梯队。很好地规划教研组群之间的差异动力，是学校在促进教师自主发展中的又一个措施。如上海市普陀区洵阳路小学推进了应付型教研组、适应型教研组和研究型教研组的评价标准、相应的发展任务以及待遇等，很好地促进了学校各教研组之间合作中进行良性竞争的局面。见下表2：

表2　上海市洵阳路小学教研教师梯队划分

维度	研究型教师团队	适应型教师团队	应付型教师团队
学习深度	系统深入的学习	形式化的学习	非正式的学习
研究能力	实践经验成熟，有较强的理论透析能力	实践经验有效，但缺乏理论支撑	仅有教学技巧，缺乏思想和方法
活动组织水平	全面深入的校本研究	部分深入的校本研究	形式主义的校本研究

三是融入情感管理，创设一种协作进取的人际氛围。对教师发展而言，价值动力和差异动力的形成仍然带有外部强制性的色彩，一些教师不一定能够在认识与理念上真正认同，未必在情感上真正接纳它。因此，情感机制的形成就显得十分必要。为此，

"新基础教育"实验学校很注重教师文化建设，尊重教师、信任教师、赏识教师，注重为教师创造宽松的工作空间。

其次是构筑一条从个人到集体的愿景链。即在学校共同愿景的召唤下，具有不同个性的人凝聚在一起，自觉地将自己与学校融为一体，形成学校发展的强大生命力。为此，学校创设各种能够让教师敞开心扉的非正式渠道，如个人交往、朋友聚会、教研组、家属联谊会、茶室小聚等，改善学校里的人际沟通，形成畅所欲言、言者无过、闻者足戒的宽松和谐的氛围。学校还运用"共生效应"这一教育原理，帮助教师理解同事间的竞争也是一种于己有利、促己奋进的外部条件，在这种竞争中都是胜利者而无失败者，从而形成一种良好的既竞争又合作的工作氛围。

(二) 分工负责与沟通协作的行动机制

有效实施是教师发展各项规划能否得到落实的重要保障。在教师以教研组或全校教师共同参与的大型教研活动中，就需要学校的各职能部门与条线"分工负责与沟通协作"的实施机制，以保障全校某一学科系统上的相关教师能够全体参与研讨活动（尤其是专题研讨活动），但同时又保障学生不因教师的课程调整而发生空课或降低学习质量的状况，也保障专题活动的开展有充分的后济（如教学录像的摄制、接待外校观课教师的餐饮、车辆或其他服务）支持。具体措施是：

一是建立各部门条线工作的系列性"第一责任人"制度。即学校各中层部门主任是部门所有分管工作的第一责任人，各部门的副主任是分管条线工作的第一责任人。第一责任人既要负责工作的策划实施推进，又要负责条线内教师队伍建设。

二是建立沟通的平台。沟通的平台主要是由各层面的工作例会组成。如全体中层参与的每月 1—2 次的"校务会议"，这一平台主要实现全校性各条线工作详细具体的沟通交流；每两周 1 次召开的"校区中层工作例会"，这一平台主要实现分校区各条线工作的沟通交流，是对前一层面沟通交流的细化，再者是每周 1 次的由学校党政工及各中层部门主任参加的"党政工联系会议"，这一平台主要实现动态性工作信息的沟通交流，最后是由各部门内部召开的灵活性不定期的"部门工作例会"，这一平台主要是实现部门内外信息沟通交流的细化与及时性调整等。

三是建立协作的制度与方式。即在各部门条线的工作职责中或是相关工作项目的方案中,要明确在哪些工作层面,该部门要与哪些部门进行工作的协作,以及该采取何种方式进行协作,如提供后勤保障,提供技术支持或协助管理等等。

(三)评价反馈与激励完善的发展导向机制

积极正确的评价反馈,科学有效的激励完善制度,会在校内呈现出一种与之相适应的积极向上的学校发展导向和舆论氛围,极其有利于在学校层面帮助和促进领导团队及全体教师形成正确的价值取向,从而促进学校与教师共同良好的发展。因此,从学校管理层面构建形成渗透学校"自主—合作—发展"核心办学理念的"评价反馈与激励完善"的发展导向机制非常重要。

在"评价反馈与激励完善"的发展导向机制构建完善中,"新基础教育"的经验包括:

一是建立评价反馈机制。评价反馈的内容与方式,主要分为"成事"与"成人"两个方面,成事的方面主要从教师日常研究性实践层面具体履行工作职责与完成工作任务的成效方面去评价,主要内容包括"师德常规、课程教学、教育科研、学生工作以及信息技术"等五大实践领域,评价反馈的方式分为日常形成性评价反馈与学期总结性评价反馈。日常形成性评价反馈主要在日常的实践研究过程中,通过调研、检查、听课评课等以采集信息与口头表述性反馈的方式进行,学期总结性评价反馈每学期一次在期末进行,通过系统的考核指标,严格的考核程序,等第化的反馈方式来进行。成人的方面,主要从教师实践过程中呈现出来的个体综合素养与教育教学的实际能力等方面去评价,评价的方式采用每年一次滚动式推进,评价反馈以定性评价的方式呈现,形成校内教师五层次梯队发展的框架——见习教师、称职教师、骨干教师、品牌教师与首席教师。

二是激励完善的制度与措施。激励完善方面制度与措施的设计,关注的核心是人的内在发展动力的持续性激发,主要分为"日常性"与"阶段性"两大系列。日常性的制度与措施,重点关注日常研究性实践中教师"成事与成人"方面典型性事件与个案的持续性发现、总结、表彰与推广,旨在及时性鼓励激发与完善提升;阶段性的制度与措施,重点关注各层面各领域阶段性工作与发展取得成效的人与事,并形成如下框架:每学年一次评选"优秀教育工作者",每两年一次评选"希望之星"、"十佳教师"、"模范班主任""服务明星"等,每年教师节进行隆重地宣传表彰。

（四）常规保证与研究创新的动力更新机制。

（一）建立"研究性变革实践"的常规制度。上文已经交待，"研究性变革实践"是教师的日常性研究行动，也是促进教师不断走向自我更新的基础。为此，学校要着力建设这一制度的常规建设，使新的变革行为转化为新的常规，不断推动教师的自我发展。比如可加强课程教学工作常规、科研工作常规、备课制度、教学反思制度等等制度建设，这些常规与制度的建立与完善是教师日常研究性实践工作扎实、有序开展的保障与推动力。

（二）变"校本研训"为"校本研修"。校本研修与校本研训的差异在于，校本研修重点在于转变教师在继续教育中的角色地位，突出教师的主体地位，强调"教师即研究者"，是以"提升教师修养"为核心理念的教师专业发展行为。而校本研训往往是在强制教师接受培养的一种活动，教师往往处于被动接受的地位，培训的内容也未必能够适应教师的具体发展问题。因此，"新基础教育"学校便采取变校本研训为校本研修的策略，凸显教研组日常性的研究功能，使教研组真正成为教师交流教学感受、研讨教育问题、反思教育实践与提升自我教育素养的教师专业发展平台。

（三）为教师发展营建各类发展的渠道与条件。教师个体与群体的自主发展，教研组内、组际间的发展方面的机制建设一方面可以促进教师发展，但有时也会出现同校教师群体间因"平行教育"产生的"同类化现象"，以致无法自我超越，看不到自身发展的不足与进一步发展的方向。为了避免此类情况的存在，"新基础教育"学校还充分利用专家的引领作用和校际发展的差异，或邀请教育专家来校听课、评课，进行指导；或支持教师到名校听课，鼓励教师参加各种市、区级的教育教学竞赛，参与教学骨干、各类先进的选拔。

四、"核心学校个体内生态圈"的形成机制

如果说教研组生态圈和学校生态圈是教师发展的校本生态圈，那么，"新基础教育"还为教师发展营造了更大的生态土壤，即区域生态环境的营造，推动教师在更大的空间中互动，形成发展的多元参照空间。区域生态圈机制的形成大致包括如下几个方面（如下图7）：

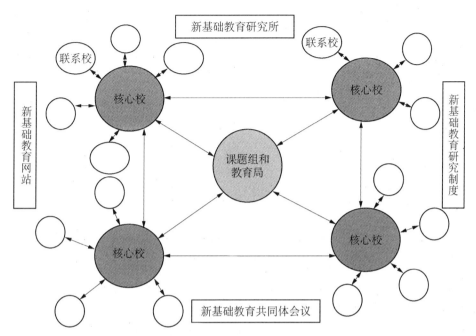

图7 "新基础教育"教师专业发展的区域生态图：

(一)"核心学校骨干教师共同体生态圈"的形成与高端互动机制

进入"新基础教育"研究的一段时间之后，各个学校之间逐渐形成了差异发展的状态，一些投入比较积极、研究氛围比较浓厚的学校凸显出来。在此基础上，"新基础教育"课题组根据学校发展状态，聚集力量，在整个区域范围内选取10所左右的学校作为优先发展的核心学校，直接与该校教师定期开展专题研讨活动。同时将核心学校作为首先发展的共同体，其中任何一所学校开展专题式研讨活动，其他核心学校共同参与备课、听课与评课，形成高端互动，优势强化的机制，目的是尽快在教育实践领域创建"新基础教育"的实践样态，为其他学校作示范，促进整个区域学校发展的尽快成型。

(二) 学校梯队动态发展：核心学校自觉辐射，外围学校自主跟进的互动发展机制

为了发挥核心学校的优质资源作用，"新基础教育"还建立了核心学校的辐射机制。一方面，建立核心学校与外围学校共同体，开放核心学校，邀请外围学校参与核心学校相关专题研讨活动，如观摩、研讨等；另一方面，核心学校骨干教师可以到外围学

校进行指导，如参与教研组或个别教师发展规划的制定，教学备课、听课与评课活动等，以改进外围学校教师发展状态。在这个过程中，核心学校骨干教师也会自主地反思、总结和深化教学研究的成果，促进自己的专业发展；外围学校教师也在跟进中逐渐领会和建立新的发展参照系与发展方向，在明确差距中自主发展。

"新基础教育"学校梯队之间不是固定不变的，在各个学校自主发展的过程中，原先确立的核心学校如果在后期发展过程中自主性和变革成效不明显，也可能从核心校转变为外围校；而原先是处于外围发展的学校，如果在后来发展中进步明显，教师队伍建设与发展成效显著，可以由外围进入核心发展队列。

（三）各类学校间的纵横多向互动机制

各类学校教师发展状态之间有各种类型的差异，有的学校某一个学科教师队伍较强，有的学校另一个学科教师队伍强，即使是外围学校也会存在着某一学科教师发展状态较好的可能性。因此，为了相互取长补短，在区域范围内的学校教师发展的互动中，并不局限于上述两种情况，而是多种可能性的组合，某一核心学校与某一外围校牵手发展；某一外围校与另一外围校的牵手发展；某一核心学校与某些个核心学校的牵手发展等等，形成网络状的动态发展机制。

目前，在"新基础教育"研究共同体中，一个开放性、生成性的教师自主发展的生态圈正在成长：从教师发展在保持基于个人、教研组小群体、学校大群体内的独立发展同时，转向某一区域内部学校之间、区域之间多向、多维的对话式互动发展；从教师群体间的均衡式同步发展，转向校内、区内、校际和区际之间的教师群体分层差异中的互动发展；从着重于教师专业发展中新教育理念和专业素养的消化、吸收与转化，转向着重于教师作为专业发展主体在"研究性变革实践"中转化和创生新的教育理念与实践样式，并使自身专业素养在理念生成与实践创新的双向建构中走向更新与生长。这样，便形成了发展生态圈不断拓展，教师主体多元与多层面的动态组合，发展层级不断提升，以及专业发展价值理念不断内化与生成的教师生态型自主发展态势！

"比喻"——教师教育的反思途径

Caroline S. de Leon*

内容摘要:人们意识到反思对教师教育的影响,因此反思被越来越多地用于教师职前教育和在职专业发展。发展反思技能的主要途径包括基于任务理解而撰写的反思报告、日志文章、小组讨论学科经验等。除此之外,"比喻"也是帮助教育类学生检验其对自身作为教师这个角色的定位、信念和态度的有效教学策略。课上通过让学生描绘图画创造教学的视觉"比喻",通过小组互动,共享"比喻",记录下"比喻"的相关图画、日志写作等教学过程促进了学生的创新与反思。通过"比喻"的方式进行反思能使学生更清晰地认识自己及其专业,并为他们提供一种创新性、直觉性的方法以检验其已有的教学观念。"比喻"为挑战假设和探索信念与感知提供了肥沃的土壤,而这些都不是通过描述个人教学哲学就能清楚阐释的。

关键词:教师教育 反思途径 比喻 教学策略

在教师教育的著作及文献中,对反思性理论及实践重要性的探讨与研究非常丰富。大量研究关注于有效教学与持续的反思性实践以及反思与教师专业发展之间的关系问题(Ferraro,2000;Griffin,2003;Yost,2000)。人们已意识到反思在教师职前教育和专业发展中具有重要意义,并开始探讨如何在教育类学生中运用一系列的教学方法支撑反思性教学。本文将阐述如何在一门研究生课程中将形象的"比喻"(metaphor)作为一种创新的教学策略,促进学生的反思及意义建构。

---

* Caroline S. de Leon,米莱姆学院。本文由李静翻译,李妍校对。

一、教师教育的反思性实践

反思被越来越多地用于促进教师的职前和在职专业发展。"反思"或者"反思性实践"常常出现在教师教育课程中，但是，反思究竟是什么，由哪些要素构成呢？反思是一个兼具认知性质和情感因素的过程，通常指通过对自身经历、信念和感觉等的再思考或检验以实现更深入的理解。Schon（1991）认为，"实践中的反思"是指在教学环境下，教师与当前课堂实践的自我对话。另外，反思性实践也有另一层含义，即"基于实践的反思"，是指回顾已然的教学行为，并分析原因，做出假设等。因此，反思同时包括过程中和行为后的反思，旨在加工整理过去和当前的经历，进而改进教学实践。

善于总结反思的教师往往会认真思考他在教学过程中做了什么，为什么这么做，以及这么做将对学生学习产生什么影响等。这种反思有利于帮助教师迸发出新的思想火花，以促进自我改进，丰富课程内容和教学策略。反思思维具有发展性，是通过一段时间培养而成的。关于反思技巧的适当学习不仅应该整合到教师教育的初始阶段，也应该融入其后续阶段。实际上，反思性实践应该贯穿于教师专业发展的一生。反思思维如何在教师教育的不同阶段加以培养呢？发展反思技能的主要途径包括基于任务理解而撰写的反思报告、日志文章、小组讨论学科经验和档案袋发展等。除此之外，"比喻"也是帮助教育类学生检验其对自身作为教师这个角色的定位、信念和态度的有效教学策略。

二、"比喻"的作用

实践证明，"比喻"普遍存在于人们的日常生活中，比如我们在日常对话时就会无意识地自然使用各种各样的"比喻"，有时候会发现自己正在运用比喻性的语言来传达难以形容的情景。"比喻"能够有效地捕捉某项体验的精髓。当我们无法用常规语句阐述自己的感觉和想法时，"比喻"就会迅速发挥它的援救作用。例如，当从不幸中解脱或者恢复过来时，我们会用"在世界的顶端"来表达那种愉悦感。

"比喻"一词意指迁移（transfer）。它来自拉丁语和希腊语，其起源本身就具有"比喻"性："metaphor"与"amphora"都源于希腊词"metaphora"，意指古代用于存储并运输酒、水和油的容器(Tompkins & Lawley,2001)。同样地,"比喻"也是承载语言信息的容器,对使用者具有重要意义。语言学家 George Lakoff 和哲学家 Mark Johnson (2003)认为,"比喻"的本质在于"通过一类事物来理解和体验某一类事物"。尽管关于"比喻"的探讨过去似乎一直停留在哲学、语言学和文学评论等领域,但"比喻"的作用已经不再仅仅是华丽的语言装饰了。越来越多的学者开始意识到"比喻"对认知和行为产生的影响(Lakoff & Johnson,2003)。他们认为,"比喻"不仅是语言的基础,而且也是我们整个概念体系的基础,作用于思想和行为的塑造。

关于如何看待世界,"比喻"提供了不同的视角模式,因此也被视作认识和学习的另一种可利用途径。"比喻"性思维是从已有知识跨越到新知识的桥梁(Pugh, Hicks, and Davies,1997)。"比喻"的简洁生动使人易于将熟悉的观念和新概念联系起来。正是由于它能够把复杂的信息压缩成生动的形象,"比喻"成为表达某些难以言表的感觉和思想的捷径。相关文献的回顾总结证明,尽管口头"比喻"的广泛应用帮助职前和新任教师清晰阐释了教师角色和教学哲学,但是在探讨师范生关于教学的概念时,描绘法(drawings)并没有受到充分的重视。

三、"比喻":反思性的教学策略

该部分将主要描述一种有效的教学策略,该策略能引发学生对"教学是什么"这个问题的个人思考。我在许多课程中试用了"比喻法",发现这种创造性的途径有利于促进学生参与教学反思过程。

高阶的教育心理学课程注重学习原理和理论在教学环境中的运用。尽管学习该课程的部分研究生已经有了几年的教学经验,积累了一些课堂教学经验,但大多数仍然是新任教师。在第一天课程定位和阐明课程要求之后,我通过引导学生反思他们的个人教学观念来导入这门课程。我通常习惯于课程刚开始时,在探讨教育理论和教学原理之前这样做。并且,在课程结束时,让学生写下他们的个人评价以阐释自己的教学观。那些写作能力或者口头表达能力较弱的学生往往需要努力才能完成这个任务。

引导学生的反思过程通常经过以下几个阶段:

➢ 通过描绘图画创造教学的视觉"比喻"

➢ 通过小组互动,共享"比喻"

　　➤ 记录下"比喻"的相关图画

　　➤ 日志写作

（一）通过描绘图画创造视觉"比喻"

　　"比喻"的相关活动开始于下述几个即时问题的浮现：当你想到教学的时候，头脑中立即出现了什么图画？哪种"比喻"能最有效地表达出你关于教师这个角色的理解？在给学生一段时间想象构思之后，我们向其提供用于绘画的纸和笔，并要求他们尽可能地在 20 分钟内完成绘画。对于事物中某些不易言辞表达的方面，图画可以较好地加以揭示（Edwards，1999）。它们是内在本质的门户，是使个体认识自己重要观点的有力工具。紧接着 20 分钟，学生在小组中相互分享他们的图画。在肯定和支持的氛围中，学生可以自由表达他们的思想和感觉，而不需要担心好坏的判断和尴尬。倾听他人和被倾听的经历有利于培养学生之间的连通性和移情性。这种对反思的分享是有效的、扩张性的，并且能丰富反思性技能（Griffin，2003）。在小组分享之后，学生将他们的图画张贴在墙上，并可以随意四处走动浏览。回到座位后，学生自愿地与大家分享"比喻"创造的经历以及在这背后的个人含义。

（二）反思与日志写作

　　日志写作是反思过程的最后阶段。学生将从视觉的"比喻"向口头以及书面形式的"比喻"发展。通过一张纸的记录，他们可以对自己的"比喻"、思想和感觉进行反思。日志的审阅者可以是亲密的、值得信赖的朋友，以此避免对评价的恐惧感。该日志是为自己而写，而非为迎合某些学术要求。日志写作为学生提供了一条与自己思想、信念和感觉交流的安全途径。

　　"比喻"的产生和意义的建构过程涉及整个脑部的运作，包括学生左半脑的语言能力和分析能力以及右半脑的直觉、视觉和抽象能力。这整个多元程序就像"均衡器"一样运作，较不善言谈的学生可以通过其他的个人方式来表达自己，而不需要承受来自社会期望而产生的压力。

（三）关于教学的"比喻"

　　关于教学的"比喻"，我将从高阶教育心理学课程班学生的绘图中引用几个案例。

经过检验和比较之后,这些图将根据其不同的形象和主题而归纳成类。大量的可视图画反映了学生的纪律倾向性、教学影响力和过去的经历。具有支配性质的图案包括:雕刻家和石块、杯子和大水罐、笔直的路、发光的蜡烛、手工播种、植物和水罐、锁着的门和钥匙。以下所述的"比喻"主题表明了不同的教师角色,并通过分析图画和日志含蓄地说明了学习的本质。

(四) 教师是知识的传递者

雕刻家、陶工、大水罐和杯子以及银行存款窗口等图像都反映了控制和权力。教学是指将新的知识输入有待充实的大脑之中。一名希望从事教学职业的银行员工绘出的图案是出纳员窗口和储存的货币。对她来说,教学是储存知识并在需要的时候能够提取出来。另外一位将自己视作开门的钥匙。对她来说,教学相当于未锁的门、开明的思想和机遇,但钥匙是掌握在教师手中的。在雕刻家、大水罐、钥匙等相关图像中,教师被视作知识传递者或难以接近的圣人,其教学活动是无可争辩的,具有塑造思想和性格的力量。这些"比喻"表明教师对学生思想和行为将产生巨大影响。这种教师导向的教育范例将教师视作学习过程中的责任承担者。

(五) 教师是学习的教导者

道路、桥梁和河流等"比喻"将教学过程视作旅程。在这趟旅程中,教师是向导,带领大家克服艰难的地形,也是同伴,积极地鼓励学生投入到刺激的发现之旅中。如同桥梁一般,教师帮助学生建立已知和未知之间的联系。另一个比较与众不同的想法是将教师比作蚊子,因为"教师的职责是使学生保持清醒……积极参与自身的学习过程"。关于教与学的建构主义观点认为知识并非一成不变,是动态的,将随着经历的更新和时代的变化而不断发展。学生远远不是知识的被动接受者,在指导之下可以成为意义的建构者和知识的创造者。作为教导者,教师带领学生经历学习,并对他们的学习过程进行反思和提炼。通过互动活动,教师为学生提供机会以丰富他们的思想和扩展他们的想象能力。教师并不仅仅只是信息的给予者,也是批判性思维、反思和知识建构的促进者,发展学生的自我导向学习。

(六) 教师是成长的推动者

关于喷壶与植物以及手工播种的图像代表着更加具有人文主义色彩的、以人为本的教学观点。这种比喻强调了教学的情感因素，认为学生不只是学习者，更是社会中的人。一位将教师比作园丁的学生提出："尽管存在着一些不确定性因素，但是我将为学生提供一个稳定的学习环境，以使他们的潜能充分地获得最大化发展，像花朵一样盛开。"

关爱与尊重的道德情怀充斥在学习环境之中。如同一名熟练的园丁，教师应该对学生的多样性保持敏感（包括不同的家庭背景、能力、个性和学习方式）。他不仅关注学生的智力发展，而且同样重视其精神世界的丰富。这样的教师将使学生感受到被爱与被接受，充满动力地发展成为更优秀的学生和社会人才。

（七）教师是学生的榜样与激励

燃烧的蜡烛、太阳和星辰等图像寓意着教师鼓励学生快乐学习。一位新任教师说："我希望自己能够像燃烧的蜡烛一样，点燃学生热爱学习的激情。"教师希望学生成为什么样的人，他们就是最有效的榜样。关于太阳的比喻，另一位教师说："正如太阳一样，我想把自己对教学工作的热情和对学生的热爱传递开来，使他们意识到他们每个人都是独一无二的，成为有责任感的人。"善于鼓励的教师往往能够营造良好的学习环境，激发学生发展为终身的学习者。

四、反思"比喻"

"比喻"可能是有用的，但也可能是无用的。因此，教师需要对这些"比喻"进行反思，检验它们究竟是照亮了抑或是模糊了自己的教学观点。"比喻"不是静态的，将随着个体的内在变化和经历的发展而不断进化。在学生学习了课程内容且获得了专业经验之后，教师要求学生重新检测自己最初的教学"比喻"，并批判性地反思是否需要重新为教学做一个新的"比喻"。

经历过日常教学之后，一些新教师意识到自己最初的"比喻"过于局限，没有捕捉到具有较强动态性的日常教学活动的其他侧面。另一些教师则认为自己原先的图像脱离了现实，与实践不符。将教学视作传递知识的教师在观察了互动的科学课堂教学（学生不仅主动学习，而且从中获得乐趣）后，开始重视审视自己的教学如何更能体现以学习者为中心。

"比喻"的变迁也许揭示了教与学观点的潜在变化。重新设想和建构的过程使学生不仅反思变化的内容,而且反思变化的原因,以及那些塑造他们新视角的因素。

五、总结

通过"比喻"的方式进行反思能使学生更清晰地认识自己及其专业,而且为他们提供了一种创新性、直觉性的方法以检验其已有的教学观念。"比喻"为挑战假设和探索信念与感知提供了肥沃的土壤,而这些都不是通过描述个人教学哲学就能清楚阐释的。学生利用多种途径(观察、绘图、反思、写作)建构新的教学含义,反思其教育者的角色。系统调查中较有发展前景的一个区域是比较新、老教师的"比喻",而后将性别因素作为衡量标准。这个比较分析将可能会衍生出什么有趣的模式和主题呢? 在专业发展生涯中,请时不时地停下脚步,反思一下怎样的"比喻"塑造着我们的思想并指导着我们的实践。

参考文献:

1. Edwards,B. (1979). Drawing on the right side of the brain. New York:St. Martin's Press.
2. Ferraro, J. (2000). "Reflective practice and professional development". *Washington D. C: ERIC Digest , ERIC Clearinghouse on Teaching and Teacher Education*. ED449120
3. Griffin,M. (2003) "Using critical incidents to promote and assess reflective thinking in preservice teachers". *Reflective Practice*,4(2),207 - 220.
4. Lakoff, G. and Johnson, M. (2003). Metaphors we live by. Chicago:The University of Chicago Press.
5. Tompkins,P. & Lawley J. (2001). "Healing metaphors". Retrieved June 10,2007,from http://www. cleanlanguage. co. uk/healing metaphors. html
6. Pugh, S., Hicks, J. and Davis, M. (1997). "Metaphorical ways of knowing". Illinois:National Council of Teachers of Eng
7. lish.
8. Schon, D. (1991) The reflective practitioner. Jossey Bass:San Francisco
9. Yost,D. and Sentner, S. (2000). "An examination of the construct of critical reflection:implications for teacher education programming in the 21st century". *Journal of Teacher Education*,51,39 - 49.

职业技术教师培训的新范式

Shyamal Majumdar*

内容摘要:21 世纪知识经济的发展对教育变革提出了新的挑战,教师是触动这一变革最重要的群体。在以信息技术为中介的学习环境中,必然出现从以教师为中心转向以学习者为中心的新型学习范式。教师和学习者的角色将会发生深刻的变化,教师需要学习更多的教育学知识和专业技能以面对新的情境,学习者通过分享更多的信息而成为学习的中心。

关键词:新范式　信息技术　教师　学习者

一、导言

21 世纪的经济与社会呈现出了一派完全不同的景象,这一变化对职业技术教育与培训(TVET)产生了深刻的影响。亚太地区的职业技术教育与培训系统必须适应这一系列的社会与经济的变化,如全球化、信息技术革命、经济结构重组、知识社会和知识的快速更新。全球化对社会发展提出了新的要求,而社会结构和体制的改变需要人们具备新的知识与技能。在今天这个由知识驱动的全球经济中,一个机构最大的财富就是其人力资源,也可以说是知识资源。经济合作与发展组织(OCED)指出,在发达工业国家,一半以上的财富创造来自知识资源。知识经济展示了以信息为本位的技术在知识的生产、管理和应用中起到的关键作用,而这一现象是前所未有的。发展中国家也正在快速地向知识经济社会迈进,由此也对这些国家的职业技术教育与培训系

---

* Shyamal Majumdar,菲律宾马里兰哥伦比亚计划 Staff 学院,印度国家职业技术教师培训与研究学院。本文由李妍翻译

统提出了新的挑战。

由联合国教科文组织举办的"第二届职业技术教育与培训国际大会"指出,要想实现从经济增长到人类发展这一跨越性的变革,必须依托于受过良好培训的教师。在知识社会中,教师是触动变革的最重要的群体。联合国教科文组织职业技术教育与培训国际中心、美国消费品安全委员会及其他一些国际组织也指出,必须创新及提高职业技术教师培训的质量以适应知识社会的挑战。在过去的几年中,通讯技术、计算机网络和信息技术得到了飞速发展。新的宽带通讯和电子通讯技术的发展为将新的技术工具应用于教与学营造了多种可能。这些通讯和计算机系统的易于操作性和强大而多样化的信息传递功能让教师和学生很容易地就可以接触课堂之外的世界。这使学习环境的性质和过程发生改变成为可能。

以上社会发展的现状赋予了学习者以全新的角色,与传授式教学模式中的学习者角色截然不同。同样的,我们期望教师能利用交互式、体验式和多媒体教学等教学方式创设新的、灵活的、开放的学习环境。首先,我们要了解近些年教育系统中发生的范式转变和教育与培训角色的变化,并进而理解教师和学习者的角色变化。

二、新范式

全世界的教育正在经历重要的范式转变,即在信息技术支持的学习环境中,教学和学习的教育实践发生了重大的变化。通过记忆事实、强化练习、习得规则和程序进行学习已不再适合于当代的要求,当前,倡导的是通过开展项目和解决问题进行学习,让学生进行探究、设计、发现、发明,鼓励创造性和多样性,关注行动和反思。这次学习范式转型的重要特点就是从以教师为中心转向以学习者为中心。

在过去的三十年中,教育环境中发生的变化是有目共睹的。教学模式,关注重点,特别是学习者的角色和技术发挥的作用在传统教学和现在倡导的虚拟学习环境中的体现截然不同,发生了根本的变化,如下所示:

在教学——学习环境中的变化			
模式	中心点	学习者角色	技术
传统的	教师	消极的	粉笔＋讲授
信息式的	学习者	积极的	个人计算机
知识的	小组	适应性的	个人计算机＋网络

从教学中心到学习中心的转型可以为教师和学习者创造一个更具交互性和参与性的学习环境。这种新的学习环境包含了教师和学习者角色的双重变化。教师将从知识的传递者变成学习的辅助者、知识的导航者，有时也可作为学习者的伙伴。教师的新角色要求以新的方式思考和理解新的学习过程。学习者则需要在查询信息、分析综合及与他人分享知识时对自己的学习负有更多的责任。信息技术作为一种有力的工具，有利于教师中心范式向学习者中心范式的转型，以及教师和学习者新角色的转变，新课程的开发和新媒体的运用。其中的主要变化见下表：

教师角色的变化	
从	到
知识传递者	知识的导引者和辅助者
学习的控制者	学习环境的创设者
专家	合作者和学习者的同伴
学习使用信息技术	用信息技术促进学习
说教/解释	交互式/体验式/探索式教学

学习者角色的变化	
从	到
消极的学习者	积极的学习者
知识的复制者	知识的生产者
依赖型的学习者	独立型的学习者

学习者角色的变化	
从	到
孤立的学习者	合作的学习者
只是学习内容	学会学习/思考/创造/交流

课程/教学中的变化	
从	到
记忆事实	基于探究
再造的教学练习	仿真学习
刚性的教学(固定时间和地点)	开放的、弹性的教学(无时无处)
传统的单一型的发展	基于能力的多样化的发展

在媒体应用中的变化	
从	到
单感官刺激	多感官刺激
单媒体应用	多媒体应用
传递信息	交换信息
独白式交流	对话/协作
模拟资源	数字资源

　　发生在学习与教学中的这一系列变化都催促我们创建一个新的学习环境,以有效地利用信息技术促进学习。信息技术可以转变教育的性质,如学习的地点、学习何时发生、怎样进行以及学习的方式等。它将会促进知识社会的到来,知识社会将关注终身学习和有意义的、愉快的学习体验。

三、创建新的文化

　　将信息技术整合到科学的教学和学习之中总是需要教育学的知识,并将这些知识应用到技术整合中去。也就是说,不仅要提高信息技术的应用能力,同时也必须懂得如何利用信息技术促进教学和学习。将信息技术应用于教学的重点是促进学习者的学习,激发他们的动机和参与热情,提高合作的质量,促进探究并创建一个以学习者为中心的学习文化。从而,将教学与学习的复制模式转变为独立的、自治的学习模式,激发学习者的创造意识,提高创造性和批判性思维能力,并进行独立的研究。学习者需要利用信息技术在仿真的、积极的学习环境中搜集、选择、分析、组织、拓展、转换和呈现知识。教师则需要利用交互的、体验式的、多媒体支持的教学方式创建一个新的、灵活的、开放的学习环境。信息技术应该被用于促进教师和学习者进行无障碍的交流与协作,提高学习者的自治意识和自治能力,并帮助教师将整个世界都整合进课堂活动中来。最重要的就是理解信息技术在促进教育改革时可以发挥哪些作用。运用信息技术的一个基本原则就是改变教学和学习中参与者对信息资源的分布与占有,从而改变教育参与者之间的关系。在运用信息技术设计新的教学和学习环境时,教师应该让学习成为所有活动的中心,并且用教育学知识指导技术的应用。

四、涌现出的教育学实践

教师需要许多教育和教学技能以面对新的情境。比如说:
- 丰富的教育和教育心理学技能
- 成为学科知识的专家
- 关于数字教育工具的知识
- 成为学习的有效促进者

新的学习环境与我们所熟知的不同,教师必须应对多种不确定的情境。固定教程和内容的课程不复存在。它需要教师掌握如下的技能:
- 创造性
- 灵活性
- 逻辑技能
- 做项目的能力
- 管理和组织能力
- 协作能力

在网络环境和知识爆炸的时代,教学和学习的实践发生了范式转型。通过记忆事实、强化练习、习得规则和程序进行学习已不再适合于当代的要求,当前,倡导的是通过开展项目和解决问题进行学习,让学生进行探究、设计、发现、发明,鼓励创造性和多样性,关注行动和反思。因此,需要在教育学层面上发展一个关于学习环境的概念框架。出于这一目的,在每一个教育学维度上所需要做出的改变如下所示:

维度	不希望看到的	希望看到的
教育学基础	教授模式	基于建构主义的折中模式
学习重心	内容	学会学习
学习策略	个体的	协作的/交互的
学习目标	外部控制	自治
课程	传统的	基于能力的
教师角色	讲授者	促进者
教学方式	固定的	开放的
学习方法	表层的	深入的
学习结构	刚性的	弹性的
教学模式	以教授者为中心的	以学习团队为中心的
学习方法	消极的	积极的

五、结论

与传递式教学模式中的学习者完全不同,这次的范式转型赋予了学习者以全新的角色。大的教育改革环境迫切地需要新技术的应用以及教师专业发展,因为,我们必须从以教师为中心的教授导向转向以学习者为中心、创建富有交互性及建构性的学习环境。信息技术是这次教育改革的催化剂。多媒体支持的课件可以提高教学的有效性,既促进参与、学习者中心、跨学科、更贴近真实生活中的事件和过程,又适应个人的学习风格和需要。同时,它也可以促进高级思维技能的养成及知识的社会建构。因此,教师在学习应用交互式技术时应该涉猎教育学的知识,以便能够将技术科学有效地应用于他们的课堂中。

参考文献：

1. Majumdar, S. 1997. *Network based flexible learning：Prospects and challenges in the 21st Century*：Invited keynote address at the International Conference of Vocational Education and Training (IVETA'97)，Helsinki，Finland. August 24 – 28.

2. Resta, P. (Ed.). 2002. *Information and Communication Technologies in Teacher Education：A Planning Guide*. UNESCO，Paris.

3. Zhu，Z. T. 2003，*On Educational Informatization and the transforms of educational cultures*，in Journal of Global Chinese Society of Computers in Education，Vol. 1.

4. Majumdar，S. ，and Park，M. ，2002. *Pedagogical Framework for On-line learning*，Published in the book entitled Transforming TET Institution：The CPSC way" published by CPSC，ISBN：971 – 8557 – 70 – 9.

5. Ng，W. K. ，2005. *Pedagogical Principles and Instructional Design of Lessons Using ICT*，Presentation to Expert Meeting on Training Modules on the Effective Use of ICT in Teaching and Learning，Bangkok，Thailand. January 20 – 21.

6. Witfelt，C. (2000). *Educational Multimedia and Teachers' Need for New Competencies to Use Educational Multimedia*. Education Media International，37.

大学教师发展的多样性与实践途径
——基于学术职业分层分类的视角[①]

李志峰　杨　灵[*]

内容摘要:大学的发展与大学教师的发展有着密切的关系,不同类型层次高校的存在必然导致其主体大学教师的分层与分类——学术职业的分类分层。学术职业的分类以大学的分类为基础,可以根据所处大学类型的不同进行划分。在中国,学术职业的分层从制度上以大学教师的职称为依据,可以分为助教、讲师、副教授、教授四个层次。从学术职业的分层分类的视角出发,大学教师的发展具备多样性,不同类型层次的高校教师发展有其各自的特点。大学教师的发展包括三个方面:学术水平——基础理论、学科理论、跨学科的知识面;教师职业知识和技能——教育知识和教学能力;师德——学术道德、教师职业道德。不同类型的高校教师发展的侧重点有所不同。研究型高校教师更加注重高深知识层面的发展;高职高专类院校的教师则更趋向具有应用高深知识的能力。为更好地实现大学教师发展的多样性,笔者提出三条实践途径:(1)根据高等学校的类型制定不同的大学教师发展制度。(2)按照大学教师的不同层次进行多层次、多种类、灵活高效的培训形式和项目。(3)健全大学教师的专业组织。

关键词:大学教师　发展　分类　分层

学术职业发展是高等教育领域的世界性话题,尤其是在高等教育国际化浪潮席卷全球的今天,大学教师的生存现状和未来发展越来越受到广泛关注。促进大学教师的

① 基金课题:全国教育科学"十一五"规划 2006 年教育部重点课题《高等学校学术人力资源的国际竞争力研究》(项目编号:DIA060151)。
* 李志峰,武汉理工大学高等教育研究所;杨灵,武汉电力职业技术学院。

发展,是近年来国内外教育界十分重视并全力加以推进的工作。由于不同类型层次高校的存在,其内在要求的不同必然导致不同类型、层次高校的教师发展的多样性。因而,从学术职业分层分类的视角来分析大学教师发展的多样化和实践途径是十分重要的。

一、学术职业分层分类的客观存在

每所大学由于发展历史和发展水平不同,它所承担的知识劳动的类型也各有侧重。尤其是高等教育进入大众化和普及化阶段后,大学数量不断增加,规模持续扩大,使大学呈现出层次化和多样化的特点,这种多样化表现在两个方面:一是多层次,二是多类型,即大学的分类与分层。依据联合国教科文组织批准的《国际教育标准分类法》的分类方法,将第三级教育(高等教育)分为两个阶段。第一阶段相当于专科、本科和硕士生教育;第二阶段相当于博士生教育。第一阶段又分为 5A、5B 两类,5A 类是理论型的,5B 类是实用技术型的。5A 类又分为 5A1 与 5A2,5A1 一般是为研究做准备的,5A2 一般是从事高科技要求的专业教育。5A 类学习年限较长,一般为四年以上,并可获得第二学位(硕士学位)证书。5B 类学习年限较短,一般为 2—3 年,也可以延长至 4 年或更长。学习内容是面向实际,适应具体职业内容的。"主要目的让学生获得从事某个职业或行业,或某类职业或行业所需的实际技能和知识",也就是"劳务市场所需要的能力与资格"。至于第二阶段则是"专指可获得高级研究文凭(博士学位)的""旨在进行高级研究和有创新意义的研究"的教育。由此可以看出,国际上对高等教育分类是客观存在的,是根据市场的不同需要确定的,这为学术职业的分层分类提供了基础。

我国高校从层次上来说可分为四个层次。第一层次,被教育部确定的创办世界一流大学的 9 所高校。它们是北京大学、清华大学、复旦大学、南京大学、上海交通大学、浙江大学、中国科学技术大学、西安交通大学和哈尔滨工业大学等。第二层次,进入教育部"211 工程"建设的高校。这一层次上的高校,基本上是国家重点大学,或是综合性大学或是多科性大学,多数隶属于教育部,少数归地方管辖。第三层次,至少拥有独立的学士学位授予权的本科院校。第四层次,除以上之外的其他高等院校。这一层次上的高校数量庞大,包括没有独立学士学位授予权的本科院校,各类专科学校、高等职业技术学院、成人高校、"五大"校及已经取得办学资格的民办高校等等。

不同类型层次的高校必然导致大学主体之一的大学教师的分层与分类——即学术职业的分类分层。从类型上来看,学术职业的分类则以大学的分类为基础,大学教师可以根据所处大学类型的不同分为不同的类型。如研究型大学和应用型大学的教师其学术活动的对象和内容是不同的。大学教师的分层,笔者认为应以大学教师的职称为依据分为以下几个层次:(1)助教:新教师在未受聘为讲师以前先从事一年或一年以上的教学辅助工作,以熟悉大学的基本教学条件和教学的组织。(2)讲师:是能够独立开设一门或一门以上课程的大学教师。讲师也有不同的等级。(3)副教授:副教授原则上不仅具有开课的能力,对本学科的整体情况有充分的了解,自己主持研究项目,而且能把最新的研究用学术研讨会的形式不断开设成新课。(4)教授:教授是大学里的核心,大学里主导性的学术工作是由教授承担的。在层次与类型上分析,应该说是每一类型都包含不同的层次,每一层次又分为不同的类型,即层中有类,类中有层。

从大学分类分层与学术职业的分类分层分析我们不难看出,作为现今的大学教师发展不是统一的模式,不能做统一的要求,而应是多样化的,具备多样性。总体来说,大学教师发展包括教师高深知识的发展、教师伦理道德的发展和教学、科研和社会服务能力的发展三个方面,其目标指向是大学教师专业化水平的不断提高。对于不同类型的高等学校,大学教师发展的内涵不完全相同,这是和不同类型高等学校的功能和定位不同密切相关的。不同类型层次的大学教师应有其独立的发展模式。如研究型大学其主要职责是提供广泛领域的本科教育,以研究生教育为主,重视前沿科学研究工作,所以对于此类高校的教师则更应注重其科研能力的提升。而对于高职高专院校,其主要职责是从事高等专科和职业教育,那么其教师则应注重提升其教学能力和实用技术能力。只有按照不同类型层次将大学教师的发展分开规划才能使大学教师的整体水平得到长足的提高。在大学教师发展实践过程中,虽然大学的类型层次各不相同,但是在大学教师发展上面却并未将其合理地进行区分,而是采取了统一的标准,导致了大学教师发展的盲目性和一致性,对于大学教师能力的提升是不利的。

二、大学教师发展的多样性表现

大学教师发展从广义上来说包括一切在职的大学教师通过各种途径、方式的理论学习与实践，使自己的专业化水平持续提高，不断完善。相当于把大学教师摆在终身学习的体系中。狭义的大学教师发展，特指初任教师的培训、教育，帮助初任教师更快更好地进入角色，适应教师专业化工作，并且敬业乐业。大学教师发展包括三个方面：学术水平——基础理论、学科理论、跨学科的知识面；教师职业知识和技能——教育知识和教学能力；师德——学术道德、教师职业道德。现今，我国为适应高等教育大众化的需求将高等学校按照不同的分类分层标准分为了不同类型与层次，在分类分层的基础上制定了不同学校各自相应的发展模式，有力推动了我国高等教育的飞速发展。高校教师处于不同类型层次的高校之中，他们的发展便有其各自不同的模式。

高校教师的发展离不开三个方面：从高深知识层面来看，大学教师以高深知识为工作对象，而高深知识是不断发展的，这就要求教师不仅要拥有高深知识，这是教师学术活动的前提，而且需要不断学习新的高深知识，不断更新知识结构，适应高深知识发展的需要。只有这样，才能够提升教师适应环境变化的能力，创造适应社会需要的科研成果，培养市场需要的各类人才。从伦理和道德层面来看，大学教师伦理是教师在从事学术活动过程中与社会、学术活动对象所形成的外在规范，是一种社会对于教师的他律；教师道德则是教师在从事学术活动中所遵从的行为规范的总和，是个体内在的自我要求。大学教师从事学术工作，不仅需要遵从学术职业所固有的伦理道德，这种伦理道德表现在对于学术的虔诚、对于学术事业的忠诚，对于学术发现和发表的诚实等多个方面；而且还要遵从市场规律所特有的伦理道德要求。从能力层面来看，提高教师的教学能力是教师专业发展的共性要求，不论什么类型的学校都要求教师具有较高的教学水平和教学能力，都要求把学生培养成为能够满足社会需要的高素质人才。

在此基础上不同类型层次的高校教师发展又应有其各自的特点。对于研究型大学的教师来说，研究型大学作为一个学术性机构，学术性是其立身之本。其学术性就决定了作为其主体力量的教师，必须是具有专门性的高深知识的学术型人才。研究型大学的发展关键是其教师高质量的学术研究工作，这就要求研究型大学的教师是一个研究型的教师——具有对高深知识的发现、综合的能力。马克斯·韦伯曾经说过："每一位受到召唤、有志于从事学术工作的年青人，不仅需要具备学者的资格，同时也必须能够做一位好老师，而这两种条件并不一定完全吻合。"因此，研究型大学的教师，除了要有优秀的学术水平、科研能力外，较好的教学技能也是不能被忽视的。毕竟教师的另一使命则是对高深知识的传授。笔者认为研究型大学的教师更多应注重其学术水平与科研能力的培养即更加注重高深知识层面的发展。对于高职高专类院校的教师来说，其培养的主要是应用型人才，直接面向社会需要培养实践型、技术型高级技术人员。这类大学理论教学有自己的特色，与研究型大学的理论教学相比，它更强调知识的综合性、应用性和广博性，而不是知识的严谨性、逻辑性和深刻性。其次，此类大学的教学离不开实践教学环节。与研究型大学相比，实践教学是其教学的重要环节，它需要在理论学习的基础上，通过实践教学环节使学生掌握理论知识是如何被应用于实践的，从而培养学生理论应用于实践的能力。再次，能力培养是此类大学教育的一大特色。学生的职业能力、专业技术能力、社会交往能力，以及学习能力等是其教育培养的重要内容。因此，此类大学的教师则更应趋向具有应用高深知识的能力。在竞争的劳动力市场中获得竞争优势，教师能否了解不断变化的市场环境、是否具备创造和传授知识、培养学生适应社会发展的能力是关键。笔者认为高职高专类教师更多应注重其实践能力层面的培养，在学术水平和科研能力上不可与研究型大学教师采取统一标准。

三、大学教师发展多样性的实践途径

1. 根据高等学校的类型制定不同的大学教师发展制度

不同类型的高校由于办学理念与办学目标的不同，其大学教师的发展也应根据其各自的特点采取不同的发展制度。在宏观上，我们应该研究在制度和政策层面如何为大学教师发展提供有利的外部环境。在微观上，我们应该研究在学校层面如何建立起完善的教师发展机制。对于研究型高校而言，这类大学的目标更多地体现在学术追求和学术影响力上，体现在围绕国家目标培养一批拔尖创新性人才和产出一批原创性的标志性科研成果上，那么对于此类高校的大学教师在发展上就应如前所述更多地注重学术水平与科研能力的培养即更加注重高深知识层面的发展。因此，在外部环境方面，此类高校应为教师提供更为先进的实验设施、研究条件，营造良好的学术研究环境，尽可能地增加教师出国研修的机会，以此来开拓其眼界丰富教师在其专业领域的学术水平。除此之外，应给教师更多的学术自由，让他们有更多的空间来进行高深知识的创造与发展。对于高职高专类院校而言，它直接面向社会需要培养实践型、技术型人才,对于此类高校的大学教师就应趋向培养应用高深知识的能力。因此,此类高校应加强与社会的联系,适时了解社会需求,根据社会不同时期的需求对在校教师进行不同形式的培训。并可以定期举行一些教师专业技术技能比赛,以此提高教师的专业技术能力。此类高校不应像研究型高校一样过分注重教师的学术水平,硬性规定教师发表文章和科研成果数量,应加强教师教学能力与应用实用技术能力的培养。

2. 按照大学教师的不同层次实行多层次、多种类、灵活高效的培训形式和项目

不同层次的大学教师其知识水平和能力有所不同,结合教师队伍的实际,坚持从教学、科研工作的发展需要出发,笔者认为可根据大学教师的不同层次进行各种培训。(1)新任教师:集中对新上岗的教师培训,系统学习高等教育学、心理学、高等教育法规、教师职业道德修养等,以尽快地适应高校教师的工作。(2)助教、讲师:根据学术职业的分层分类确定有针对性的培训,以提高教师的教学水平为主。(3)副教授,教授:为进一步拓展其视野、追踪学术前沿,可举办一些高级研讨班,邀请国内顶尖的学者以及国外的学者来讲学,然后开展研讨,从而提高参与者的研究水平。同时,可组织其作为国内访问学者到国外的大学研修,充分利用国外的教学资源和实验设施、研究条件,以增进知识,丰富和推进原学校难以开展的科研课题。对于应用型的教师来说,要有指导年轻教师专业发展的能力,要有高超的实践应用能力。围绕这个目标确定培训形式和培训项目。

3. 健全大学教师的专业组织

教师专业组织即教育专业团体,在美国有教师教育学院协会,英国有全国教师联合会,澳大利亚有教师联合会,加拿大有教师联合会,日本有教职工会等国家教师组织。各国教育专业组织的基本功能是:"维护和发展高度的教育标准、高度的专业标准、高度的社会服务,高标准的教师工作环境"。教师专业组织的活动范围主要包括:出版、研究、教师权利、公共关系、立法、专业发展、工作环境、教师福利等等。我们应该借鉴他国在教师发展过程中的经验,设立各类学科学会,充分发挥专业组织的力量和影响,让教师们在该组织中切磋教学艺术,交流教学经验,共同探讨学术问题,开拓新的教育观念,为大学教师发展提供有力支持。

参考文献:

1. 教育部教育管理信息中心. 国际教育标准分类法[J]. 教育参考资料,1998:18.

2. 武书连等. 中国大学评价(摘要)——1998[J]. 中国高等教育评估, 2000(3).

3. 潘懋元. 大学教师发展简论[A]. 第四届高等教育质量国际学术研讨会论文集(教师发展)[C]. 厦门大学高等教育发展研究中心, 2006:2.

4. [德]马克斯·韦伯. 学术与政治[M]. 桂林:广西师范大学出版社, 2004:159.

5. 王长楷, 李定开. 中国大学教师职业发展的历史、现状和趋势[A]. 第四届高等教育质量国际学术研讨会论文集(教师发展)[C]. 厦门大学高等教育发展研究中心, 2006:88.

以立法引领教师专业发展
——美国《NCLB法》的教师专业发展内涵、措施及其影响述评

邵兴江　赵风波*

内容摘要：无疑高质量的教师是保障一国高质量的教育和实现本国教育稳步发展的重要条件之一。美国在其2002年正式颁布的《不让一个儿童落后法》中，同样对本国基础教育教师的专业发展提出了新的发展要求，即"高质量教师"的专业发展目标。该法案的教师专业发展政策经过五年多的实施，目前已经取得了一定的成效，但同时也暴露出这一政策措施所潜隐的一系列弊端问题。文章在系统回顾与分析《NCLB法》教师专业发展内容、政策措施的基础上，重点就法案对教师专业发展的正负两方面影响进行了系统分析，旨在甄别该政策背后的利弊得失，期许能对我国的教师专业发展政策制定提供一定的借鉴与思考。

关键词：NCLB法　教师专业发展　美国基础教育　政策研究

一、引言

进入新世纪以来，联邦政府开始加大对美国基础教育领域中一些核心问题的关注，尤其是基础教育中白人学生与其他不同种族、少数族裔与弱势群体学生之间的成绩差距等问题。为凸显对教育问题的关注，布什总统在其宣誓就职后的第2天便公布了一项新的教育改革政策，即以蓝图形式出台并命名的《不让一个儿童落后法》①。该

---

* 邵兴江，浙江大学教育学院；赵风波，华东师范大学课程与教学系。

① 对该蓝图的详细述评可参见赵中建(2001).不让一个儿童落后——美国布什政府教育改革监图述评.上海教育,第5期.

蓝图作为对已有《初等与中等教育法》①进行重大修订的新政策文件，为新政府未来数年的中小学基础教育改革制定了一个全新框架。在该蓝图颁布近一年之后，2002 年 1 月 8 日，布什总统正式签署了《2001 年不让一个儿童落后法》②（*No Child Left Behind Act of 2001*，以下简称《NCLB 法》），旨在"兼顾公平与效率"的基本原则下，通过加强各州政府的绩效责任，通过给予家长和学生更多的教育选择，以及通过给予各州政府、学区和学校拥有更多的灵活性等三大方面，并在联邦财政拨款和各类教育计划的支持下，帮助每一个儿童提高学业成绩并缩小彼此之间的学业成就差距，掌握 21 世纪成功所必需的技能，从而进一步推进美国的新基础教育改革。

经过 5 年多的实施，《NCLB 法》对美国基础教育的影响开始初见成效。2007 年 9 月，具有唯一全国代表性与年度持续评估性的国家教育进展评估（National Assessment of Educational Progress，NAEP）报告的最新数据表明：在全国范围内，四年级学生的阅读成绩和四年级、八年级学生的数学成绩均达到历史以来的最高水平；非裔和西裔学生在各项学业成绩上取得重大进展，在四年级阅读方面，非裔学生与白人学生之间的差距达到历史以来的最低水平，而在四年级、八年级的数学成绩上，非裔学生取得了迄今为止的最好学业成绩；西裔学生在四年级阅读和四年级、八年级数学成绩上同样取得了新的进展，其中八年级的阅读成绩重新回到历史最好水平（White House，2007）。

当然，自《NCLB 法》颁布以来，全美上下对法案有效性的质疑与争论从未间断，学术界亦对此存在多种不同的声音。近期出版的三部有关《NCLB 法》的著作，则分别代表了美国国内左、中、右三派不同的声音，即 *Many Children Left Behind：How the No Child Left Behind Act Is Damaging Our Children and Our Schools*（Meier & Wood，2004），*No Child Left Behind？The Politics and Practice of School Accountability*（Peterson & West，2003）和 *Leaving No Child Behind：Options for Kids in Failing*

---

① 1965 年，美国颁布实施了《初等与中等教育法》，其核心内容体现了联邦政府对全国公立基础教育的要求。该法至 1965 年颁布之日起，平均每隔 5 年进行一次重新修订与授权，以确保法案的有效性和与时俱进性，上世纪末的最后一次修订是 1994 年，时任的克林顿政府对该法进行了重新修订与授权，并将法案命名为《改进美国学校法》。

② 对该法案的详细述评可参见赵中建（2002）．从教育蓝图到教育立法——美国《不让一个儿童落后法》述评．教育发展研究，第 2 期。

Schools（Hess & Finn，2004）。① 阿普尔则对《NCLB 法》提出了"政治上成功，教育上失败"的质疑（Apple，2007）。Toppo（2002）则将该法戏称为《不让一个儿童不参加考试法》，另一些学者则认为法案过多强调考试会窄化课程内容并使教师工作走向反专业化（Cochran-Smith，2005）。可以说，美国国内对该法的争论不胜繁举。这些争论与质疑从一个侧面说明《NCLB 法》本身及其实施尚存一些不合宜之处。而这些争论与质疑，也成为今年联邦政府探讨法案重新授权事宜时所关注的重点。

《NCLB 法》采取了一系列措施提高学生的学业成绩，其中一项重要政策便是通过引入"高质量教师"（highly qualified teacher）的专业发展标准，提高全体美国教师的质量并促进教师的专业发展。然而，究竟法案对教师的专业发展采取了何种措施？各级地方政府又是如何实践这一教师专业发展政策的？法案究竟对美国教师的专业发展产生了何种影响？这些问题将是本文探讨的核心主题。从笔者掌握的文献看，美国国内有关《NCLB 法》的各类研究举不胜举，其中有关教师专业发展的研究主要有：一些研究就法案对教师教育项目的影响展开了分析（Selwyn，2007），另一些研究则就法案对在职教师课堂教学的影响开展了研究（Kelly，2006；Rodriguez，2006；Smith，Desimore & Ueno，2005），也有一些研究就法案实施后各州高质量教师的实施情况与存在问题进行了探讨（Magee，2004；Cochran-Smith，2005）。但上述研究的旨趣仅为法案对教师专业发展中某部分影响的研究，有待开展系统的分析研究。在我国国内，已有一些研究就《NCLB 法》的实施对各类教育的影响展开了探讨（王俊景，傅松涛，2004；王娟涓，2004；王修娥，2003；阎光才，2002；杨燕燕，2006，2007；郑波，2003；朱瑞刚，李素敏，2005），其中主要涉及教师专业发展的研究包括：有研究者就法案的教师专业发展内容作了简要介绍（赵中建，2001，2002），也有研究者就高质量教师与高质量教学之间的关系提出了质疑（李敏，2005），另一些研究者则就法案颁布后教师评价的新进展展开了研究（侯定凯，顾玲玲，汪婧莉，2005）。截至目前为止，就《NCLB 法》对美国教师专业发展的影响，尚未引起国内学术界的重点关注与深入探讨。与此同时，近年来我国正在开展新教师教育标准的厘定、实施与推广工作。因此，考察和借鉴发达国家通过立法引领教师专业发展的实践经验，研讨其运作机制、实施过程与方法，明

---

① 对这三部著作的述评可参见 Walsh，K.（2007）Becoming part of the solution，not part of the problem. *Journal of Teacher Edutation*. Vol. 58，No. 2，117 - 123.

了其内在合理性与不足之处,对于我国当前的教师教育改革具有良好的借鉴价值。

本文将首先对《NCLB 法》中"高质量教师"提出之依据进行分析,并简要阐述高质量教师的内涵及联邦政府、州政府、地方学区在这一领域的相关职责。在系统阐述联邦政府、州政府的相关教师专业发展措施之后,文章将就《NCLB 法》对美国教师专业发展的影响展开述评,包括该法对职前教师教育、教师市场、在职教师教育、教师评价、教师情绪及压力、学校可持续发展等六个方面的影响。最后本文将就《NCLB 法》中教师专业发展部分尚存在的不足展开探讨。

二、《NCLB 法》中教师专业发展的制定依据与核心内容

(一) 制定依据

《NCLB 法》对基础教育教师质量所提之新要求[①],是基于一系列科学研究结论与立法原则的。首先,它基于一系列的科学实证研究结果[②]。第一,学科内容知识与教育学素养孰轻孰重的相关研究,有研究发现,在数学、科学和阅读等学科方面,拥有专业学位的教师比没有这些学位或不是本专业学位的教师,对学生的成绩产生更为积极的影响,如 Goldhaber 和 Brewer(1996)对数学专业学科教师的研究,Hammond(2000)对阅读和数学学科专业教师的研究,均发现类似的结论。而就教师的学科内容素养会对学生成绩产生积极影响这一点上,各州、地方教育部门则往往持不屑一顾的态度。第二,教师资格证书并不能够证明此类教师就是高质量教师,Walsh(2001)对 150 项研究的元分析发现"拥有教师资格证书的教师比没有拥有教师资格证书的教师,其课堂教学效果并不显得更为高效"。Snyder 和 Mezzacappa(2004)对宾夕法尼亚州所有通过教师资格认证的教师的学科素养测试发现,该地区四分之一的教师未能通过十年级水平的能力测试。此外,各州对教师资格的认证存在着参差不齐的现象,彼此之间的

---

① 事实上早在《NCLB 法》对教师质量提出新要求之前,国会早在 1990 年代已对教师质量提出了新要求,当时来自加州的国会议员 George Miller 便已提案要求全国各教育学院通报各院学生在州教师资格考试中的通过率情况。该提案的结果是在 1998 年《高等教育法》的重新授权中,该法要求各州公布本州内高等学校的职前教师培养质量状况,这为《NCLB 法》颁定"高质量教师"要求提供了铺垫。

② 在教育部提交给国会的报告中,教育部多次建议各州应当去除那些并非基于科学研究结论的州级教师专业发展要求,而应将各州的教师专业发展要求基于科学的研究结论(U. S. Department of Education, 2002,2003,2004)。值得注意的是基于科学的研究(Scientifically based research)则在《NCLB 法》中提及不下 100 次。

教师质量差距甚大。第三，一些研究显示美国诸多学区尤其是贫困与农村学区，许多现职教师并没有通过相关教师资格认证，同时这些教师对所教学科的知识储备不足（Carey，2004；Haycock，1998；Sanders ＆ Rivers，1996）。第四，优质教师对学生产生持续的积极影响，而劣质教师则对学生产生持续的消极影响，与此同时，研究还发现贫困、少数族裔和英语不流利学生的成绩落后与劣质教师之间存在部分相关（Magee，2004）。第五，1994 年克林顿政府时期对《初等和中等教育法》进行重新授权时（即《改进美国学校法》），也曾提出通过提高教师质量促进学生的学业绩效的新目标，然而经过 7 年的实施表明，各州学生在学业成绩提高上仍相对有限，并没有达至《改进美国学校法》所提目标，国会对此并不满意（Goertz ＆ Duffy，2001；Robelen，2001；Shaul ＆ Ganson，2005；U. S. General Accounting Office，2000）。

其次，《NCLB法》背后内隐着一系列的立法原则。第一，民主性原则，通过实施"高质量"教师专业发展目标，期许这些高质量教师实现高质量教学，在保障每一个班级均配备高质量教师的前提下，期许缩小学生之间的成绩差距，尤其是提高贫困生、少数族裔学生的学业成绩，期许提高薄弱学校的教育绩效，从而保障教育的公平与公正。第二，竞争性原则，通过设置共同的教育发展目标，相应的教师专业发展标准，以及共同的评价标准，如适当年度进步（Adequate Yearly Progress，AYP），并在一系列政策措施、资助项目的支持下，在相关奖惩机制（如绩效进步失败可能遭遇的惩罚和公共名誉损失，甚至被上级接管学校等）的激励下，希望各州、学区、学校能积极改善内部绩效，相互竞争，同时允许家长和学生选择学校，这一方面给予家长更多的选择权，另一方面也是为了促进学校提高办学绩效。

（二）高质量教师的核心内容

联邦政府正是基于上述基于科学的研究结论和一系列立法原则，在"帮助每一个儿童提高学业成绩，缩小不同群体儿童之间学业差距"的目标引领下，在《NCLB法》中制定了新的"高质量教师"要求，这是联邦政府首次建立针对各学科教师的具体标准，也是首次对本属于各州的教师专业标准制定权进行干预。

《NCLB法》针对"提高教师质量"的发展目标，以"优质教师是学生取得优异成就的关键"为基本原则，将"推动学校建立高度专业化的教师队伍"作为一项战略决策。法案指出，联邦政府期望各州确保所有学生都由高质量教师施教，并要求尽快确立教师专业发展的高标准,以保证联邦经费达到促进以研究为基础的、确有成效的课堂实践的目的。"高质量教师"的核心内容可概述为以下三个方面:一是教师必须拥有相应学科的本科学位;二是通过州级教师资格认证(也可以是州所允许的其他替选型教师资格认证项①)或通过州级教师资格考试;三是教师提供所教学科的能力资格证明。

根据《NCLB 法》,"高质量教师的专业发展"(法案第九编第 9101(34)部分的界定,Title IX,Section 9101 Definitions (34))的具体内容主要为(见表1):

表 1 联邦政府、州和地方学区高质量教师专业发展目标的具体内容

联邦政府	州	地方学区
● 改善和扩充教师所教学科的知识面; ● 高质量教师计划属于全校和全区教育改善计划的组成部分; ● 教师和校长具备相应的知识和技能,以帮助学生达到州所设立的富有挑战性的学术标准; ● 改进课堂教学管理技能; ● 为保证对课堂教学和教师绩效产生长远的积极影响,专业实践活动必须是高质量的、持续精深并以课堂教学为中心的活动,而不能是以一天或短期工作坊、会议等形式的培训; ● 支持高质量教师的招募、雇佣以及相关培训; ● 促进教师对有效教学策略的理解等。	● 各州应依据《NCLB 法》的要求制定本州的高质量教师标准,并适合本州的需要; ● 各州应向教育部长汇报本州高质量教师专业发展的比例情况; ● 各州应监控各学区合理使用联邦的"改善教师质量的州级拨款"以及联邦或州级其他拨款项目的情况,以促进教师专业发展; ● 各州至少应将"提高弱势学生的学业成绩拨款"中的 5% 用于促进教职员的专业发展。	● 地方学区应确保新雇教师是高质量教师;对于在校教师则要做好相关沟通工作,提供相关机会使之达到高质量的教师标准; ● 为了获得联邦政府的"改善教师质量的州级拨款",各学区必须开展一项需求评估,并根据高质量教师专业发展类别的相关信息做出相应决策,教师必须积极参与其中; ● 学区和学校了解学生的学业水平,并设立教师的专业发展目标。

来源:本表依据《NCLB 法》第九编第 9101(34)部分(Title IX,Section 9101 Definitions (34))(2002,539 - 540)和 No Child Left Behind:A Toolkit for Teachers (U. S. Department of Education,2004,48 - 49)等文件整理而成。

---

① 替选型教师资格认证项目(Alternative Certification Programs)在全美各州普遍存在,该项目旨在为不是4—5 年制师范学院毕业的学生或其他人员提供成为教师的机会,它为缓解 1980 年代以来美国教师数量的短缺和满足教师队伍多样化的需求作出了一定贡献。

（三）教师专业发展要求核心变化的比较分析

《NCLB 法》的颁布对教师专业发展的要求出现了一些主要的变化。在法案颁布之前，各州允许教师在没有获得教师资格证之前开展教学，对这些教师何时完成教师资格认证并没有具体规定，因而也就不会对教师构成潜在的压力或威胁。对于教师助手则仅需要获得高中文凭即可。《NCLB 法》通过之后，法案要求 2002—2003 学年新雇佣的核心课程教师必须是高质量教师，到 2005—2006 学年为止，所有核心学术课程的教师必须是高质量的教师。新老教师均需要通过更多的认证、能力证明方可成为教师。即便是有经验的老教师也需要通过"高目标统一的州评价标准"（High Objective Uniform State Standard of Evaluation，HOUSSE)的认证，或者通过各州所认可的严格的学科内容能力测试，或者参加更高一级的本专业课程进修，或取得更高一级的本专业学位。

三、《NCLB 法》促进教师专业发展的主要措施

《NCLB 法》非常强调高质量教师的重要地位及其意义，期许通过教师质量的保障而实现高质量的教育绩效。为有效推进《NCLB 法》的实施，联邦政府及各州政府采取了一系列措施促进法案的实施，具体可划分为三大类：设定高质量教师专业发展目标、经费保障、教师专业发展培训等。

（一）设定高质量教师专业发展目标

为使全美教师达至"高质量"，制定具体的"高质量"要求作为各州、地方学区的参照标准显得尤为必要。《NCLB 法》对公立学校"高质量教师"目标的最低要求作了详细的规定，具体内容可参见上文"高质量教师的核心内容"。为确保法案按计划有序的推进，法案提出了两大阶段性发展目标：一是在 2002—2003 学年，由《NCLB 法》第一编经费，新雇佣的核心学术课程教师必须是高质量教师；二是到 2005—2006 学年为止，各州必须实现所有核心学术课程的教师均是高质量教师的目标。联邦政府要求各州制订相应的详细计划，并在计划中包含每年可测量的教学目标，以使各地方学区和学校清晰所需实现的发展目标。此外，联邦政府还要求各州在每年的报告卡中记录本

年度的进展情况(U. S. Department of Education，2004)。

(二) 经费保障

经费是教师专业发展的经济保障。《NCLB法》对各类促进教师专业发展的拨款作了详细的规定,其中第一编"改善弱势学生的学业成绩拨款"(Improving the Academic Achievement of the Disadvantaged),规定各州和地方学区每年应至少将其中的5%用于促进教职员的专业发展;第二编"教师和校长培训及聘任拨款"(Teacher and principal training and recruiting fund)开宗明义指出,该拨款的目的就是资助各州以及地方学区开展多种类型的教师专业发展培训项目,旨在提高教师和校长的素质,并增加高质量教师和校长的数量;第四编A部分则提出为地方教育机构提供相应拨款,以开展相关教师专业发展活动,并招募、培训和聘任高质量教师,从而减小班级规模。而在教师质量的州级资助方面,至法案颁布以来则呈现了较大的增长并一直维持在29亿美元左右的水平,下表2详细地反映了2001—2007年间教师质量的州级资助的经费变化情况。

表2　联邦教育部2001—2007年教师质量的州级资助的年度经费

(单位:百万美元)

2001年	2002年	2003年	2004年	2005年	2006年	2007年
2108	2850	2931	2930	2917	2887	2887

来源:Office of Management and Budget,http://www. whitehouse. gov/omb/

(三) 教师专业发展培训

为实现每一个教室配备高质量教师的目标,为未达标教师和新教师提供各类教师专业发展培训成为实现上述目标的有效手段。在开展教师专业发展培训的进程中,联邦政府作为"引领者",规定了教师专业发展目标的总要求,明确了各级政府在教师专业发展培训中的绩效责任,对地方学区培训工作进行全面协调和监控,同时要求各州向联邦教育部汇报本州教师培训的进展情况并递交自评报告。当然为因地制宜,联邦政府同时允许各州依据本州特点而自行设定专业发展培训框架。

1. 联邦一级教师专业发展培训项目

根据美国会计总署的统计,联邦政府共有 87 个教师培训项目分布于联邦 13 个不同的部门,其中联邦教育部涉及教师培训方面的管理项目多达 28 个,这类项目均致力于建立和支持高质量教学队伍(Congress,2002)。《NCLB 法》所涉及的教师培训包括各类灵活的资助州和地方的教师专业发展项目,教师专业发展标准制定项目,促进创新性的教师改革项目,奖励高素质教师项目,教师保护项目,教师减税项目和为家长提供教师质量信息等项目。

在《NCLB 法》中,促进各类教师专业发展培训项目主要有:一是促进高校与地方机构合作的教师专业发展培训项目,如《NCLB 法》第二编 B 部分中数学和科学合作项目,该项目通过为各州教育机构建立高等教育机构和地方教育机构之间的合作项目,实现提高数学、科学教师的学科素养和教学质量的目的。二是稀缺性教师的专业培训项目,如第三编 A 部分中指出要为帮助学生学习英语和提高英语成绩的教师提供专业发展培训。三是加强科技素养方面的培训,如《NCLB 法》第二编 D 部分中的科技促进教育项目,该项目要求各地方应至少将本项目拨款的 25％用于高质量教师专业发展活动,旨在将各类高科技整合课程和课堂教学之中,营造新的学习环境。

一些由联邦教育部所实施的项目同样在促进教师专业培训方面起到了重要的作用。比较著名的如"教师协助团队"项目,该项目通过促进法案理解,加强各州联系和互动,分享其他州的创新实践,倾听各州在执行法案方面的困惑和挑战等方式,促进各州的教师专业发展实践。教育部"教师对教师"项目通过发挥专家型教师的引领作用,在带领各地教师的专业发展方面起到了重要的作用,如该项目下的"教师培训团队"是由全国范围内极富课堂教学经验的教师和实践者组成,常常利用暑期时间负责地区性的"教师对教师"工作坊,教授最新教育理论,介绍各地行之有效的实践经验等。"教师对教师"的网络版(www. ed. gov/teacherinitiative)更是提供了多达 32 个的在线专业发展课程,弥补了直接的"教师对教师"工作坊覆盖范围狭隘的局限。

此外,联邦政府提供的一些激励措施对促进教师的专业发展同样起到了一定的作用。如《NCLB 法》中所提及之教师保护项目,教师减税项目,布什总统提议和签署的"教师激励基金"项目等,都为教师质量的保障提供了支撑。

2. 州一级教师专业发展培训项目:以加州为例

除了联邦层面的教师专业发展培训项目外,州一级的教师专业发展培训项目同样对促进全美教师的专业发展起到了良好的作用。各州的教师专业发展项目本着"因地制宜、分类指导、按需施教、学用结合"为原则,制定了适合本地区实际的教师专业发展促进计划。现以加利福尼亚州的州级教师专业发展培训项目为例作简要介绍。

根据《NCLB 法》,加州对高质量教师作了州立认证的规定,要求必须通过加州的教师资格认证或具备实习教师证书或参与过加州教师资格证认证委员会(California Commission on Teacher Credentialing, CCTC)的实习项目。需要指出的是,通过高质量教师的教学,加州学生阅读和数学成绩均得到明显提高,2006 年度有 66% 的学校通过了 AYP 指标(Education Data Partnership, 2007)。这与该州积极开展教师专业发展培训项目密切相关。单就 2006 年而言,加州所采取的促进教师专业发展的培训项目主要为:

第一,"教师招募和留任"项目,加州在 2006 年拨款 5000 万美元,分发给在 2005 年通过 3 次基础学术表现指数(API)测试的地方学区,旨在改善各个学校的教育文化环境。第二,"英语教师的专业发展"项目,给小学英语教师提供阅读语言艺术和数学方面的专业发展机会,即为广大英语教师提供 40 小时的培训,跟踪教学和经济资助,使得广大教师掌握广泛的教学策略。第三"认证教师的导师"项目,旨在鼓励优质且有经验的教师在"教师优先学校"(staff priority schools)从教,其中合格的"认证教师的导师"必须满足以下条件:拥有一张专业清晰的资格证,具备至少 7 年的学科教学经历,愿意在"教师优先学校"从教,并给一至五位实习或初任教师提供至少持续五年的帮助,并已为所在学校的校长认可,承认其具有促进学生成就和学习的能力(California Department of Education, 2007)。

四、《NCLB 法》对教师专业发展影响述评

经过 5 年多的实施,《NCLB 法》正在成为美国公立学校文化的一部分(Olson, 2004)。目前,全美 50 州在联邦《NCLB 法》的指引下,结合本州的实际情况,均已建立了各自的"高质量教师"标准。[1] 从 NAEP 和各州教育部门的汇报成果看,各州的教育

---

[1] 各州的情况互不相同,获取具体高质量教师要求可参阅 HQT Definitions by State,网址为:http://mb2. ecs. org/reports/Report. aspx? id=1045

绩效确实在取得一些进展。法案的实施也对美国基础教育教师的专业发展产生了多方面的影响，兹分别从职前教师教育、教师市场、在职教师教育、教师评价、教师压力、在校教师与学校可持续发展六个方面对此展开分析。同时法案仍然存在着一些问题有待进一步协商解决。

（一）教师专业发展的影响

一是职前教师教育，由于法案依据 AYP 指标判定一校的教育绩效情况，即高风险测试成绩成为教师质量高低和学生学习成绩优异与否的判定标准。这一评价方式正对全美各教育学院的教师教育项目产生影响。一方面教师教育的重心正在逐渐发生转移，从注重教育学相关素质的培养转向注重学科知识内容的训练，从帮助学生如何学习转向帮助学生如何提高成绩，师范生将仅学习与应用在教学实践和课程内容方面所需要的技能和知识。教师教育将日益围绕测试展开，各大学的教师教育项目将不得不证明"不仅所培养的学生能对学生的学习产生影响，而且要能证明所培养的教师能够对学生的测试成绩产生影响"（The Teaching Commission，2004）。显然，这一趋势是相当危险的，它清晰地表明学生的学业成绩不仅成为教师日常教学的底线而且成为教学成功与否的唯一标准。另一方面，对于师范生而言，在学实习项目正变得日益困难。迫于测试的压力，越来越多学校开始拒绝师范生到本校实习，即便是可获得到某个学校的实习机会，一般也不会提供四年级、七年级和十年级等三个年段的实习。在实习所得上，因在职教师更多地关注于如何提高学生的学业成绩，显然已不易再从在职教师中学到如何帮助学生批判思考，发展技能，培养终身学习等技能。

二是教师专业市场，面对《NCLB 法》所设定的"高质量教师"要求，对无论是在职教师还是潜在教师而言，都提出了前所未有的挑战。一方面在在职教师队伍中，依据美国教师的质量情况，相当一部分教师将不能达到"高质量的教师"标准，不管他们的努力程度如何，这部分教师势必将因未能达标而淘汰出局；而对那些通过在职培训或个体努力能够达到"高质量教师"标准的在职教师，同样构成极大的心理压力，在这类教师中必然会有一些教师因不堪忍受专业技能提升压力而离开教师岗位；对在职教师中已达到"高质量教师"标准的教师，他们对教师专业市场的影响要小得多。另一方面，对那些准备进入教师就业市场的潜在教师，尤其是那些教师质量处于原有标准与《NCLB 法》标准之间的教师，会因标准的提高而在就业市场竞争中自动退出或出局；

而潜在教师中达到"高质量教师"标准的教师,也会有一部分教师因要求的提高而退出这一市场。上述影响所产生的结果是教师就业市场中教师供应量的萎缩,将难以满足教师专业市场的需求,它将使美国教育系统中高质量教师供应短缺现象有所加剧。因此,如何吸引最优秀的人才进入教师专业市场将成为联邦政府考虑的重点。

三是在职教师专业发展影响,在法案的引领下,在职教师的专业行为已依据法案要求发生了一些转变。一方面在专业发展培训上,因法案实施所给予的专业发展机会、激励和压力使得众多在职教师积极参与由联邦政府、州政府或学区所开设的专业发展培训项目,在职教师中尚未获得教师资格证书的教师,其申请资格证的积极性大为提高。总体而言,各州针对教师质量提高的在职教师进修项目相对比较灵活,如在职大学课程进修,参加学术研讨会,更高一级专业学位攻读等,以使各类教师能根据自己的状况而进行选择。然而,效果并非十分理想,一个常见的问题是学科知识薄弱的教师往往更容易逃避一些严格的在职进修项目而选择一些轻松课程。另一方面,教师的课堂教学专业行为正在悄悄地转变,在绩效体制的引领下,教师们开始更为关注课堂教学绩效、窄化课堂教学内容,倾向于围绕测试要求而运转整个课堂教学,尤其是在需要参加测试的年段,上述特征呈现得尤为明显。

四是教师专业发展评价上,自《NCLB 法》实施后,如何提高教育系统的绩效责任成为全美上下关注的热点,其中学生的学业成绩成为衡量教师质量的核心指标之一。在这一背景下,一方面美国的教师专业发展评价出现了一些新的发展趋势,其中增值评价方式尤为受人关注。该评价方式的理念是假设学生的成绩变化能真实反映学生的进步状况,那么通过追踪学生数年来的成绩变化情况,可以较为公正地考核任教教师的教育绩效进步情况。不过需要指出的是新的教师专业评价并非十全十美,即如果法案继续过多地将高质量教师单一的等同于学生的高风险测试成绩,那么此类评价方式将成为"当前绩效运动中最为糟糕的趋势"(Elmore, 2002)。另一方面,法案在"高质量教师"的聘任上,考核标准尤为关注学科知识,一些州为达到法案规定的上述要求,采取通过纸笔测试的方式检验教师的学科知识素养,"具有高的学科知识素养就是高质量的教师"非常值得质疑,仅需学科知识素养也是对教学复杂性的误解。

五是教师压力问题。《NCLB 法》提出要提高学校教育的绩效,自然会加大教师的心理压力。新压力的来源主要包括:一方面法案宣布仅有教师资格证书的教师并不能够充分证明他就有完全的资格进行教书,因此不管教师原有的背景如何,各教师必须向教育部门自我证明自身的教学能力，即便是有 20 年教龄的教师也需提供相关材料证明本人符合"高质量的教师"标准；另一方面该法又指出当前教师队伍中很大一部分教师为非"高质量教师"，需要接受培训与新的资格认定，并规定在 2006 年 1 月份之前全美每一个教室必须配备"高素质"的教师①，在这一情况下，不仅给各州、学区的教育管理机构带来了新的工作压力，而且给教师增加了新的工作量、时间成本和经济成本，个体稳定的职业发展前景转而变得迷茫不安起来（面临下岗的可能）。正如 Walsh (2004)所言该法所制定的新要求使众多教师倍受打击，而教师专业发展新要求内涵的复杂程度更是让教师们困惑不解。总之，对教师要求的提高对教师自身的专业发展构成了新的挑战，陡然加大了教师的发展压力，如何采取措施减轻或纾解教师压力，并积极开展教师情绪管理将是各级政府亟须考虑的话题。

六是教师队伍的稳定，教员数量的充分与学校可持续发展问题。《NCLB 法》提出的"高质量教师"标准，从长远的角度而言非常有利于各个学校的发展，但就近期而言，容易对学校构成一些新的挑战。一方面，《NCLB 法》要求每一名教师必须是某个学科中的高质量教师方能在学校中教授该门课程，这一硬性要求对于某些学校而言简直难以达到，尤其是对农村学校、内城学校和小学校等诸如此类学校而言，它们需要一名教师能够教授多门学科以弥补学校师资的不足问题，而对一些涉及多学科领域的跨学科课程教师而言，同样设置了一道非常高的门槛，法案应该采取适当的灵活措施帮助此类学校应对困难。另一方面，对公共教育过多地强调教育绩效，将会出现教育本质功能的失衡，毕竟教育不仅仅是为了学生学业成绩。而公立学校绩效改革失败之后，将面临被上级教育部门接管的可能（如以特许学校等方式运营），这一趋势暗示着将会使公立教育转向私有化和市场化的倾向。

（二）法案有待继续探讨之问题

《NCLB 法》在总体上已经取得了积极的改革成效，但是在涉及教师专业发展方面，法案本身仍存在以下问题有待协商与解决。一是高质量教师的内涵问题。一方面正如 Walsh(2004)所指出《NCLB 法》对教师的技能过于围绕"学科内容取向"，而对教师的基本技能则有所忽视，表现为从原先过于重视教师基本技能一极走向过于重视学

---

① 这一目标并未得到完全实现。

科内容取向一极,而事实上两者对教师日常教学行为均非常重要;另一方面,虽然法案对"高质量"教师有所界定,但是界限仍然相对模糊,除州级认证以外,在教师"必须证明他们熟悉所教学科"这一点上并不具备良好的可操作性,而后者这一新设的"证明"要求显然隐含着国会对州级教师资格认证的不信任[①]。与此同时,将"高质量教师"资格的决定权留给州(原本就是属于州的权力),更是给这一法案的有效执行留下隐患,联邦对最低"高目标统一的州评价标准"缺乏规定,导致许多州纷纷降低对本州在职教师"高质量"评估的标准,继而产生大量所谓的"高质量教师",[②]这些教师中相当一部分与《NCLB 法》中"高质量教师"标准相距甚远,几乎一半的中学教师并没有获得所教学科的本科文凭,25%的教师甚至并不拥有所教学科的辅修文凭(Magee,2004)。Henig(2006)则更为精辟地指出,各州之间不同的教师质量资格认定将会削弱法案的原初用意。

二是联邦政府与州政府、学区、学校之间的关系处理问题。作为一个主张地方分权的国家,并依照《宪法》第十修正案的有关规定,即宪法不授予联邦而又不禁止的权力属于各州,美国教育系统的大部分权力并非归联邦政府所有。《NCLB 法》作为一个联邦层级的法案,对原本属于州一级权力范围内的教师质量的改善提出详细的要求,从法理的角度来讲并不是一个理想的平台。联邦政府没有斟酌各州之间以及学区间的差异而提出符合实际的教师质量标准,而是硬性要求每一个州都要达到国家设立的目标,即在 2006 年 6 月 30 日以前使每一位教师都成为"高质量教师"。联邦政府日益增加对各州、学区、学校教育活动的参与,这在许多地方并不受欢迎,被认为是对地方权力的过多干预(Shaul & Ganson,2005)。因此联邦政府非常有必要在不同层级政府之间展开相互对话与协调,以确保《NCLB 法》的有效实施。

三是对教师专业发展的财政性拨款问题。虽然法案详细规定了相关项目的拨款金额,但许多项目的拨款并非如愿,法案虽然提出对经费进行相关保障,但是仍然有待作出进一步的努力。由于经费问题,许多州和地方学区领导者因此而表示强烈反对,

---

① 这是自 19 世纪晚期引入教师资格认证制度以来,联邦政府首次清晰宣布教师资格证书并不是一名教师有资格教学的充分证明材料。美国各州的教师资格证书普遍偏向于考查教师的基本教学技能和教育学基本素养,而非具体的学科性教学素养。

② 如以 2003 年为例,在对教育部的通报中,30 个州声称本州超过一半的教师是高质量教师。而威斯康星、爱达荷、阿肯色、康涅狄格、明尼苏达、印第安纳、马萨诸塞、犹他、密西根、宾夕法尼亚和怀俄明等 11 州则报道本州学校中 95%的教师均是"高质量教师"。

并认为该法是又一个没有资助的教育性强制要求(Cochran-Smith,2005)。美国教师质量东南研究中心指出,《NCLB 法》不仅过度强调学科内容知识,教育经费资助的短缺不仅没有提高教师资格标准,反而导致各州降低了教师资格标准以达到法案所规定的"高质量教师"的要求(Southeast Center for Teaching Quality,2004)。

总之,高质量教师是促进每个孩子发展,不让每一个儿童落后的关键角色所在,也是最终实现缩小学生成绩差距的核心,促进学校可持续发展和进步的中坚力量所在。正是基于这一教育信念和憧憬,美国正在通过《NCLB 法》的引领而促进本国教师的专业发展,以最终促进美国基础教育的整体发展。虽然通过 5 年多的实施,取得了一定的成就,然而要真正实现"帮助所有的学生都能获得他们需要和渴望的知识渊博的教师"的承诺,我们认为不论是美国国会还是各级政府,师范院校师生还是中小学教师,要做的事情和要解决的问题还很多,有待进一步研究与实践检验。

参考文献:

1. 侯定凯,顾玲玲,汪婧莉. 美国教师评价改革的新动向——《不让一个儿童落后法》颁布后[J]. 全球教育展望,2005(10).
2. 李敏. 高质量的教师＝高质量的教学?《不让一个儿童落后法》实施两年后的一个质疑[J]. 外国中小学教育,2005(3).
3. 王俊景,傅松涛. NCLB 下美国 K - 12 教育改革的新特点——绩效责任制的新发展[J]. 基础教育参考,2004(11).
4. 王娟涓. NCLB 法案对美国农村学校提出的挑战[J]. 外国中小学教育,2004(5).
5. 王修娥. 法案之争——美国《不让一个儿童落后法》遭质疑[J]. 上海教育,2003(3B).
6. 阎光才. NCLB 与布什政府的教育政策倾向[J]. 外国教育研究,2002(8).
7. 杨燕燕. 当代美国中小学课程改革趋势解读——从《国家在危急中》到《不让一个儿童落后》[J]. 教育发展研究,2006(5A).
8. 杨燕燕. NCLB 对美国中小学课程实践的影响及启示[J]. 课程·教材·教法,2007(4).
9. 赵中建. 不让一个儿童落后——美国布什政府教育改革监图述评[J]. 上海教育,2001(5).
10. 赵中建. 从教育蓝图到教育立法——美国《不让一个儿童落后法》述评[J]. 教育发展研究,2002(2).
11. 郑波. 从分散走向集中——从《不让一个儿童落后》(NCLB)法令看美国基础教育改革[J]. 河南师范大学学报(教育科学版),2003(3).
12. 朱瑞刚,李素敏. 美国 NCLB 中规定的额外教育服务[J]. 外国教育研究,2005(2).
13. Apple. M. W.,(2007). Ideological success, educational failure? On the politics of No Child Left Behind. *Journal of Teacher Education*. Vol. 58, No. 2.
14. California Department of Education. (2007). Budget Action and Program Information. Retrieved October 30,2007, from http://www. cde. ca. gov/fg/fr/eb/index. asp

15. Carey, K. (2004). The real value of teachers. *Thinking K - 16*. Vol. 8, No. 1, 3 - 32.

16. Cochran-Smith, M. (2005). No Child Left Behind: 3 years and counting. *Journal of Teacher Education*. Vol. 56, No2, 99 - 103.

17. Congress (2002), *No Child Left Behind Act of 2001*. Retrieved Nov. 6, 2005, from http://www. ed. gov/policy/elsec/leg/esea02/107-110. pdf.

18. Education Data Partnership. (2007). Adequate Yearly Progress under NCLB. Retrieved October 30, 2007, from http://www. ed-data. k12. ca. us/Navigation/fsTwoPanel. asp? bottom = %2FArticles%2FArticle%2Easp%3Ftitle%3DEducation%2520Issues

19. Elmore, R. (2002). The testing trap. *Harvard Magazine*, Vol. 105, No. 1, 35.

20. Goertz, M. E, & Duffy, M. C. (2001). *Assessment and accountability systems in the 50 states: 1999 - 2000*. Philadelphia: University of Pennsylvania.

21. Goldhaber, D. D. & Brewer, D. J. (1996) *Evaluating the effect of teacher degree level on educational performance*. Washington, DC: National Center for Education Statistics, U. S. Department of Education.

22. Hammond, L. D. (2000) Teacher quality and student achievement: A review of state policy evidence. *Education Policy Analysis Archives*. Vol. 8, No. 1.

23. Haycock, K. (1998). Good teaching matters ... a lot. *Thinking K -16*. Vol. 3, No. 2, 3 - 14.

24. Henig, S. (2006). Back to school for teachers: The No Child Left Behind Act has changed how colleges serve classroom practitioners. *Chronicle of Higher Education*, Vol. 53, No. 7.

25. Hess, R. & Finn, C. Eds. (2004). *Leaving No Child Behind: Options for Kids in Failing Schools*. Cambridge, MA: Palgrave Macmillan.

26. Kelly, T. A. (2006). *An analysis of the impact of No Child Left Behind on perceptions of being an educator and teaching literacy in a low performing school*. Doctoral dissertation. Memphis TN: The University of Memphis.

27. Magee, K. P. (2004). Teacher quality, controversy and NCLB. *Clearing House*. Vol, 78. No. 1.

28. Meier, D. , & Wood, G. , Eds. (2004). *Many Children Left Behind: How the No Child Left Behind Act Is Damaging Our Children and Our Schools*. Boston: Beacon.

29. Olson, L. (2004). Taking root. *EducationWeek*, Vol. 24, No. 15, December 6. S1, S3, S7.

30. Peterson, P. & West, M. , (2003). *No Child Left Behind? The Politics and Practice of School Accountability*. Washington, DC: Brookings Institute Press.

31. Rodriguez, A. (2006). *Borderlands, entre dos culturas: Teaching in the age of No Child Left Behind: Literacy, pedagogy and transformation*. Doctoral dissertation, Las Cruces, NM: New Mexico State University.

32. Sanders, W. , & River, J. (1996). *Cumulative and residual effects of teachers on future student academic achievement*. Knoxville: University of Tennessee Value-Added Research and Assessment Center.

33. Selwyn, D. (2007). Highly quantified teachers: NCLB and teacher education. *Journal of Teacher Education*. Vol. 58, No. 2.

34. Shaul, M. S. & Ganson, H. C. (2005). The No Child Left Behind Act of 2001: The Federal Government's Role in Strengthening Accountability for Student Performance. *Review of Research in Education*. Vol. 29, No. 1.

35. Smith, T. M. , Desimone, L. M. & Ueno, K. (2005) "Highly Qualified" to Do What? The Relationship between NCLB, Teacher Quality Mandates and the Use of Reform-Oriented Instruction in Middle School Mathematics. *Educational Evaluation and Policy Analysis*. Vol. 27, No. 1.

36. Snyder, S. & Mezzacappa, D. (2004). Teacher come up short in testing. *Philadelphia Inquirer*. Retrieved October 12, 2007, from http://www. philly. com/mld/inquirer/living/education/8252143. htm

37. Southeast Center for Teaching Quality. (2004). *Unfulfilled promise: Ensuring high quality teachers for our nation's schools*. Retrieved October 12, 2007, from http://www. teaching-point. net/NCLB_PublishedReport. pdf

38. The Teaching Commission. (2004). *Teaching at risk: A call to action*. Retrieved October 12, 2007, from http://www. policypointers. org/page_58. html

39. Toppo, G. (2002). Bush to sign education bill, but the debate over required testing goes on. The Washington Post. January 7.

40. U. S. Department of Education. (2002). *Meeting the highly qualified teachers challenge: The secretary's annual report on teacher quality*. Washington, DC: U. S. Department of Education, Office of Postsecondary Education.

41. U. S. Department of Education. (2003). *Meeting the highly qualified teachers challenge: The secretary's second annual report on teacher quality*. Washington, DC: U. S. Department of Education, Office of Postsecondary Education.

42. U. S. Department of Education. (2004). *The secretary's third annual report on teacher quality*. Washington, DC: U. S. Department of Education.

43. U. S. Department of Education. (2004). *No Child Left Behind: A Toolkit for Teachers*. Retrieved October 12, 2007, from http://www. ed. gov/teachers/nclbguide/nclb-teachers-toolkit. pdf

44. Walsh, K. (2001). *Teacher certification reconsidered: Stumbling for quality*. Baltimore: Abell Foundation.

45. Walsh, K. (2004). Through the looking glass: how NCLB's promise requires facing some hard truths about teacher education. *Clearing House*. Vol. 78, No. 1.

46. White House. (2007). *Fact Sheet: 2007 Nation's Report Card Shows Minority Students Posting All-Time Highs* October 25, 2007, from http://www. whitehouse. gov/news/releases/2007/09/20070926 - 2. html

俄罗斯师范教育改革的经验及启示

杜岩岩[*]

内容摘要：师范教育转型是 20 世纪 90 年代以来俄罗斯在超越传统体系基础上进行的师范教育改革所追求的目标。本文在系统梳理俄罗斯师范教育转型路径基础上，力求对俄罗斯师范教育转型的经验和特色给予客观揭示，以期对当前中国师范教育改革和发展有所启示。

关键词：俄罗斯　师范教育　转型

走过两个多世纪的俄罗斯师范教育积淀着深厚的历史传统和独特的民族色彩，主要体现在教师队伍的个性品德优秀、职业思想牢固、基础知识扎实、专业技能熟练等方面。然而，社会的转型及教师培养的自身发展逻辑给俄罗斯师范教育带来诸多挑战，如何在传统与创新之间找到准确的平衡，成为当前俄罗斯师范教育改革的迫切任务。

一、坚守人文教育理念，提高师范教育的人文性和公益性。

追求教师培养的人文化是俄罗斯师范教育的优秀传统，也是其现代性的典型特征。在俄罗斯师范教育转型时期，人文教育理念在科学研究和教育实践中得到进一步丰富和拓展。

新的文化类型赋予师范教育人文理念以丰富的内涵和诠释。转型之初，俄罗斯教育学界就师范教育改革的理论问题进行了积极深入的讨论。在 1992 年召开的全俄教育管理机关领导会议上提出个人本位的师范教育理念，明确了师范教育转型的理论基

---

* 杜岩岩，沈阳师范大学俄罗斯教育研究中心。

础和发展战略。个人本位的师范教育理念来源于维果斯基和达维多夫等学者提出的人的历史文化观和活动观理论，其教育学要义在于提出一种发展性、活动性的教育模式。这种教师教育培养模式的主旨在于力图改变教师培养局限于学科教学技能的训练，强调促进未来教师的个性发展及个人教育观的形成。在个人本位理念框架下，提出了师范教育改革的民主化、人本化、人文化、区别化、可选择性、一体化的原则。其中，师范教育的人本化思想处于优先的地位。人本化思想认为：儿童的个性是教育过程的核心；教师、学生和家长具有选择学校、教学计划和教材的权利。教育的人文化原则旨在克服技治主义对教育及人的思维习惯造成的危害。

在师范教育的人文理念具体实施过程中，其主要经验在于：一是创建了高等学校委员会下属的人文教育中心，每所师范大学都有各自的人文教育中心，其主要任务是确定人文教育的内容，制定人文方向各学科的基础教育大纲，编写新的教科书、教学参考书。同时该中心还有一项重要职能就是负责人文学科的大学教师的培养和技能提高。二是俄罗斯教育哲学和教育政策发生了变化，政策范式的变化势必要引起教育范式的转变，与之相应的生命中心主义取代人类中心主义在社会职能领域发挥作用。三是人文心理学和教育学的普及推广。俄罗斯的教师培养过程中，非常注重心理学知识技能的训练与应用，并用模块课程将心理学和教育学内容整合在一起，如"高校教育学与心理学"课程。师范生的心理学素养有助于提高其职业专业化水平。四是教师教育大纲和教学计划的变化，增加了各种形式的教学方法和实践环节，以此加深学生对人的心理和教育心理学方法的掌握和应用。五是俄罗斯大学基础教育和专业教育关系的变化，师范生要在两年的通识课学习基础上再继续专业课程的学习，教育学课程伴随师范生的整个学程。课程增加了有关自然科学和人的关系经济学，行为伦理学及个体间交际语言的内容，以促进师范学生对未来的职业活动的敏感性，帮助其拓宽职业选择。

二、注重制度创新，提高师范教育的效率和竞争力。

注重师范教育的发展是俄罗斯的优良传统。转型之初，俄罗斯就明确了师范教育优先发展的战略。其中，教育制度创新是俄罗斯师范教育转型实现的重要途径和保障。政府通过制定颁布一系列的法律、法规、标准、发展纲要，促进教师教育治理制度、财政制度、学制和社会参与制度的创新,为师范教育改革提供了一个新的制度环境。

(一)政府制定出台了一系列相关政策法律,为师范教育改革提供法律依据。

自 1992 年俄罗斯新的《教育法》颁布至今,出台的俄罗斯师范教育改革的法律法规和政策法令已有十余部,涉及国家师范教育改革的理念、总体构想、具体实施的标准等不同层面,为师范教育改革奠定了坚实的法律基础。如 2000 年颁布的《俄联邦国民教育纲要》强调了师范教育的国家责任,为师范教育吸引优秀人才及资金需求提供了保障。《2001—2010 年师范教育发展纲要》则明确了师范教育的发展目标及其在教育系统中的优先地位。尤其是《师范教育国家标准》的实施,实施标准化战略是俄罗斯师范教育改革目标达成的重要措施,保障了俄罗斯教育的同一性和教师培养质量。俄罗斯师范教育国家标准是一个参数系统,作为教育政策的法律文件,反映着教育的国家理想(对毕业生的要求和教育内容)并观照了社会及个人实现这一理想的可能性(教育过程的技术保障)。《标准》的制定为师范教育的质量管理和监控提供了法律依据,为保持和巩固统一俄罗斯的教育空间创造了条件,为大学生在学期间的自由流动和毕业生在劳动市场的就业提供了保障。1994 年 4 月,俄罗斯颁布了第一代师范教育国家标准,2000 年 4 月,颁布了目前实施的第二代教师教育标准。第三代标准正在研制中。

(二)从国情实际出发,保留传统的师范教育体系。

社会转型之初,在俄罗斯师范教育发展的综合化和一体化趋势下,师范大学成为教育机构调整的主要对象。目前师范大学由原来的 105 所缩减到 76 所。师范大学的消失导致了区域教育人才培养体系的削弱。基础教育师资的质量和数量得不到保障。俄罗斯的学术界和师范大学一致认为教师的专门培养必须恢复。2006 年 6 月,在俄罗斯师范大学校长会议上,代表们一致认为应针对俄罗斯师范教育的传统和现实条件,必须保留联邦直属的区域师范大学,并以此作为解决师资,尤其是培养农村教师的有效保障。近年来,在陶里亚蒂、索契、库班、苏尔古特等地区出现了新的师范学院,在莫斯科教育学院并入综合大学后又重新出现了城市师范学院,甚至是在莫斯科大学创建了师范教育系,专门培养大学教师。

(三) 实施多级师范教育体制，满足人才培养的多样化需求。

俄罗斯的多级师范教育体制包括三个学习内容和期限各不相同的但又相互衔接的教育和职业培养阶段。第一阶段为不完全高等职业教育阶段，学习期限不少于两年，获不完全高等教育证书；第二阶段为基础高等教育阶段，学习期限四年，获基础高等教育的学士学位证书；第三阶段为完全高等教育阶段，在基础高等教育基础上，有两种形式：一是学习期限两年，获完全高等教育的硕士学位；二是传统的专家培养体制，学习期限一年，获得职业资格证书。俄罗斯的多级师范教育体制 1992 年开始试行，1996 年以《俄罗斯联邦高等和大学后职业教育法》的形式加以明确。从单一体制转向多级师范教育体制，满足了社会及基础教育对人才的不同需要。多级体制是俄罗斯师范教育改革的创新之举，深刻地影响着师范教育的教学和管理活动，尤其涉及到教学内容、教学手段、学校类型、学位授予和资格鉴定等方面。同时，灵活的人才培养体制为教师的职后教育和终身教育提供了制度的保障。

(四) 师范教育免费，加大资金投入力度。

尽管资金不足问题时常困扰俄罗斯教育界，但是俄罗斯师范教育一直实行免费政策，而且还为学生提供助学金和奖学金。为吸引更多的优秀人才从事教师职业，俄罗斯师范大学将实行教育贷款制度。如果学生毕业后从事教师职业，贷款将由国家偿还。2003 年以来在落实师范教育优先发展战略过程中，国家加大了资金投入力度。仅就"教师教育现代化措施"科研项目就拿到了 5 千万卢布，还有一批师范大学获得了 5 千万卢布的竞赛奖金。2004 年，用于装备师范大学多媒体教室的费用就达到 1 亿 1 千 8 百万卢布。

(五) 注重发挥师范大学教学教法联合体(yMO)的作用。

yMO 是由全国师范大学相同专业的著名学者和教学经验丰富的教师代表组成，在组织、领导、监控及评估本专业的教育教学活动方面享有绝对的权利。尤其在师范教育的转型时期，yMO 在研究制定师范教育发展战略，研制教师教育标准，推广教学经验，提升人才培养质量，保障国家教师教育政策的实施等方面发挥了重要的作用。

三、强化师范教育的特质,提升师范教育的质量和水平。

俄罗斯师范教育的特色更多地体现在教师培养的具体环节和相关要素上。

(一) 注重师范教育理论的创新和实践。

注重理论研究,特别是教育心理学和教学理论的研究应用是俄罗斯的教育传统。我们所知的维果斯基的文化历史学说、列昂捷耶夫的活动理论、鲁宾斯坦的活动教学法中的主体性观点等理论,对俄罗斯师范教育的实践提供了丰富理论渊源和良好的智力支持。转型以来,俄罗斯学术界积极探讨和研究了师范教育的相关理论,如师范教育的创新理论、个性化教育理论、多级教育体制理论、教育职业化发展的特点和大学教学中发展学生创新能力的可能性理论、教师专业化理论、有侧重专业教学理论,这些理论提出了师范教育创新的取向和策略。另一方面,在实践中加以推广,提高教师理论素养。俄罗斯师范教育非常重视科研成果向教学实践的转换,利用学术会议、协作体、继续教育、研究中心等多种形式提高教师的科研和实验能力。1993 年成立的赞科夫科学体系中心不断推广和培训教师掌握"一般发展理论"及其在实践中的具体操作,为基础教育实验改革提供了人力和智力的保障。俄罗斯的一些中小学校之所以能够几十年坚持各种教育教学理念的改革实验,完全得益于一支理论素养较高的教师队伍。此外,师范大学硕士、博士论文的选题与教育教学活动及人的发展密切相关,强调实践性和实证性,特别是关于学科教学法、教学诊断问题的研究所占比例较高,对于提升师范生的教育科研素质有重要意义。

(二) 突出教师培养的教学—德育性。

教学和德育是教育活动的两大职能,也是教师培养的重要环节。俄罗斯每所师范大学都设有教学法中心。在教师培养过程中,教学内容选择重基础。师范大学的各个学科没有统一的教材,完全按照老师的个性化课程来安排教学内容。近年来实施的模块教学为教育内容整合提供了最大的可能,因为模块教学包括了研究问题的理论基础和发展史,实践任务的解决,教学成果的评价及对获得经验的反思等内容。从课程设置的名称就可窥见一斑,诸如"职业活动导论:现代教师"、"我—教师"、"学校的传统"、

"我怎样教数学"等等。此外，教学法的训练也是教师培养的关键环节，在传统教学法基础上，运用多媒体、设计整合等现代技术保障课堂教学质量。俄罗斯师范教育中还注重大学生自主学习，每周有固定的学时和内容让学生独立从事实验和科研等工作。

教书育人是俄罗斯师范教育的传统特色。在苏联时期，师范教育的德育功能得到强化，转型以来，德育体系一度被弱化甚至摧毁。俄罗斯师范教育在反思改革过程中，认识到德育体系被破坏的消极后果，"教育的非市场化"观点得到社会的广泛认同。以"爱国主义"为核心内容的现代师范大学德育体系的重建成为教育部和师范大学近期工作的重要议题之一。

（三）师范教育理论和实践教学的同步性。

俄罗斯师范大学非常重视学生的各种实践活动，并将其列入学生考核的重要内容。近年来，师范大学的大学生小组研究成为明显趋势，自由的小组辩论在研讨课中占重要地位，在讨论中促进学生的独立性和创新能力的发展。通过组织各种形式的实践活动，如跨学科的研讨，大学生论坛，小组科研，小班教学，模拟课堂，课外活动，奥林匹克竞赛，参与国家和地方的科学研究活动来激发学生获取知识的兴趣。

俄罗斯师范教育理论与实践的同步性还体现在师范生的年度教育实习的经验上。学生的实践活动贯穿于整个学习过程，每学年根据不同年级的教学目的和学生的个性发展水平，确定教育实习计划和内容，并使其具有连续性和整体性特点，从而避免了理论知识学习与实际应用的脱节。

（四）师范大学与中小学密切合作，建立伙伴关系。

俄罗斯的师范大学与中小学保持着传统中的良好合作关系。师范大学为基础教育改革提供智力支持，一些重点大学担负着革新基础教育内容的使命。如莫斯科师范大学与教育科学院共同研制了侧重专业式教学理念，莫斯科师范大学的考试实验室现已成为俄罗斯考试中心。很多大学教师在中小学任教，既便于了解基础教育情况，又可为高校选拔优秀人才。师范大学与中小学教师合作开展科学研究和教学实验，联合举办学术会议。师范大学教研室主任在中小学任督学，每周工作一天，指导教师科研和教学法等工作。同时，中小学作为师范生实践基地解决了师范生实践训练问题。中小学教师的现场实践经验为师范大学的科学研究提供了丰富的素材和现象源。与基础教育长期的合作关系,为毕业生就业创造了有利条件。2004 年,莫斯科师范大学超过 70％多的毕业生找到了专业对口的工作。

四、俄罗斯师范教育改革的启示及我们的选择。

俄罗斯师范教育经历了十余年的改革,在继承与批判、传统与创新的冲突中得到不断发展。近年来,在反思改革的基础上,提出了依据国情,走"特殊道路"的现实选择——在保障优先发展的前提下,提升师范教育的竞争力;在保留原有师范大学体系下,注重教师培养质量;在发挥传统师范教育优势的基础上,构建俄罗斯师范教育的创新体系。

当然,俄罗斯师范教育还面临着许多难以解决的矛盾和问题,诸如社会的加速发展与教育体制缓慢变革的矛盾;社会经济快速发展和后工业文明的形成,使大学生在校期间掌握全部职业知识技能变得更加困难;复杂的师范教育体系中的资金保障问题,政策的连续性问题,导致新型教师培养的不可持续性。上述矛盾的存在加大了俄罗斯师范教育改革的风险系数和不确定性。

尽管俄罗斯师范教育仍处在转型阶段,但通过研究我们仍然可以看到它的优势和深厚的人文底蕴。同样,在改革过程中,俄罗斯对于师范教育独特性的基本认识和创新策略仍可给我国教师教育改革带来几点启示:

(一)凸显高师院校在师资人才培养中的地位和作用。

转型以来,俄罗斯并没有将师范教育的发展目标局限在经济和市场方面,而是强调了师范教育发展的优先性和公益性,明确教师教育优先发展战略,强化教师培养的国家责任。同时,对于高师院校在师资培养中的传统地位给予了充分的肯定和正面的评价,加大了对地方师范院校的投入力度,保障优质师资培养的辐射面。这对于矫正我国教师教育改革过程中一度出现的"师范教育边缘化"趋向,特别是发挥高师院校在基础教育中的作用有一定的借鉴意义。

(二)加强制度建设,构建长效机制。

无论是教师教育观念的转变还是组织机制的实施,必须有法律法规的保障。俄罗

斯在师范教育转型过程中的制度创新为教师培养提供了良好的制度环境。因此,通过
法律法规来调整和引导教师培养活动应是我国未来教师教育改革的重点建设内容,特
别是国家教师教育标准的制定与实施,对于提高教育整体质量,满足未来教师个性发
展需要,发挥社会调节和教师教育的宏观管理具有至关重要的作用。同时,还应在科
学规划、总体设计的框架下,建立和完善我国教师教育发展的长效机制。

(三) 注重质量提升、构建新型教师教育模式。

教师培养质量是衡量教师教育改革的硬指标。俄罗斯师范教育培养模式的转型
不仅体现在培养目标和方向上,更重要的是反映在师范院校的教学和实践环节之中。
因此,我国教师教育改革必须回到"原点",从具体的课程、教材、师资、教学方法、技术
手段和实践环节等方面着手,实现教师教育培养从知识范式向能力范式的转型。提高
教师培养质量,构建新型教师教育模式是当前我国教师教育改革亟待解决的问题。

参考文献：

1. озина Н. О. разработке нового поколения государственных образовательных стандартов [J]. Высшее образование в России. 2007(3):3 – 9
2. В. Л. Матросов. Модернизация высшей педагогической школы [J]. Педагогика. 2006(10): 56 – 58.

教师教育课程与教学改革的根本出路
——教育学学科视界的研究

金美福*

内容摘要:教育学学科视界的教师教育课程与教学改革经验分析,得出新结论:教师教育课程与教学存在的问题,根源在于现代教育的学科/规训制度。在学科/规训制度下,教师教育课程与教学改革的根本出路是:退出其他学科,建设独立的教师教育专业,按照教师教育学的学科逻辑进行改革。教师教育学学科按照两个方向建设:理论的教师教育学(教师学)和实践的教师教育(教师教育实践学)。教师教育课程与教学改革问题属于教师教育实践学领域。

关键词:教师教育　课程与教学　学科　教师教育学　教师教育实践学

中国的教师教育课程与教学改革,其路漫漫,人在途中,却不见改革的出路。是时候应该停下来回望一下走过的路,决定是否还继续行进在旧的改革道路上。"学科视界"意即对教师教育课程与教学改革问题从"学科"的角度按照学科教育的逻辑进行审视。"学科"因此是一个具有方法论意义的概念。"教育学"学科一直作为体现传统师范教育之"师范性"的"老三门"(教育学、心理学、学科教育学)核心课程之一而被设置为教师教育核心课程。回到教育学学科课程与教学改革的事情本身,勘察改革经验,寻找问题产生的根源。确定了问题产生的根源才能找到从根本上解决问题的办法。鉴于以往教育学学科课程与教学的改革更多地是集中在教材改革上,首先勘察教育学教材改革的经验,通过经验分析来确定问题产生的根源。从根源处找到进行根本改革的新出发点,开辟新的改革出路。

---

* 金美福,东北师范大学教育科学学院教育系。

一、学科视界的教育学课程教材改革经验分析

（一）学科视界的教育学课程教材改革经验例示

学科视界内，从如下两个维度进行改革经验勘查：学科框架内的教材改革和努力突破学科框架的教材改革。

1. 教育学学科框架内的教材改革经验例示

例示 1 老版本《教育学》的改革经验。该教材最早是根据教育部 1978 年文科教材编选计划由华中师大等五所院校合编的。国家教委文科教材办责成修改并纳入 1985 年—1990 年新的编选计划，在 1987 年修改再版。在新编本说明中我们看到如下的说明："这次编写，我们在以下几方面作了努力。一是注意把握教育学的研究对象，丰富教育学的专门知识，突出教育学的学科特点，力求克服用其他学科的知识简单代替教育学问题探讨的弊端；……在教材内容的编选上，我们仍希图搞得全面些，完整些。……"[1]教材共二十章。从学科视界来看这次改革，其突出特点是：突出教育学的学科特点，教材内容更加丰富。

例示 2 最新版本《教育学基础》的改革经验。最新版本教材是全国十二所重点师范大学联合编写的，高等师范院校公共课教育学教材。据《编写说明》，改革意图是："力图使教材体系新颖、结构合理，内容充分反映时代特点及国外同类教材之优点，科学性、研究性、应用性和趣味性有机结合，有助于提升教育学学科的公众形象。"与老版《教育学》相比，虽然章的数量减少了，但实际上内容增加了很多，而且理论性也更强了。改革针对的是"学生普遍对公共课教育学缺乏兴趣"。而对其产生原因的判断是："教材陈旧，跟不上时代的步伐；内容枯燥，激不起学习动机；学科本位思想严重，脱离学生实际和社会发展的需求。"因此，内容上增加了很多新的教育学理论。从"学科视界"看，这本新教材虽然努力淡化"学科本位"，取名"教育学基础"。作为"教育学"的"基础"，这本教材理论视野宽而且学术性较强。存在的问题是新旧观念掺杂，思想体系不一致，各章之间学术性和理论深度差距很大。

2. 努力突破教育学学科体系框架的教材改革经验例示

例示 3 《新编教育学教程》的改革经验。《新编》之"新"体现在教材内容"三大编的结构模式"[3]。可以"满足未来教师必备的教育学修养之需要"却导致教材的"四不

像"[3]2，突破了教育学学科体系。编者在前言中说明道："在有了众多的教育学教科书之后，再要编写出一本有自己存在价值的教育学教科书，不是一件容易的事。我们把此书命名为《新编教育学教程》，正是反映了对它的存在价值的追求。作为'教程'，我们首先把编写的立足点移到学习该课程的学生一边，即从一个师范生所必需的教育学学科修养出发考虑教材的组织。立足点的转变带来了视角的变化和全书结构的变化，迈出了'新编'的第一步。"

例示 **4** 《情境教育学》的改革经验。这本教材的特点，从教材的两个序中可见。《序一》中写道："作为教育学教材积极建设者之一的傅道春同志，以改变教育学一些教材'艰涩、枯燥、不易理解'等为己任，采用引'情境'入'理论'的方法，以'境'证'理'，以实带虚，撰写了《情境教育学》。该书的体系颇有因势利导的韵味。它循着引导学生'认识教育事业'、'进入教师角色'、认识学生、再'走进课堂'的道路前行，最后止步于'学校组织网络'。诸如此类，显现了该书自身的风格。"《序二》中则指出："我国现行教育学教材，观念陈旧，其陈述方式也不尽如人意。多年来，我国教育学界一直谋求'突破教育学体系'，迄今未见成效，就连教育学那副死板的'教科书面孔'也甚少触动。可见，这本教材能够有所革新，实为难得；更重要的是，这本教材虽以'情境教育学'相标榜，它本身并不为特定的教育情景所囿，其陈述不局限于解答案例剖析的教育学。"傅道春教授提出："情境教育学可以把师范生的情感活动与认知活动结合起来，在教育的情境中，以'物'激'情'，以'情'发'辞'，以'辞'促'思'，以便更快地实现师范生精神培养和职业适应过程的专业指导。情境教育学，不是简单的教学情境的附加，而是整个学科体系的变化。它由情境线索、理论线索和技术线索三个维度组成。"然而，这本教材内容"少而精"，所设置情境对掌握这少而精的内容可能有效。但我们还是要问：所给出的这些例子能够涵盖、阐释和支撑所要学习的教育理论吗？虽然章的题目是非教育学学科体系化的主题：如"知晓教育职业"，然而进入第一节题目还是"教育与社会的关系"这一教育学基本理论问题，而这一教育基本原理并非所给定的一个情境所能论证的。而且如此被精简的内容，就足够进行职业指导了吗？

（二）学科视界的教育学课程教材改革经验分析

总结以上 4 例改革经验，我们发现：在教育学学科框架内的教材改革，改革的结果是教材内容愈加丰富，学科理论性不断加强。打破教育学学科框架的教材改革，其结果是《新编教育学教程》"四不像"，《情境教育学》则"少而精"。对以往教材改革经验进行分析所能得出的结论是：两个方向的改革的区别仅仅在于内容或者增多或者减少。显然，教师教育课程与教学改革的问题，关键并不在于体系是否完善了，更不在于教材是增厚了还是变薄了。《新编教育学教程》实现了教材内容结构的变化，但其所达到的目的是："从三编的内在联系看，这是对教育的认识从功能到实践，从学校外部到学校内部，从一般到具体的逐级内化过程。"也就是说教材结构的变化所要实现的是学习者对学科知识的认知顺序的改变。《情境教育学》教材改革，其最直接的目的，在前言中作了如下说明："为了解决师范生对教育现象缺乏感知的难题。师范生学习教育学一开始就陷入定义、规则、原则、分类这些概念体系，其接受上的困难就是缺乏对教育事实的感知，因此感到艰涩、枯燥、不易理解。教育情境列入后，就有了具体、形象的与教育原理相匹配的教育事实，可以弥补师范生没有教育经历形成的缺憾，也给教育学的原理的运用准备了翔实的材料。"如此看来，《情境教育学》改革的目的仍然是为了教育学教育的目的：掌握和运用教育原理。因此，教材改革虽然迈出了打破学科体系的第一步，但却还是在教育学学科教育的老路上行走，所以，还是无法实现根本性的改革。

学科视界的教育学教材改革经验分析，最终得出结论是：无论哪种改革经验，根本的教学目的都是为了进行教育学学科体系知识的传授。比较教育学家埃德蒙·金曾从学科角度提出过比较教育作为教师教育课程存在的问题，他指出："在60年代比较教育发展成为大学的一门学科，其受欢迎的程度迅速提高，大多数著作似乎是为未来教师学习和考试而写的（不是为利用比较研究来重新思考和改革教育而写的），课本中充满比较教育的历史或'方法论'的内容。这种著作主要是关于如何把比较教育作为课堂上的一门学科来讲授或讨论。其目的在于通过考试或者为被学生包围的教授或讲师装饰专业知识之用。"

二、教师教育课程与教学改革的根本性出路

（一）从在其他学科领域内进行教师教育课程与教学的改革的老路上退出

教育学学科课程改革从来没有间断过，但至今没有取得所期盼的效果。这就证明其问题的产生并不是根源于教材教法。

　　还需要回到教师教育课程与教学本身,勘查其本身的问题产生根源。在传统的师范院校,作为公共课程的教育学教学普遍存在的状况是:用统一的教材,在固定的教室,在规定的时间,按照限定的课时,采用系统讲授教材的教法和统一考试讲授内容(笔试,或闭卷或开卷)的方式展开教学。在师范院校学生之间传承的教育学课程学习的基本经验是:上课记笔记,考试考笔记。而且突击记忆就能通过考试获得成绩。成绩合格,就可以获得学分,获得了学分,就被承认接受了师范教育,将来可以从事教师职业。考察课程展开的教学过程,我们发现其中关键性的因素是:教材与考试。正是教材的学科体系内容和记忆教材内容为主的考试方式控制着课程教学全程。而教材改革的经验表明,教材的改革没能根本性地解决问题,说明在教学过程中考试方式控制着教学过程的教与学的局面。很多教师在教学中也尝试改革考试内容和形式,然而并不能解决存在的问题。似有一只看不见的第三只手在掌控着课程与教学的整个局面。

　　如果我们跳出教育学课程教学来审视其他专业课程的教学,会发现:在现代大学,一个专业其课程是由一系列学科构成的,即进行分科教学。修足了这个专业相关的系列学科课程学分,就可以获得该专业领域的专业资格证书——毕业证和学位证。这些证书证实一个人具有某一个专业领域的知识。社会则依据学校的层次和证书类型赋予个人从事某一职业和拥有某一职位的权利,准予进入某一专业领域。在现代社会必须凭据专业证书,而专业证书是被赋权大学来控制的。社会承认大学专业教育的权威性,因此大学的一门门课程构成了进入专业领域的层层阶梯,而一门门课程就是一个个学科。由此,学科—知识—权利形成一个相互关联的制约机制。福柯最早从知识社会学角度把这种现象归纳为"学科规训"。

　　霍斯金在论述"教育与学科规训制度的缘起"问题时指出:"唯有弄清楚教育及其权利,我们才能明白学科规训制度的缘起,及它随后发展开来的那种似乎不可抗拒的力量。"霍斯金把学科规训制度缘起归结为19世纪逐渐形成的"书写、评分、考试——三项不起眼的教育实践方式"。在现代大学的知识生产和消费生态系统中,考试成为知识—权利的联结点。大学的所有专业教育都是在学科规训的框架内运行的。"'规训'事实上成为现代性的一个非常显著的特征。"教师教育的课程体系赋予教育学、心理学、学科教育学以核心课程的地位,而且是在现代性大学教育实践方式下进行。因此教师教育的课程学过程在事实上也就构成了这三门学科规训的过程。这样,无论这个学科知识对于教师职业活动事实上发挥作用与否,教学必须严格按照学科的逻辑进行。只要修读了这门课程就被承认有资格从事教师职业。教学中规定的教材即学科规训的内容。教师只要按照规定的教材讲授并组织考试即完成教的任务，而学习者只要获得学分就可获得从事教师职业的权利。无论是封闭型的师范教育课程还是开放型的大学教育学院的教师教育课程，在现代大学无一例外地都是按照学科规训制度运行的。教师教育课程中都有教育学、心理学、学科教育学。在学科规训机制下，三门课程的教学都是按照各自学科的体系来教学的。因此我们说师范生学习的是教育学、心理学、学科教育学。作为教师教育课程，所开设的课程应该都是用以培养教师的，然而事实上却在进行教育学、心理学、学科教育学学科教育。分析至此我们得到一个新的结论：教师教育课程存在的问题，根源在于学科规训的现代学校教育制度和大学教育实践方式。这个结论下教师教育课程与教学改革的根本出路是：必须退出在其他学科（老三门）领域内进行改革的老路。

(二) 开辟在独立的教师教育学科领域实现教师教育专业课程建设的道路

退出在其他学科领域内进行教师教育课程改革的老路——这个结论意味着：必须踏上新的改革道路。新的道路，路在何方？师范教育虽然标志教师教育作为独立的教育实践领域已经形成，但是教师教育学并没有形成独立的学科。教师教育课程基本上是其他学科拼合而成的。这样摆在我们面前的是一个全新的问题：必须把教师教育作为一个专业来建设，把教师教育学作为独立的学科来建设。从而实现按照教师教育学的学科逻辑进行教师教育课程与教学改革。这是教师教育课程与教学改革的根本出路。

如果说路在脚下，但没有人踏上去行走也不会形成道路。教师教育专业化运动在欧美已经历时半个世纪，近年来对我国的教师教育产生了极大的影响。学界召开了首届教师教育学科建设研讨会（2006 年 12 月在南京师范大学），教师教育学作为独立学科建设的问题已经提上了日程。一些综合大学新建独立的教师教育专业机构教育学院。传统的师范大学也纷纷把教育科学学院更名为教育学院，还有成立独立的教师教育学院的师范大学。呈现出教师教育作为一个专业渐趋独立的趋势。在我国专门承担教师教育的教育学院，教师教育学院既不能全盘继承传统，又不能完全抛弃传统。在独立的专业领域内如何进行专业建设的问题，就把进行教师教育学学科建设作为当前最迫切的任务提了出来。

教师教育专业学科建设的前提是教师教育学学科的发展。教师教育专业建设必须按照教师教育学的逻辑进行。关于教师教育学学科建设,在此仅仅提出学科建设的方向性问题。"教师教育学"学科建设从研究的对象角度应该进一步划分领域和方向:以"教师"为研究对象,建立"教师学";以"教师教育"为研究对象,建立"教师教育学"。"教师学"属于理论的教师教育学;"教师教育学"属于实践的教师教育学。教师教育课程与教学改革问题属于实践的教师教育学领域。"教育实践要求富有创造性的借以实现教育目标的方法论。实践总是借助特定的方法来展开的一系列实际行为。常常伴有'如何办'的问题,这就要求讲究有一定教育理论基础的方法论。"[8]实践的教师教育学是依据教师学理论研究具体的教师教育方法的学科。教师教育课程与教学改革应该按照实践的教师教育学学科逻辑来进行。沃尔夫冈·布列钦卡把"教育科学"概念与"教育学"概念相区别,提出"有关教育这个对象领域的科学理论,就被称为教育科学"[9]。而且指出:"虽然教育科学和实践教育学都与同样的研究对象——教育有关,但两者在研究目的和研究方法上却不尽相同。教育科学的目的在于获取有关教育行动领域的认知。这样,仅仅尽可能描述被称为教育的活动及其组成部分就显得不够,而应该在目标—手段的相互关系中来理解教育的行动。其中,手段应该是旨在实现或达到目标的手段。换句话讲,没有一定的目标、目的或意图,手段也无从谈起。而通过教育活动试图要达到的目标,就是要在他人身上实现某一特定的人格状态。简单地说,教育的行动就是以此试图赋予人一种特定形式的行动。"从教育学中已经独立出来一门理论的教育学,与实践的教育学相区别。"教育学"作为师范教育的专门知识的时候,是实践的教育学。而理论的教育学学科名称为"教育原理"。陈桂生教授认为:"'教育原理'顾名思义,是探求教育事理的学科。不同于应用学科。惟其如此,其理论框架应与偏重于应用的'教育学'有别。"[10]教师教育专业建设,或者是朝向教师教育理论的研究方向或者是朝向教师教育实践的研究方向。我们认为,在教师专业化运动中发展起来的教师教育研究,其目的是指向"教师教育"作为专门的职业教育领域的专业化发展的,但其自身的发展现状却是在理论的层面上的,教师学作为独立的学科渐趋形成。而实践的教师教育学却是滞后的,严重地影响着教师教育作为专业建设的质量和速度。因此,当前迫切的任务是建设实践的教师教育学学科。

参考文献：

1. 王道俊等. 教育学(新编本)[M]. 北京：人民教育出版社,1988：新编本说明 1—2.
2. 全国十二所重点师范大学联合编写. 教育学基础[M]. 北京：教育科学出版社,2002：编写说明 1.
3. 叶澜.《新编教育学教程》[M]. 上海：华东师范大学出版社,1991：前言 1.
4. 傅道春.《情境教育学》[M]. 哈尔滨：黑龙江教育出版社,1997：序—2.
5. 埃德蒙・金. 别国的学校和我们的学校——今日比较教育[M]. 王承绪译. 北京：人民教育出版社,2001：48.
6. 华勒斯坦等. 学科・知识・权利[M]. 刘建芝等编译. 北京：生活・读书・新知三联书店,1999：13.
7. 金生鈜. 规训与教化[M]. 北京：教育科学出版社,2004：2.
8. 筑波大学教育学研究会. 现代教育学基础(中文修订版)[M]. 钟启泉译. 上海：上海教育出版社,2004：241.
9. 沃尔夫冈・布列钦卡. 教育科学的基本概念：分析、批判和建议[M]. 胡劲松译. 上海：华东师范大学出版社,2001：9.
10. 陈桂生. 教育原理・第一版序(第二版)[M]. 上海：华东师范大学出版社,2000：1.

下 编

实 践 编

教师教育国际化:菲律宾师范大学的经验

Atty. LUTGARDO B. BARBO*

内容摘要:伴随世界经济全球化发展,和平、宽容、贸易公平、社会公正、生态平衡以及民主参与的全球化意识被越来越多的人所接受。培养公民的国际理解力,开发一个国际化的教师教育课程体系,已成为菲律宾教育发展中的重要任务。在联合国教科文组织提出的"为共同生活的教育"的理念下,菲律宾师范大学与其他国家及各国际机构建立良好的合作关系,对学生进行国际理解教育,旨在增进具有不同宗教信仰的人们之间的交流与理解,真正推动世界和平。

关键词:教育国际化　国际理解　菲律宾

一、背景

在菲律宾,教育工作者产生教育视角国际化的需求主要受几大因素的影响。1978年的《菲律宾共和国宪法》中指出:"崇尚和平是菲律宾的基本国策,采纳国际上通行的法规作为法律的一部分,并提出了与和平、平等、公正、自由、合作的相关政策条文,并与所有国家保持友好关系。"如今,菲律宾已经是联合国和东南亚国家联盟两大组织的重要成员国,为联合国保持利比里亚、科索沃、东帝汶等国的和平,保持海地稳定,对伊拉克、布隆迪、阿富汗实行人道主义的工作中作出了突出贡献。

实质上,教育国际化是全球化和知识型社会中教育面临的主要挑战。学生和教育工作者不可避免地跨境流动,各国学校之间日益加强的国际联系和合作关系,都呼吁教育不仅要满足不同群体复杂多样的需求,同时又要拥有一个共同目标。目前,无论

---

* Atty. LUTGARDO B. BARBO,菲律宾师范大学。本文由胡兰翻译,李妍校对。

是作为一种产业还是作为全球人力资源的汇集地,教育都已经成为一个竞争激烈的市场。

"高等教育国际化"一词是新近才出现的。在菲律宾,高等教育的国际化与1964年菲律宾独立后的"技术援助"项目是紧密联系在一起的。从20世纪60年代到80年代,"文化外交"一词逐渐成为"技术援助"的同义词。

在全球化的进程中,国际化出现了新的内涵。例如,一份由 Valenzuela 于2001年对公立和私立高等院校所作的调查就将国际化划分为四种类型。大部分管理者和教师认为国际化是"形成高校网络,为高等院校的学生和教职员工具备全球竞争实力做准备,将他们装备成为在技能、知识、价值观念和能力方面具有国际水平的过程"。其他学者将国际化描述为"交换学生、教职员工和学者;设置共同的标准,共享资源;在研究、开发和基准的制定上联合培训"。同样,高等教育的国际化也就伴随着"全球竞争、价值观念趋同、证书和学位相似"的出现而被提出。

但无论如何,这些关于教育国际化的多种界定中包含着一些相同的因素,具体如下:

- 教职员工、学生以及行政管理人员的跨境流动;
- 全面审查课程,整合国际性问题和内容;
- 加强致力于全球性问题的研究;
- 使寻求世界和平、宽容、国际理解和可持续发展的观念和行动一体化。

除了经济全球化的维度之外,不断增强的全球化意识也推动着世界的和平、宽容、贸易公平、社会公正、生态平衡以及民主参与意识的逐渐提升。21世纪,菲律宾教育的迫切任务之一就是培养公民具备以全球视角、未来导向、人文价值观念为中心的国际理解力。在教育的这一定位下,菲律宾着力于开发一个能推动全球化意识发展的课程体系。

二、促进国际理解的努力:联合国教科文组织的行动

(一) 亚太地区的国际教育

A. Chiba 教授(国际基督教大学的主席、教授,研究项目:和平、安全和快乐)在他2005年题为"亚洲地区为共同生活的教育"的文章中首先概括了二战后联合国教科文

组织为了促进国际理解教育方面所做的一些努力，然后详细地介绍了自 1946 年以来国际理解教育的发展过程。在文中，他指出，在东——西、南——北对话的条件下，1974 年的《宣言》以及联合国教科文组织的联合学校项目（ASP）在国际理解教育的发展过程中起到了非常重要的作用。1974 年的《宣言》是第一个为教育管理者和教育工作者给出实施国际理解教育具体方针的国际文件，特别是该文件还撇开政治意识形态、社会经济差距以及不同的教育理念和策略，尝试采纳一个普遍的、全球化的策略。他还指出，在为 1994 年召开第四十四届国际教育大会而做筹备的亚太会议上首次提出了"为共同生活的教育"的具体概念。这次会议采纳了联合国教科文组织的建议，它提出，在全球化不断加强的环境下国际理解教育需要新的教育理念和目标定向，必须将通过人道的、和谐的方式和和平共处的目标纳入进来。未来教育应该培养世界公民，在全球化的趋势和现实条件下能够将地方问题和国家问题联系起来。

第四十四届世界教育大会（国际教育局，日内瓦）建议，在未来几年中，当发展中国家将可持续发展作为未来日程的时候，应将注意力放在和平、人权和民主方面。很明显，国际社会正在将重点从经济掌控的方式转向更注重人文发展，更加关注社会弱势群体。这样的变化趋势在全民教育等领域尤为显著。

对国际教育发展具有决定性影响的是由国际教育委员会（International Commission on Education）的 Jacques Delors 领衔所做的研究。这份研究报告体现了联合国教科文组织在 1996 年题为《学习：内在的财富》中所倡导的二十一世纪教育的四大支柱：学会求知、学会做事、学会共处、学会做人。

四大支柱之三：学会共处，传达了与"为共同生活的教育"相同的理念，而且目前后者已经被国际社会、各国教育决策者和教育工作者广泛接受。联合国教科文组织亚太国际理解教育中心（APCEIU）和亚太国际教育与价值教育联合会（APNIEVE）已经针对这一教育理念采取了积极措施，为教师设计培训材料并组织了一系列教师培训研讨活动。

目前，距离实现"共同生活"的理想还很遥远，因为，目前国家之间仍存在很多冲突，例如，南—北韩、印度—巴基斯坦；国家内部也存在冲突和暴力，例如，印度尼西亚、尼泊尔、菲律宾、东帝汶和斯里兰卡；一些国家正处于战乱后的和解和重建中，例如阿富汗、柬埔寨；还有一些国家正面临着大量难民、移民涌入，这使得整个国家处于多种族、多语言、不稳定的社会状态。几年前，由于佛教僧侣引起的，军事集团对缅甸不民主的政治镇压，是另外一个以共同的民主价值观为基础，在学会共处方面的失败案例。自"9·11"事件以及随后的对伊拉克的武装入侵以来，世界陷入了暴力和武装冲突的漩涡。全球化的巨大浪潮加速了各种各样的社会和技术隔阂的出现。因此，当前我们亟须提倡教育将建设国际视野下的和平文化作为主要的目标。

"为共同生活的教育"涵盖了许多现存的教育理念和实践，如人权与和平教育、多元文化和种族教育、和谐社会教育、性别平等教育，甚至还包括了全民教育以及以人为本和可持续发展的理念。

早在1974年，联合国教科文组织就建议其成员国在制定教育政策时应该包括下述七个领域：

- 国际维度和全球视野；
- 理解并尊重所有民族以及他们的文化、传统习俗、价值观念以及生活方式；
- 了解不断加强的全球联系；
- 与他人交流的能力；
- 不仅要了解个人所拥有的社会权利，而且要明白个体对社会所负有的责任；
- 理解国际团结和合作的必要性；
- 使个体在参与解决其所在社区、国家以及世界范围的问题方面做好准备。

1978年，菲律宾全球教育协会的Gerald博士和Patricia Mische最早引进了全球教育和国际理解教育的理念。在菲律宾卡加延德奥罗市（Cagayan de Oro）的泽维尔大学（Xavier University）召开了主题为"建立以人为本的社会"的全国研讨会，以此为开端，来自12所高等教育机构的教育管理人员成立了菲律宾全球教育委员会。之后，来自玛利诺学院（Maryknoll College）的Lourdes R. Quisumbing博士当选为第一任主席。该机构成立以来，有25名教育工作者在纽约接受了全球教育、教学和教育技术方面的技能和策略培训，组织这些培训的既有政府组织也有非政府组织。菲律宾的教师培训和教学材料的开发涵盖三个层面：国家、地区和机构。许多学校原本在课程中就注重为学生未来考虑，例如，米瑞安学院（Miriam College）、菲律宾师范大学、菲律宾女子大学（PWU-JASMS）、易三仓大学、德拉萨大学（De La Salle University）等都在其课程体系中采纳了全球化教育的理念（注重价值观教育以及为将来服务）。之后，菲律宾全球教育委员会将和平作为其核心价值理念，并且，为满足国家在和平教育革新方面的需要，还将机构更名为菲律宾和平与全球教育委员会。在菲律宾，走在全球教育运动前列的是菲律宾和平与全球教育委员会、世界课程教学委员会、菲律宾天主教教师协会三大机构。20 世纪 90 年代，联合国教科文组织借助其联系学校项目与这些机构合作，促使国际理解理念成为教育文化体育部的价值教育框架和联系学校项目的核心价值理念。到目前为止，这是教育文化体育部在全球化背景下，首次为菲律宾的课程和公民权利与义务提供国际维度的支持。

（二）菲律宾师范大学——联合国教科文组织联系学校项目在教师教育方面的典范

联合国教科文组织联系学校项目是全球唯一一个分布在 175 个国家 7500 所学校的联系网络，并且所有加入该网络联盟的国家都是以促进和平、人权、民主、国际理解以及可持续发展为己任。1953 年，在联合国教科文组织巴黎总部，50 多所中学作为创始成员成立了该项目，之后，该项目还接纳了教师教育机构，并在促进青年和平、国际和跨文化教育方面起到了先锋作用。

在菲律宾，有 420 多所学校积极地参与了联合国教科文组织联系学校网络项目，其活动之一就是促进国际理解，并且一直围绕全球问题和全球关注点。国际庆典日，如 12 月 10 日的世界人权日、9 月 8 日的国际文化节、10 月 5 日的世界教师节、11 月 16 日的国际宽容日等都是联系学校项目的活动。

尽管菲律宾的联系学校项目关注全球问题，但它并没有忽视本国，而是努力将联合国教科文组织的目标和理念本土化。这些学校在实施四大教育支柱理念的教育创新中表现得非常活跃。联合国教科文组织联系学校项目成了实施联合国教科文组织教育基本理念的"创新中心"和"灯塔"。一直以来联系学校项目所从事的工作都清晰地体现了其在和平文化教育、国际与多元文化学习方面产生的深远影响。

自 1978 年以来，菲律宾师范大学（以下简称菲师大）作为一所专门的师范大学，一直都是联合国教科文组织联系学校项目的积极成员。这些年来，菲师大已经将人文主义、民族以及国际维度整合到了其课程中，而且在联合国教科文组织的努力之下，学校还成立了和平与世界秩序研究室（PWOSU）。和平与世界秩序研究室（PWOSU）的成立是为了应对新的世界观所带来的挑战，并在全球化的背景下提供更多的机遇，形成民主的氛围；为促进世界和平以及世界人民之间的国际理解提供多样化的途径。

和平与世界秩序研究室的建立与菲师大在教育领导革新方面所做出的努力是一致的。该研究室致力于稳固的政治与公民教育，采纳全球化的教育理念、以人为本、注重问题解决并为未来服务。此外,它还尝试涵盖当今世界面临的最紧迫的问题,例如和平、民主教育、人权、性别平等、生态平衡和跨文化理解等。同样,菲师大正式与非正式的课程也涵盖上述所有的领域。这些概念和价值观都在多样化的课程或特殊的课程教学里得到了体现,例如,该校开设了妇女研究和全球教育的课程。和平与世界秩序研究室的宗旨就是为和平以及全球化价值观念的教学进行设计,包括确定学习内容、开发的教学方法与策略等。

菲师大在 2001—2002 年度对学校进行重整之后,和平与世界秩序研究室被提升为和平、性别与人权中心,并以该校的人文社会科学学院为依托。该研究室下设了三个研究具体问题的机构,对和平与全球教育模式另辟蹊径,并在下述四个方面为和平、民主和国际理解作出了努力:

- 增强自我意识感;
- 和平与民主教育;
- 组织学习班和研讨会开展教师培训;
- 国际理解和团结教育。

和平与世界秩序研究室还开发了了解多元文化,增强性别敏感度和国际教育的模块,并尝试帮助教师实施 PWOSU 的目标。同时组织学习班,对学生进行培训,使得他们能够学会处理团体问题,并在促进尊重人权、性别平等和跨文化理解方面承担责任。

为了突出菲律宾师范大学作为联系学校的成员,在教师教育领域为促进和平、人权和国际教育改革作出的贡献,这里特别提到下述三个项目:

- 在联合国教科文组织联系学校经验的基础之上进行民主主义教育,并提出了通过非暴力方式解决冲突的决议;概括联系学校项目在培养学生民主价值观方面的经验;
- 开发原创型的读写材料(使菲律宾成为具有竞争力、经济发达和国际化水平高的国家的方式之一);
- 将多元文化整合到教师教育课程中去。

在联合国教科文组织俱乐部中表现积极的学生将作为联合国教科文组织的青年代表,参加国际会议,或参加前往印度尼西亚、日本、马来西亚、韩国和泰国的和平与生态夏令营。在与日本、德国、新西兰、泰国、南韩、文莱等国建立姊妹学校项目的影响下,教职员工和学生交换的项目也在进行之中。这些活动均为教师和学生提供实地了解其他国家文化的机会，也为相互理解和建立友谊架起了桥梁。

在过去的三年里，通过与联合国教科文组织菲律宾联系处的合作，菲师大成为召集和举办国际青年节庆典的领导力量。该庆典举办了为期三天的国际青年大会，国内外的青年代表共同协作，并发表了青年发展的行动计划。

（三）建立国际联系

近年来，菲师大与其他国家以及国际机构建立了良好的合作关系，如亚洲新近开放的大学，这些大学与菲师大一样在应对 21 世纪教育国际化方面采取了积极的措施。教师教育机构的教师拥有了更多的机会参加国际会议并发表观点；更多的外国学生申请就读菲师大，同时菲师大也组织了展示团赴国外展示交流。

尽管资源有限，但菲师大仍有很强的意愿与国际及国内相关机构建立联系，并拓展合作。例如，2007 年 12 月 9 日，菲师大组团前往雅加达与该国的 Universitas Negara 签署理解备忘录，在学生、教职员工的交换以及合作研究方面达成协议。

三、菲律宾师范大学教与学中心在国际教育方面的举措

菲师大教与学中心是一个为该校师范生提供基础教育和优质培训的机构，同时对学生进行和平与国际理解教育。该中心还建立了一所实验学校，尝试新的课堂教学策略，例如，在熟练掌握英语项目中，对韩国小学教师进行英语教学。四年前，教与学中心还参与了与日本大阪池田高级中学以及中国、韩国和泰国的五所学校一起合作的姊妹项目。该项目中的一个部分就是参与国家的学生和教师的互访，通过视频和电子邮件保持交流并相互交换意见，并尝试建立合作研究。此外，教与学中心还为外国教育工作者开展课堂观察以及基于课堂教学的研究提供支持。

每年的 11 月，教与学中心都会举办题为"世界之窗"的展览。在这里，学生将课堂转移到了不同的国家，共同分享不同的文化传统，并将其丰富的文化遗产展现出来。这种活动有利于学生提高学习能力，例如调查研究、组织观点、解释说明以及创造性地介绍他们已经获取的知识。学生在运用大量已有资料与他人合作的同时，可以了解和理解许多不同国家的事情，并发展他们的社会、政治，甚至是经济能力。

2007 年，教与学中心还加入了联合国教科文组织的 Mondialogo 竞赛。

Mondialogo 意指国际交流,这一国际化的竞赛,参赛者来自各国 2500 多所学校,旨在通过因特网(交换美术作品、文字、音乐、照片,并随之制作展现合作国家文化的项目介绍)促进不同国家高中学生之间的国际交流,使他们学会相互理解、相互欣赏、尊重各国的文化和人民。作为匈牙利的合作伙伴,菲师大教与学中心正在筹划通过合作努力,推进相互之间的宽容和理解,在促进国际社会的和平方面取得成效。

四、依附国际与多元文化教育中心架起不同宗教信仰之间相互理解的桥梁

"9·11"事件之后,联合国教科文组织着力促进不同文化、宗教之间的理解,许多国家和机构都出台了相应的措施,避免发生"文明撞击"。菲律宾也为促进世界和平倾注了力量。

2006 年 3 月,在菲律宾宿务市展开了区域宗教团体之间的对话,代表们迫切要求通过不同宗教和社会团体领导者之间的交流、联系和合作,推动不同宗教团体之间的对话,在世界范围内消除恐怖主义。参加此次会议的代表们发布了《宿务市宣言:区域宗教合作为和平、发展、人类尊严服务》,这份文件包含了旨在推动区域和平与发展的具体项目,文件还号召在宗教冲突加剧的情况下,应加强各宗教团体之间的联系。它指出,世界和平可以通过更好的相互理解、共享的价值观和信念、主动接纳和尊重不同文化和信仰而建立起来。宿务市的区域宗教对话透露出,宗教在一个国家发展过程中起到了强大的推动作用,特别是在教育、健康、战斗力薄弱的地区。可见,宗教团体之间的对话可以促使现代团体在国家、地区以及世界发展中扮演积极、有益的角色。

自国际与多元文化教育中心在菲师大成立以来,已经开设了三个阿拉伯班。2007 年 3 月,首个阿拉伯班的 14 位学生完成了课程的学习,其中既有菲师大的学生,也有教师和来自马尼拉不同地方的穆斯林信徒。在阿拉伯课程中,伊斯兰文化是讨论的主题之一,包括"伊斯兰大学的发展趋势及问题"、"伊斯兰文化与穆斯林文化"、"伊斯兰教的哲学体系"、"伊斯兰教的基本理念"等。同时,该中心还计划进一步丰富伊斯兰文化的课程内容,增加宗教史、菲律宾历史、阿拉伯文学史、亚洲文学史、比较教育、阿拉伯语言与文学、亚洲文学等内容。

五、几点思考

菲律宾师范大学是菲律宾112所公立高等院校之一，志在通过国际化的教师教育课程应对全球化带来的挑战。与国外高校和专业机构建立合作和联系，促进教师和学生交流、寻求合作研究等都是该校达到国际化目标的优先路径。这些创新性的措施极其具体并富有意义。在政府正试图不断减少对公立高等院校投入的情况下，高校的国际化取向使得政府转而增加了对全国公立高等院校的经费支持。作为一所专门的教师教育机构，菲师大被高等教育委员会(CHED)评为在教师教育方面有突出贡献的机构。不断追求教师教育国际化的菲师大将会继续致力于"地球村"教师的培养，而这里的地球村是指不同国家和文化的人们和谐共处，相互理解、相互宽容、相互尊重与同情，这样的一个公平、正义的世界。

参考文献：

1. Albert，Delia Domingo. The Role of Universities in the Quest for Peace. ASAHIL Conference. Shangri-la Hotel，Makati. November 24，2004.
2. Barbo，Lutgardo B. Peace Education in the Philippines：Present Status and Future Prospects. Paper read at the Academic Symposium of Chinju National University of Education (CNUE) November 1，2007.
3. Chiba，Akihiro. Report of Strategic Planning of Education for Conviviality in Asia III. Seoul Korea. 29‒30 August 2006.
4. Gonzales，Andrew. Towards Global Education. Manila Bulletin. April 13，2000.
5. Handbook for Literacy Volunteers (NSTP Students) PNU and Literacy Coordinating Council of the Philippines. PNU Press，Manila. 2007.
6. Kagan，Sharon L. and Vivien Stewart. A New World View：Education in a Global Era. Phi Delta Kappan Professional Journal of Education. November 2005.
7. Learning to Live Together. Teachers Resource Book on EIU. APCEIU，Seoul，Korea，2005.
8. Nava，Lolita H. et. al. Human Rights in the Philippines. PNU Center for Research Publication. Manila，Philippines. 2006.
9. Nava，Lolita H.；Romero，Rene C.；Ochave，Jesus A. et. al. Evaluation of the Effectiveness of UNESCO ASPnet in the Philippines. PNU Research Journal. September 2007.
10. PNU New Teacher Education Program 2005.
11. PNU Annual Report. Office of the University President. 2006.
12. Romero，Rene C. Education for International Understanding in the Philippines：Current

Status and Future Challenges, Journal of Education for International Understanding, APCEIU Seoul, Korea. Vol I 2005.

13. Toh, Swee-Hin. Cultivating Wisdom, Harvesting Peace: The Role of Interfaith Dialogue in Educating for a Culture of Peace. WCCI Journal. Vol VI. June 2006.

14. UNESCO-APNIEVE Sourcebook III. Learning to Do: Values for Learning and Working Together in a Globalized World. UNEVOC Bonn 2006.

15. Valenzuela, Ethel. Internationalization of Higher Education in the Philippines: Patterns, Trends, Status and Direction. UNACOM Journal. February 2002.

尼泊尔教师教育创新和教师专业学习的政策支持

Leela Pradhan[*]

内容摘要:20 世纪 50 年代以来,尼泊尔政府启动了一系列以促进教师发展为目标的教师培训项目。完成 10 个月的培训现已成为对合格中小学教师的强制性要求,职前和在职两个培训体系已成为培养教师的两大渠道,互为补充。2005 年 6 月 7 日,尼泊尔政府公布了教师入职培训的要求、教师发展项目、培训质量和标准,并充分考虑了培训中的平等性,给予最大的力量确保高标准、高水平的教师培训质量。

关键词:教师发展　教师培训　政策支持

一、教师发展

在美国政府的技术援助下,尼泊尔政府于 1957 年成立了教育学院,中学教师的培训体系开始启动。教育学院为 10 年级高中毕业生开设了为期两年的 I. Ed. 课程,以培养经过培训的初中教师。此外,学校也为非教育学士学位持有者开设了一年的教育学士课程。1973 年,教育学院改名为教育研究所,成为特里布文大学(Tribhuvan University)的十个研究所之一,该所负责国内所有教师的在职和职前培训。作为特里布文大学的一部分,教育研究所在全国很多地区都拥有分校。19 世纪 80 年代初,在亚洲发展银行的经济援助下,政府实行科学教育项目,于是教育部开始直接干预教师的在职培训项目。

---

* Leela Pradhan,加德满都大学,本文由李群翻译,李妍校对。

二、教师的学历和培训要求

成功完成 12 年的学业是对初中教师的学历要求，取得学士学位是对高中教师的学历要求，而完成 10 个月的培训则是对合格中小学教师的强制性要求。同时也有一种体系来识别培训要求，即申请者已经获得的教育文凭是否是他/她在学校所教授的科目。现有以下两个体系在运行：

体系一：高中或大学一年、二年级的学生可以主修"教育"。这些学生可被视作已完成 10 个月的培训，可成为合格的、经过培训的小学或初中教师。

体系二：为学士学位持有者提供一年的课程，修完这一年的课程可视作完成了中学教师的培训。

（一）职前培训体系

当前，区分科目的高中教育是初中教师的职前培训。上面所述的体系二，实际上是中学教师的职前培训。大学同样开设了 3 年的教育学士课程，以培养经过培训的毕业生从事中学教学。初中和高中教师的职前培训仍由学术机构负责。

特里布文大学是为中学教师提供职前培训的唯一重点机构。它拥有 200 所分校来为中学教师提供职前培训。由于主校和教务处没有保证分校培训质量的机制，特里布文大学院校的培训质量降低到了让人不能接受的水平，尤其在教学技能的培养上质量最差。这些院校的教学实践和彼此之间的联系仍旧只是一种形式。

（二）在职培训体系

如果 10 个月的长期培训对象是在职教师，则这种培训被认为是在职培训。尼泊尔有数千名从未经过培训的教师。由于培训强制所有教师参与，政府已制定了特殊的计划来为在职教师提供 10 个月的培训。如今，教育部已开发了长期的专门培训包。此培训包包括三个模块：模块 I 包含 330 个课时，其中 132 个课时由培训中心开设，198 个课时由教师所在学校开设（校本）；模块 II 共有 660 个课时，通过"远程模式"开设；模块 III 同样包含 330 个课时，其中 132 个课时由培训中心开设，198 个课时由地方学校开设（校本）。

教育部有一个为中小学教师开展在职培训的机构网络和管理框架。作为核心机构,国家教育发展中心(National Education Development Centre)在市区有九个教育培训中心,在郊区有 25 个教育培训中心。教育培训中心配置了人力资源和物理设施,可开展在职培训。此外,教育部在全国各地建立了 1096 个资源中心作为短期培训中心。两年硕士学位课程的开设是为了培养教育领域高水平的人才。

三、教师教育的政策支持

国家教育发展中心已公布了 2005 年 6 月 7 日经尼泊尔政府教育和体育部批准的培训体系。

政策领域一：入职的培训要求

此政策试图确保招聘合格的、有能力的和有责任心的教师进入教育领域。为此,政策主要围绕有关资格、职前培训、执照颁发和招聘过程等方面。

1. 小学教师现有基本素质将提高。

小学教师的基本素质已经从 SLC 提升至 12 年级,但在未来五年中,SLC 的要求仍将适用于应聘小学教师的弱势群体和女性。这些应聘者将使用独立的教师筛选考试。

2. 教师参与 10 个月的职前培训课程是职前培训中最高的、规定性的学历要求,这也将成为对小学、初中、高中教师应聘者的强制性要求。

a) 有关入职强制性培训的教育法规条例将由教育部或教育与体育部强制执行。

b) 国家教育发展中心将为特里布文大学教育学院提供教师职前培训课程与教材开发方面的帮助,以制定教师职前培训项目中的职前培训课程(Teacher Preparation Course (TPC))。

c) 在小学阶段,现存的职前培训课程(10 个月)将继续满足教师职前培训课程的要求。

d) 对于初中和高中教师而言,在特里布文大学教育学院和其他大学逐渐地开展此职前培训课程之前,都应考虑到使 I. Ed/ ＋2 学位和教育学士学位或教育硕士学位符合培训要求。

e) 特里布文大学教育学院和其他大学及高级中学将为未来所有教师提供培训

机会。

f) 国家教育发展中心将给予特里布文大学教育学院、其他大学和私立培训机构以鼓励并提供技术支持，为所有未来教师提供培训机会。

g) 国家教育发展中心将做出安排，为那些参与职前培训的、选拔出来的弱势群体应聘者和女性应聘者提供奖学金。

h) 将引进全纳教师培训课程作为常规培训课程的一部分，此课程包括语言、性别和社区、文化特征和学生的健康状况等内容，致力于培养教师具有相应的能力，来满足那些有缺陷学生的多样化需求。

3. 教学执照将是应聘者进入学校系统从事教学工作的先决条件。同样，执照条例将得到更新。

a) 国家教育人力资源发展委员会将提供课程框架以及执照政策指南。

b) 教师服务委员会（Teacher Service Commission（TSC））将构建课程框架，并做必要的安排为所有经过培训的未来教师提供教学执照。

c) 教师服务委员会将制定政策指南并实行教学执照更新方案，对教师预期成绩和教学能力的提高给予适当的考虑。

4. 教师选拔过程将逐渐与当地自治法案和教育法案保持一致。

a) 当地机构(团体)将通过修订教育法规法案逐渐获得权利，以开展竞争性的教师选拔方案。

b) 未来五年中，将在选拔考试中对弱势群体应聘者给予20％的额外加分。

政策领域二：教师发展项目

出台此政策的目的是提高不同层次学校教师的专业能力，以提升教育质量。其重点同样是通过开展不同的项目促进教师的专业发展。

此政策主要面向在职培训项目，包括获取教师资格和进修等。政策内容涉及培训机会的提供、强制性的培训要求、培训认证、教师专业发展和动机等。

1. 学校系统中所有未经过培训的教师必须尽快参加10个月的培训。

a) 国家教育发展中心将通过教育培训中心（以前的 PTTCs，SEDUs）、私立培训机构、教育院校和其他大学等来建立广泛的培训网络，为各层次学校的教师提供10个月的培训。

b) 对于年龄在45岁以上、有15年教学经验，但从未经过培训的教师，国家教育发展中心将实施选择性的培训项目。

c) 将通过资源中心为所有在职教师提供短期的进修培训。

d) 鼓励所有代课教师参加私立机构组织的为期10个月的职前培训。女性教师和弱势群体教师将获得特殊的支持(如学费津贴或带薪休假)。

e) 国家教育发展中心将为所有教师(包括从事全纳教育的教师)提供培训。

f) 私立学校教师的在职培训将拓展为公立和私立培训两种方式。公立培训将采用合适的成本分担形式。私立机构将为私立学校教师开发和教授合适的培训课程。

g) 资源中心或学校层面将为新教师提供约7天的入职培训。

2. 培训、执照颁发和专业发展过程互相关联,使得教师的专业发展能在学校教育的所有阶段具有连续性。

a) 具有教学执照是教师调配和晋升的一项强制性要求,因此教育法规修正案将被强制执行。同样,培训将是取得教学执照的先决条件。

b) 国家教育发展中心与全国教师联盟(National Teacher Union)将为教学执照的升级办法(Updating of Teaching License)提供方针指南。教学执照升级将被认为是确保教师持续专业发展的一项决策,并将与晋升过程相联系。

c) 教师资格证、工作经验、培训成绩、研究和创新实践、学生成绩将是职位任命、晋升和其他活动的基础。

d) 学校/资源中心/学区层面开展的研讨会为教师提供了学习的机会,教师通过常规自我学习和经验/专业分享来发展自己的专业能力。

e) 国家教育发展中心通过远程模式为教师提供自我学习的机会。

f) 按照现有的法律法规,教师培训过程中的评级或学分在晋升中所占的比例将提高至25%。

3. 短期培训、进修培训和定期培训将成为资格培训项目的一部分。

国家教育发展中心将开发培训认证指南(Training Accreditation Guidelines)并安排培训项目认证事项。

政策领域三:培训质量和标准

此政策试图确保培训项目的质量和标准。因此,此政策涉及课程和教材、培训专业人员、培训设施及监控和评估等方面。

1. 为在职和职前教师培训开发和实施有效的培训课程和资料

a）国家教育发展中心将为为期 10 个月以能力为本的在职培训开发、更新、修正和标准化课程和教材（培训包），以满足不同类型和培训领域受训者的需求。

b）初中和高中教师的在职培训将采用技能性的、实用性的、切实可行的培训课程。在一个被提议的课程框架中包括以下三部分：第一部分是由培训中心和校本模式共同开展的为期两个半月（1＋1.5 月）的学科知识培训；第二部分是为期 5 个月的远程模式的培训，关注共通能力（generic competence）和学科知识基础的培养；第三部分也是由培训中心和校本模式共同开展的为期两个半月（1＋1.5 月）的学科知识培训。

c）在小学层次，10 个月的职前培训课程将通过 2 个学期实施，每学期 5 个月。初中和高中层次，在达到国家教育发展中心和教育与体育部专业要求的前提下，通过特里布文大学教育学院和其他大学开发和实施的职前项目（也就是教师培训课程）。

d）在小学层次，10 个月的在职培训包括 3 个阶段：第一阶段：基本培训；第二阶段：自我学习；第三阶段：校本实践。第二个阶段将采用远程模式，其他两个阶段采用面授的模式。

e）国家教育发展中心与教育部（DoE）将为短期培训开发有效的课程和教材，并通过信息资源中心加以传授。

f）将为所有培训者、受训者和培训中心开发培训者指南、受训者学习材料；允许私人出版社为私立培训机构出版和出售教材，以满足教材需求。

2. 优秀的、经过培训的、有责任心的培训者将提供教师培训。

a）将采取相关措施以培养、发展、吸引、调配和保留专业的培训者，使这些专业的培训者管理并实施由国家教育发展中心发起的培训项目。

b）只有合格的培训者或培训专业人员才可以开展培训者培训和教授课程。

c）培训将以活动为主，并最大限度地采用参与和互动的方法。培训者将在培训过程中进行一系列的引导，以帮助教师发展所期望掌握的课堂教学能力。

3. 将确保提供培训设施，并在需要时加以改善和升级，以创造有效的学习环境。

a）国家教育发展中心将在财力、教材和技术方面提供支持，使得每一个在职培训机构都达到培训设施的最低标准。

b）国家教育发展中心将为大学和私立培训机构提供技术支持和培训资源，以确保资源基础设施能够保证职前培训的有效开展。

c）国家教育发展中心将帮助培训机构配备最低标准的培训设施。

4. 将采取有效措施和行动以提高所有教育培训机构的培训管理效率。国家教育发展中心将被作为典范。

a）培训项目将在国家中央的培训总规划（Training Master Plan（TMP））和教育培训中心的地区教师培训发展规划（Zonal Teacher Development Plan（ZTDP））的指导下开展，以提高效率和效力。

b）在国家教育发展中心和教育培训中心的有效规划下，培训管理信息系统（Training Management Information System（TMIS））将被建立并逐渐得到更新。培训管理信息系统将与教育部教育管理信息系统（EMIS of DoE)协调起来。

c）将设立特殊机制提高培训和住宿条件，为培训项目创造良好的环境。

d）对培训的评估权将下放至教育培训中心，以便进行及时、恰当的评估。

e）培训机构负责了解学校的培训的需求，并在学校发展规划（School Improvement Plan（SIP））中有所体现。

f）将开发、收藏并恰当地使用合适的学习资料，以创造友好的培训环境。

g）每个课堂将最多有30名受训者，以便每一位受训者都能很容易地交流和活动。

5. 将开展监控并提供培训的后续支持，以保证培训的质量。

a）国家教育发展中心将建立并实施培训标准和质量体系，该体系将规定可达标的成绩水平、能力和质量。

b）国家教育发展中心将在私立培训机构建立内部监控机制，以确保服务水平达到所有人所期望的标准。

c）作为一种补救措施，国家教育发展中心将在每一个培训机构组织和安排一个监控小组，为培训者提供实地的专业支持，以确保培训质量。

d）将提高地区管理者和校长的能力，使他们能有效地推动教师将培训中学到的知识带入课堂，并为教师提供必要的培训后支持。

e）在培训项目中，国家教育发展中心、特里布文大学教育学院和其他大学将紧密合作，建立培训标准，为培训项目的开展、监控提供支持。

6. 为持续地提高培训的质量，国家教育发展中心和其他机构将开展研究、监控和评估活动。

a）国家教育发展中心将开展研究和学习（如培训的后续研究和有效学习）。

b）与整个培训体系相关的信息和事件都将被记录、分析和反馈，以提升培训质量。

c）私人培训机构和国家教育发展中心将通过受训者的身份信息卡保存和记录其实践情况，这将为资格鉴定和认证提供依据。

d）国家教育发展中心、教育培训中心和其他培训机构每年都将记录、更新和出版培训项目中一些成功的实践案例。

7. 将开发绩效指标，用于评估培训机构、学校和教师的工作。

a）国家教育发展中心将建立绩效指标，作为优秀教学和有效学校管理的标准。

b）这些绩效指标将成为各种教育管理类培训课程的一部分。

c）教育与体育部或国家教育发展中心将把这些指标作为跟踪、监控和评估学校的一种方法。

8. 在培训中将采用一种持续评估系统来评估受训者的成绩。

a）国家教育发展中心将为培训机构引入一种持续评估系统，用来评估受训者的成绩。受训者必须阐述其在学校层面开展实践的情况并参加综合测试，以体现培训的个人收获。

b）培训评估体系将逐渐被下放至教育培训中心（前 PTTC）。测试系统将整合持续评估的结果，各学校也将被授权评估教师开展实践的情况。

政策领域四：对平等的思考

此政策试图确保学校教育和教师培训中的平等性。不同的政策需要不同的实施机制，教师行为和培训管理程序可以用来保障这种平等性。

1. 所有项目中均将考虑性别敏感性和性别均衡。

a）整个培训体系将特别关注性别意识，开发性别友好的培训课程和教材、分析和制止歧视行为并鼓励性别友好的行为。

b）将采用激励机制（奖学金），以吸引女性申请者和弱势群体申请者参与职前培训。

c）在培训机构中，将为女教师提供特殊住宿设施（住房、婴儿照管员、卫生间等）。

d）将为弱势群体的申请者提供特殊的支持（免费教育、新教师培训等），帮助他们获得资格证、通过新教师选拔的书面考试和面试。国家教育发展中心将动员非政府组织、社区组织（Community-based Organization (CBOs)）和其他私立培训机构教育、引导和培养这些申请者,使他们能够通过笔试和面试。

e) 国家教育发展中心及各院校将探讨和研究所有社会不平等现象,并深入到培训课程和过程之中,以确保性别、社会等级、种族、区域、宗教和语言的平等。

四、总结

- 教师教育者不能完全代表当前教师教育政策制定团体的意志。没有专业团体支持国家教育发展中心的专业活动。当务之急是组建一个专业团体,以支持人力资源发展委员会制定教师教育政策。
- 本文所谈及的政策并未提及教师培训的许多重要领域。如果小学教育变成包含1—8年级,那么初中教师的培训将有哪些要求呢? 如果高中教育成为学校教育的一部分,那么高中教师的培训该会怎样呢?
- 必须给予最大的努力与关注以确保培训项目达到高标准。在追求数量目标的同时,不能忽视培训的质量。
- 在未与大学建立适当合作的情况下,政府机构不应执行长期的培训项目(10个月)。
- 如果没有自己的教师团队或教育学院,大学不能在其分校开展教师培训项目。

利用质量保障体系促进教师专业发展
——以泰国易三仓大学为例

叶　艳*

内容摘要：本文以泰国易三仓大学的情况为案例，分析泰国大学制订的质量保证体系在促进教师专业发展中的方法，包括制订质量标准、实施质量控制、进行质量审计和评估等方面的经验，希望可以为促进我国高等教育教师专业发展提供良好的借鉴。

关键词：质量保证　质量标准　质量控制　教师专业发展　泰国易三仓大学

在泰国，就促进教师专业发展方面而言，泰国教育部一直发挥着督导和协调的重要作用，特别体现在教师、教职工及其他教育人员的专业发展，培养有能力的新职员，促进在职人员的可持续发展等方面。泰国教育部通过国家划配，为教师、教职工和其他教育人员的发展提供了充足的资金。

泰国教育部教师委员会秘书处办公室是一个面向教师、教育机构管理者和教育管理者的组织，负责制定教育专业标准，发放与收回资格证，检查专业标准和维护道德规范，以及促进教师、教育机构管理者和教育管理者的专业发展。在 2006 年举办的论坛中，泰国易三仓大学教育学院院长麦提·彼兰塔那农教授①曾经介绍了泰国教育部教师委员会秘书处办公室于 2005 年研制的教育专业标准，本文不再赘述。

除了遵循泰国教育专业标准外，泰国各个大学内部都制订了一系列的质量保证体系以促进教师在专业领域的不断发展，尤其是几个比较著名的大学，如朱拉隆功大学、

---

* 叶艳　泰国歌乐大学人文学院。

① 麦提·彼兰塔那农（Methi Pilanthananond），泰国易三仓大学（Assumption University）教育学院院长、教授、哲学博士；泰国教育部教师委员会主席、教育部职业教育委员会委员、教育部教育学院院长理事会执行委员会委员、泰国教育管理专业发展协会会长。

易三仓大学和法政大学等。泰国大学的质量保证体系,分为内部质量保证和外部质量保证,其内容包括制订质量标准、实施质量控制、进行质量审计和评估等方面。泰国教育机构认为该体系是一个有效的机制,可以确保公众和相关人员享受高质量的教育,同时这也是教育责任制的一个部分。

一、质量标准

许多泰国大学将制定含有关键绩效指标(Key Performance Indicators,KPI)的质量标准看作是实现质量保障的第一步。除了大学内部给教师进行专业培训和开设研讨会以外,这些质量标准将在很大程度上保证和提升教育质量并促进教师的成长。在泰国,每所大学都会制订自己的质量保证体系,其中很重要的一个方面就是制订质量标准。这些标准的内容有很大篇幅会涉及教师专业发展。以易三仓大学的情况为例,就有 5 个标准,关注教师的发展。

标准一:教师研究与创新。教师所进行的研究和不断创新的过程,有利于培养高素质人才,同时也有助于建立和发展新的文化知识体系,催生新的知识及拓展人类的知识财富。

考核这个标准的关键绩效指标(KPI)是:

● 在国家、国际级刊物上公开发表的论文及知识创新的数量与全职教师总人数的百分比。

● 用于内外部科研和知识创新的资金总量与全职教师总人数的百分比。

● 全职教师获得的用于内外部研究或创新的资金量与全职教师总人数的百分比。

● 研究论文被期刊转载或被国家、国际数据库(比如 ISI,ERIC)所引用的数量与全职教师总人数的百分比。

● 最近 5 年内,注册为知识产权或专利技术的创新数量。

这个标准可以很好地激励教师们在完成自己的教学任务后,开展各种论文研究与知识创新。教师每年发表论文和开展研究的质量与数量,则为他们申请学术基金提供了参考。每年易三仓大学的各个学院都将公布这个标准的实施情况和教师研究创新的记录。

标准二：学术服务。大学应该为地方、社区、国家和国际社会提供有用的、可靠的学术指导和专业服务。

考核这个标准的关键绩效指标（KPI）是：

- 为地方、社区、国家和国际社会提供学术及专业服务等活动或项目的数量与全职教师总人数的百分比。
- 担任论文指导老师和论文委员会委员，或在其他国家和国际机构担任学术及专业委员会委员的人数占全职教师总人数的比例。
- 使用学术成果及专业服务知识（经验）以发展教学和研究的活动次数。
- 学院为社会提供学术和专业服务的现金、实物与全职教师总人数的百分比。
- 可提供学术和专业服务的国家级或国际公认的中心或机构的数量。
- 学院提供学术和专业服务所产生的收入与全职教师总人数的百分比。
- 学院所提供的学术及专业服务成功的程度。

通过提供学术及专业服务，大学可以更积极地关注教师和管理者的成长并且鼓励他们为学生、地方和国际社会做出更多贡献。每年，易三仓大学的每个学院都会提供各式各样的学术及专业服务，如举办一些大型的国际会议、研讨会等，这一标准的记录也将在每年的质量保证考核报告中公开。

标准三：保护与发扬民族文化和艺术。在大学的教学中应该开展一些关注民族文化的学术研究和专业服务，以助于更好地保护与发扬民族文化艺术。

这个标准的关键绩效指标（KPI）是：

- 大学组织在维护和弘扬民族文化及艺术方面的活动数量与全职学生总人数的百分比。
- 学院用于保护和发展民族文化及艺术所开支的现金和实物占总营运预算的比例。
- 学院产生的有助于发展主体知识与创建民族文化艺术标准的作品数量。
- 学院在保存发展与弘扬民族艺术及文化方面的实效等。

作为大学教师，他们不仅传授知识，而且还承担着维护和发展国家艺术和民族文化智慧的责任。由于泰国是一个多元文化的国家，泰国大学的学生来自各个民族，像我们之前所说的几所著名的大学，他们的学生队伍都很国际化。多数泰国大学会聘请许多外籍教师，但为了促进这些教师的发展，大学也鼓励他们学习泰国文化、参与维护与保存泰国文化及艺术的各种活动。

标准四：组织结构和人力资源开发。大学要负责管理所有参与教育组织的成员及其相关人员，创建用于教学、学习、科研和管理等的信息系统，以更好地建立卓越的学术成就并保障财政安全。财政开支要用在当用之处，并奉行自主性、灵活性、透明性和可审计性的原则。

这个标准的关键绩效指标（KPI）是：

- 学院委员会和行政人员要有远见卓识，反思相关的政策和目标，寻求更好的管理模式，进行参与式管理，注重权力下放，财政支出透明度和可审计性，以及保证本机构在国际舞台上的竞争力。
- 通过内部和外部审计，把学院发展成为一个学习型组织。
- 制订一个符合国家战略的发展蓝图。
- 共享学院的内部和外部资源。
- 完善数据库系统，为管理、教学、学习和研究提供更好的服务。
- 固定资产与全职学生总人数的百分比。
- 业务费与全职学生总人数的百分比。
- 纯收入与总营运预算的比例。
- 在国内外参加学术会议或发表学术著作的全职教师比例。
- 在国内外用于每位全职教师的专业发展的预算与全职教师总人数的百分比。
- 在国内外获取专业知识和技能发展的全职教辅人员比例。

这一标准注重权力的集中下放，系统的监测，政策的连续性、规划性，领导力以及人力资源的开发。这样一来可以保证大学不同学院的学生、工作人员和教师获得持续地发展，并拥有极大的发展自主权。

标准五：课程、教学与学习。要不断研制、更新课程内容，增加其灵活性，以适应学习者和社会的需要。教学和学习过程中要着眼于发展学生的素质、着眼于自我学习，根据各自的需要和兴趣，使用不同的教学方法和资源进行教学。对学习效果的评估需要在真实的情景中进行，并以真正帮助学生发展为目的。

这个标准的关键绩效指标（KPI）是：

- 符合标准的课程占课程总数的比例。
- 全职学生与全职教师总数的比例。

- 全职教师中持有博士学位或同等学历人数与全职教师总人数的比例。
- 全职教师中拥有学术职称的人数与全职教师总人数的比例。
- 是否符合教学的职业道德。
- 学习过程是否以学生为中心，以及开展实习、让学生进行真实的体验。
- 学生对教师教学质量和教育资源的满意度。
- 学生参加可促进其全面发展的活动或项目的数量与全职学生总人数的百分比。
- 用于图书馆、计算机和信息中心等系统维护的费用与全职学生总人数的百分比。

泰国大学的法规中也明确设定学术标准，旨在支持学术连贯性和可靠性。尽管各个大学之间法规中的表述不尽相同，但通常它都涉及课程体系的结构（如规模、类型、层次和模块，以及它们是如何组织形成学习材料的）和各种类型的考试委员会的运作（如成绩评定的规则，考试的权威性，荣誉的划分与评定）等。学术标准也提出了对教师教学的期望和学生预计的学习结果的要求，以下表一是教师教学的标准，表二是学生预计的学习结果的标准。

表一　评价教师教学能力和实效考察的要素

能力考察的要素	考察的具体方面
为学生提供一个目标清晰而有益的学习环境	教师的知识基础，教学目标，组织学生学习的能力，沟通能力，对事业和学科的热情
促进积极的学生参与	学生参与教学的积极性，参与实践的几率
关注学生学习的差异性	鉴定学生学习的差异性，关注差异性，解惑答疑
帮助学生确定学习的结果	确定学习结果，作业适当，反馈及时，管理适当
积极参与自我发展	参与专业发展的活动，寻求反馈，开展批评
发展教学能力提高教学成效	做好教学记录，识别问题，行动计划，记录执行情况，考核程序和结果
树立高层次的职业道德和价值观	鉴定教师的价值观和道德观，灌输和执行高层次的职业道德和价值观
在课程纲要发展方面，承担一定的领导和管理职能	了解课程纲要运作环境，注重纲要的发展，并评估其成效

表二　学生能力和学习实效考察要素和内容简介

能力考察的要素	考察的具体方面
学生掌握知识	学生充分理解和掌握学科知识
学生具备职业道德和价值观	学生拥有社会责任感能维护职业道德
学生拥有批判和分析能力	学生将具备批判思考问题、分析问题和解决问题的能力,能通过法律的手段去解决问题
学生具备运用信息资源的能力	学生会利用现代的通讯技术和手段获取、评价和创造信息,并以此作为终身学习的目标
学生有良好的认知能力	学生对问题可以进行批判性的思考与评价,积极地交流,努力寻求最佳的处理方式
学生拥有良好的处理人际关系的能力	学生既可以单独有效地工作也可以成员适应团体合作,批判性地思考,有社会责任感,可以在日新月异的国际环境和社区环境中团结一致积极工作
学生拥有良好的语言交流与沟通能力	学生能根据情况,采用适当的语言,进行清晰准确的口头和书面交流。

二、质量保证体系

质量保证体系包括质量发展,质量审核和质量评估,它是教育管理过程的一个部分,直接关系到教师的发展和教育的标准,并起到保证教育质量的一定作用。因此,许多泰国大学都会设立一个内部的质量保证体系和机制,以实现教育质量持续发展的作用。大学内部的质量保证体系也是体现这所大学管理水平和卓越性的一个标志。就建设质量保证体系而言,多数泰国大学一般采取如下的步骤:

第一步:通过规划、分析、考察、实施等环节建立质量保证体系。

根据前面所述的标准和关键绩效指标,各学院会通过以下的环节建立质量保证体系:

规划:

－设立目标与成果的指标(如标准或关键绩效指标)

－设计规范有效的程序和寻求资源的优化利用

－确定时间框架等

分析：

– SWOT 分析和需求分析

– 系统方法分析

– 可行性研究或试验性研究

– 计划执行中情况预测分析

考察：

– 计划审计、监测和评估工作

– 反馈，形成性评价

– 实际情况和例外的表现等

实施：

– 实施不断调整改善

– 计划实施和及时的调整

– 计划改进、提高等

第二步：进行质量审计和评估绩效。

审计就是对正在实施策划任务的进行监察和形成性评估的过程，重点在于比较预期效果和实际做法差异性。审计的目的是为了在投入和实施过程中找出令人满意的表现，找出偏离业绩，提供反馈信息，改善不合理的地方，以最终取得预期的成果。泰国的许多大学常常会用"差异性评估模式"，来查找预期结果和实际绩效差距，并作出质量评估。

质量评估过程是获取信息，进行预期的教育质量与成果的比较，它类似于总结性评估。教育的质量是进行教育投入之后在教育的过程中产生的，因此，整个评估质量的系统，必须包括对教育投入的评估，教育过程的评估和教育成果的评估等。事先制订的标准和关键绩效指标可作为的评估的基本框架，设定每一项的评估值后，收集的数据并进行分析，然后做一个一年一度的"自我评估报告"，向校方和外界公开。

第三步：进行适当的干预，以实现持续的提高。

在进行质量审核和评估后，我们可以通过"自我评估报告"，评定质量等级，从教育"投入-过程-输出"的整个系统中研究其成败的原因。然后，进行调整干预，确定需要创新的做法，促进持续改善，以达到最大限度地实现预期的质量标准的目的。通过研究质量评估报告，我们必须确定最佳的实践，需要改善具体的方面和计划的有效性和效率,以对程序修改或保留作出进一步的决定。

第四步:邀请校外专家小组对大学进行外部质量评估,使该大学的教育质量能够在国内外的教育领域都得到承认。

三、结论

质量管理就像在给高等教育提供一种支持复杂而专业的服务,必须纳入高等教育的具体业务内。这种质量保证和评估,统称为质量保证体系,简称为"质量体系",对大学来说是非常必要和重要的。在高等教育范围内,建立质量体系必须要制订相关的政策和结构评估标准,以便操作控制质量和标准。在整个教育过程中,工作人员在实现部门或计划目标的同时,促进教师的专业发展也是这个质量体系的关键。

参考文献:

1. Barak,R. J. (1982),Program review in higher education:Within and without,National Center for Higher Education Management Systems,Boulder,Co.

2. Kaplan,Robert S. and Norton,David P. (2004),Strategy Maps:Converting Intangible Assets into Tangible Outcomes,HBS Press,2004

3. MUA,(2002),QA at the Crossroads:Role of MUA,Bureau of Higher education standards,Ministry of University Affairs.

4. Teay Shawyun,(2006),Quality Assurance:Teaching Competency and Effectiveness Index,Proceedings of UPAL Conference,November 2006,Bangkok.

5. Teay,Shawyun,(2005),Higher Education Reform:A Strategic Multi-pronged Framework,Proceedings in SEAAIR Conference in September 2005 at Bali,Indonesia. ISBN:979 – 25 – 0220 – 3

6. Teay,Shawyun,(2005),AuQS 2000 CQM (Curriculum Quality Management)(1st Edition,2005),October 2005,Assumption University Digital Press

7. Teay,Shawyun,(2003),Education Excellence:An Integrated Performance Measurement and Management Model,ASAIHL-THAILAND Journal,Vol. 6,No. 2,November 2003 ISSN:1513 – 0975

8. Teay,Shawyun,(2007),Integrated QMIPS (Quality Management,Information and Planning Systems),1st Edition,January 2007,Assumption University Digital Press(http://www.qa. au. edu/)

新课程实施中高中情境教学现状与教师培训的思考
——来自江苏新课程实验区的调查报告[①]

陆　真[*]　张怡天　郁　云

内容摘要：情境教学是实现新课程理念的重要策略之一,本文对江苏省实施新课程一年来的情境教学实际状况进行了调查,从教师开展情境教学的目的、态度、能力、方法、体验和教师对化学新教材情境内容的认识等方面进行了调查与分析,为新进入课改实验区的省市的教师培训提出了深入理解情境建构、对教师的要求、教学中的注意点和教材中情境编写解读等建议,以期更好地促进新课程有效的、深层次的实施。

关键词：新课程　情境教学　实施调查　思考与建议

2001 年起我国启动了新一轮基础教育课程改革,新的课程体系重视学生学习方式的转变,强调形成积极主动的学习态度,并从知识与技能、过程与方法、情感态度与价值观三个维度来达成教学目标,达到使学生全面发展的宗旨;课程改革增加了学生与社会生活的联系,使课程内容更加具体,富有生活气息。知识可以通过接受学习来获得,但是技能、方法、情感态度与价值观却难以靠单纯的讲授传输来形成,它们只能在有效、具体和鲜活的教学情境活动中通过不断地体验、内化过程而形成。显然,传统的教学范式已不能承担新课程改革提出的新的教学要求,学生的学习必须建立在学生熟悉的知识情境中,并通过科学探究活动来建构自己的知识体系。倡导有效的情境教学已成为实现新课程重要的教学理念。

如 2003 年颁布的《普通高中化学课程标准(实验)》就明确指出:"在人类背景下构

---

① 基金课题,江苏省教育科学"十一五"规划课题:高中新课程实践中教学策略、模式和优秀案例的研究(D/2006/1/9)。

＊ 陆真,南京师范大学教师教育学院。

建高中化学课程体系","从学生已有的经验和将要经历的社会实际出发,帮助学生认识化学与人类生活的密切关系,关注人类面临的与化学相关的社会问题……"。开展情境教学,加强学科知识与学生生活的联系,创设符合学生实际需求的教学情境就成为化学新课程及课堂教学改革实施的能否成功的关键教学策略之一。

2005年9月,江苏省进入高中新课程实验区,我们在前期进行新课程各学科骨干教师省级培训时,将情境教学和探究教学设计作为培训的重点之一。在一年的实施过程中,情境教学的现状和教学作用又如何呢? 在进入以选修模块为主的第2年之际,又应当注意和提高哪些方面? 为此,2006年7月我们以化学学科为例,分别对南京、南通、淮安、泰州、盐城和连云港六个地区参加新课程二期骨干教师培训的140名高二化学教师进行了问卷调查和访谈,共发放问卷140份(收回有效问卷137份,回收率为97.9%)。从教师对情境教学的态度、意义的理解,情境教学过程与体会,以及对情境素材的设置与编制的看法等方面作了分析和思考,旨在发挥情境教学的作用,为即将进入实验区的地区提供师资培训和情境教学的经验,更好地促进新课程的深层次实施。

一、情境教学的调查内容

问卷调查内容主要分为两个部分:第一部分为教师在新课程中实施情境教学的现状调查,包含教师开展情境教学的态度、目的、教师开展情境教学的能力、开展情境教学的方法和情境教学体验等方面;第二部分为教师对化学新教材中情境内容的理解和认识调查,包含教师对新教材中情境素材设置、编制的教学理念和认识。

二、教师在新课程实验中实施情境教学的现状调查与分析

(一)教师开展情境教学的态度

表1　教师开展情境教学的态度

问题1	在教学中,您对情境教学的态度是			
选项	重视	较重视	一般	不重视
比例(%)	26.1	73.8	0.1	0

续　表

问题2	您在课堂教学过程中			
选项	经常有针对性地设置一些教学情境进行教学	偶尔设置一些教学情境进行教学	不太了解情境教学	不设置情境进行教学
比例(%)	54.0	46.0	0	0

（二）教师开展情境教学的目的

表2　教师开展情境教学的目的

问题1	您开展情境教学的主要目的是什么？（多项选择）					
项目	增强学生学习化学的兴趣和动机	促进学生知识迁移,提高学习效果	增强学生情感体验,提高教学质量	培养学生科学素养,拓展其知识面	发展学生思维	活跃课堂气氛
比例(%)	87.6	42.3	57.7	32.1	27.0	27.7

由表1和2可以看出,几乎全部的教师都比较重视情境教学,在教学中能够有意识地设置一些教学情境,这说明教师已经逐步形成新课改理念,改进与更新自己的教学观念,并付诸实践。但在情境教学的目的上,教师们对情境教学的功能认识还待完善。绝大多数教师还是停留在"提高学生学习兴趣"、"提高教学质量"较低的层面上,而对"发展学生思维"、"促进知识迁移"、"培养科学素养"等上位教学功能认识还不足。使得教师难以从更深层次上去充分挖掘情境素材中的科学方法、科学态度和科学情感等要素。设计的情境缺乏激发认知冲突和引导学生提出问题、思考问题、解决问题的机会,这样的情境教学难以达到更高的意境。

（三）教师开展情境教学的能力

表3　教师开展情境教学的能力

问题1	在设计情境教学时,您认为什么因素最重要(可多选)				
项目	情境材料及其呈现方式	学生知识能力水平	教学目标与内容	教师与教学语言组织	其他
比例(%)	58.4	19.0	32.8	10.2	0
问题2	在选择教学情境素材时您认为最先考虑些什么因素(可多选)				
项目	学生已有知识	教学实践	教学条件	情境材料的呈现时间	情境材料本身
比例(%)	61.3	16.8	24.1	30.7	43.1

从表3可以看出,教师在设计教学情境时,多数能够创设和运用教学情境素材,考虑了学生已有的学科知识;但仍然存在忽视学生的知识能力水平、教学目标与教学内容与情境教学材料的有效结合。这表明,教师在情境设计上较重视形式,考虑情境素材与教学内容的相关性不够;过分强调情境素材将会削弱学科知识系统的学习,教师对教学情境素材的加工能力、整合能力和呈现能力还有待提高。

（四）教师开展情境教学的方法

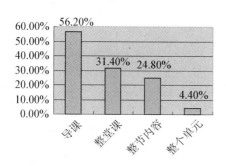

图1　教师开展情境教学的立足点

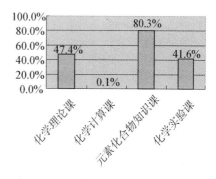

图2　教师开展情境教学的课型比例

由图 1 和 2 可见,教师设计的教学情境多用来导入课程,且多是在实验丰富的元素化合物知识课上创设教学情境,缺乏对情境全程性作用的设计。还有相当部分教师误认为,设计情境就是在新课教学之前利用有关的实验、故事、问题等来激起学生的学习积极性,引出新课。实际上,教学情境设计的功能并非是传统意义上的新课导入,情境不应该只在讲解新课前发生作用,它应该在整个学习过程中都起着激发、推动、维持、强化和调整学生的认知活动、情感活动和实践活动等,在教学的全程发挥作用。

(五) 教师开展情境教学的体验

表 4　教师开展情境教学的体验

问题1	您认为您的学生对您的情境教学			
选项	很感兴趣	较感兴趣	一般	不感兴趣
比例(%)	35.0	55.5	9.5	0
问题2	您在进行情境教学后实际达到的教学效果是什么?				
选项	增强了学生的学习兴趣和动机	提高了学生的学习成绩	提高了学生思维能力	提高了学生的科学素养,拓展了学生知识面	浪费时间,降低了学生学习成绩	扰乱了课堂秩序,降低了课堂教学质量
比例(%)	80.3	16.8	46.7	49.6	3.6	0.7
问题3	您认为在开展情境教学中,遇到的最大问题是什么?				
项目	情境教学耗时,而课时有限无法完整进行	教学条件不足,很多情境教学无法开展	容易加重学生学习负担	情境教学素材缺乏	教学任务重,没有足够时间进行教学情境设计	情境教学虽然重要但不适应高考
比例(%)	25.2	49.0	0.7	47.4	38.7	13.9

从表 4 可以看出,教师在开展情境教学中取得了一定的成果。但在实际教学中,情境教学的开展往往受到一些主客观条件的制约,如教学任务重、课时紧张和教学资源匮乏等等。多数教师希望能够得到更多情境素材和教学案例的支持。

三、教师对现行教材中情境内容的看法的调查与分析

图3　教师对新教材中情境素材设置的态度　　图4　教师对新教材中情境素材编制的态度

由图3和4可以看出,97%以上的教师对现行化学教材中设置的如阅读、资料、讨论、家庭小实验等情境教学素材持肯定态度,但就情境素材的编排来看,只有9.5%的教师持满意态度,约25%的教师持消极性态度。整体上看,教师们对新教材中情境素材的设置结构与编写多数持肯定态度。

四、新课程实施第2年教师培训中开展情境教学的思考与建议

经历了一年的实践后,我们欣喜地看到,大多数教师已经接受了情境教学的重要性,逐步理解其教学意义,开始重视情境教学,在教学中能够主动地设置教学情境;但在情境功能的认识、开展情境教学的能力与方法上还待完善。此外,大多数教师希望能够得到优秀和系统的情境素材与教学案例的支持。筛选良好的教学情境素材和教学案例,能够为教师有效开展情境教学提供帮助;同时从另一个角度说明新教材在编制上虽然提供了大量的情境素材,但却是分散的、零星的、辅助性的,课程内容往往不能完整地整合到某一情境素材中去,需要教师花费大量的时间进行设计,才能整合成教学情境。因此,在进入第2年的选修模块的教学之际,在设计培训方案和内容,深入有效地开展教师培训中应当注意以下几个方面:

(一)深入理解情境的构建与概念的转变的意义

1. 不同的学习情境,会带来不同的效果

学生学习过程是一个独立的知识建构的过程,学习情境可以强烈地影响知识的获

取与应用。在促进能力特别是跨学科的能力和发展的前提下，作为同等地位的教师与学生共同探究、讨论、活动，意味着学习过程从个体行为转变为一个群体过程，意味着进行有意义的概念体系的构建，也标志着科学探究为主体的学习情境的建立。

2. 建构有效的学习情境的基本要素

从哲学理论角度考虑有效的学习情境的基本要素应当包括：采用综合性的学习背景开始进行专题性的探究学习；使用优秀和真实的教学材料；从多角度围绕学习目标和内容进行探究和学习；学习者在过程中有清晰的反思；形成提出问题和设计解决的途径；将以小组合作活动为主的群体性讨论与交流作为情境过程中的一个主要部分。

3. 有效的情境要素对进行概念的学习和转化至关重要

使学生在情境过程中从使用日常生活经验（pre-concept）向着使用更多的学科概念来解释他们所遇到问题，在不同阶段和环境中应用，使得这些抽象的学科基本概念得到更深刻的理解和转化，形成科学素养所需要的学科知识能力和认识能力。

（二）有效开展情境教学对教师提出更高的要求

1. 教师要努力提高自身专业素养

创设有效的教学情境对教师而言需要努力提高自身的专业素养。首先，教师要经常关注和反思社会生活，从学生的思维角度来思考身边的事物，并有意将生活事件和教学内容联系起来，建立知识与情境的联系，促进学生对知识、生活的理解；其次，教师需要改善自己的专业能力结构，站在更高层面上理解教学目标和知识内容，深刻认识知识的内涵，依据知识教学的内在需要，对生活情境进行适当的改变与再创造，以期能取得最佳的教学效果；再次，教师在向学生描述教学情境时，要注意语言的修养。语言清晰表达和有条理地探究能使学生学到更多的知识。教师以充满激情的语言呈现情境，会更好地调动课堂气氛，激发学生的学习兴趣。

2. 培养教师形成创造性开发和使用教材的能力

新课程倡导教师创造性地使用教材，对教材进行"二次开发"。新教材是实现课程目标的一种教学资源，其价值只有在具体的教学活动中、学生的参与和体验中才能动态地生成。因此，教师在教学中要深入分析教材所体现的教学目标和教育理念，精心分析和挖掘教材内容背后蕴含的教学思想、观点和科学方法，根据学生已有的知识结构和认知体验，创设丰富多彩的学习情境和实验探究等活动，以完美实现教材的真正意义。所以,要求教师形成创造性地开发和使用教材,创设丰富多样的情境教学环境的能力。

(三) 学科教学中开展情境教学应注意的问题

1. 重视创设情境的真实性

以往教学忽视创设真实的情境,使学生脱离知识生成的境脉,获得的知识不具备实践指导和应用作用,造成学生学习困难,学习兴趣下降。这就启发教师在学科新课程情境教学设计时,要重视选择真实世界中的情境事例,能反映知识在真实生活中应用方式的,这样才能使学生有可能在似真的活动中,通过观察、猜想、探究来解决问题,保证知识向真实情境的迁移,形成科学的思维与方法,提高学习的有效性。

2. 协调理智型与情感型情境的统一

教学情境通常有两类,一类是理智型情境,它要求创设"愤悱"的学习情境,如问题情境,这种情境以启发学生思维为特征;另一类是情感性情境,要求创设和谐的教学氛围,以激发学生的情感。两者相辅相成,没有前者,学生的认知心理难以启动,思维活动难以展开;没有后者,学生的情感不能被激发,学习活动就会失去动力。学科课程体系要充分体现化学课程的人文内涵,发挥学科课程对培养学生人文精神的积极作用,使学生达到知识与技能、过程与方法、情感态度与价值观的和谐发展。因此,完美的课堂不仅要求真,还要达到理智型情境和情感型情境的和谐统一、相得益彰的境界。

(四) 对新教材中教学情境编制理念的全面理解

1. 情境作为知识载体的作用及其全程性、发展性

在教材编写中,应当克服情境教学素材琐碎而关联性不强,而无法形成明确的教学主线,避免造成学生理解层面上的困难;加强宏观情境素材的设计,以促进情境素材的全程性和发展性,形成明确的主线,让学生能有清晰的情境探究主线,形成清晰的知识体系。充分发挥情境素材在知识获得过程中的载体或支撑作用。

2. 重视理解情境设置转化为设计学习的活动,突出知识的建构过程

知识是情境性的,通过活动和应用不断发展。学习不仅是为了获得知识,还需要学生在不同的情境中进行具体的思维和探究活动,并运用所学知识解决问题。知识的学习离不开各种学习活动,知识只有通过活动才能建构意义。在教材编制中不仅要重

视素材的选择与设计,也要重视学习活动的开发。随着情境的展开和情境问题的解决,需要设计系列的活动,采用实验探究、实践调查、参观访问等方式,既能增强学生学习的参与热情和参与度,又能培养学生的科学学习方法和解决实际问题的能力,从而使学生学习的知识不再是呆板停滞的,而是能在其他学科的学习情境中发生迁移。

根据调查结果和理性分析,我们及时调整了所承担的江苏省 2006 年暑期 12 个学科的省级骨干教师培训的重点与内容,聘请各学科课程标准组专家专题介绍新教材各模块如何以情境内容来体现学科知识的思路,增加了优秀情境教学案例的观摩、分析,还开展了与实验区教师的交流与互动,取得了较好的效果,保证了新课程实验的深入进行。

参考文献:

1. 陆真等. 现状、需求、困惑与焦点[J]. 化学教育,2006(9):39—41.
2. 耿莉莉,吴俊明. 深化对情境的认识,改进化学情境教学[J]. 课程·教材·教法,2004(3):72—76.
3. B. J. Fraser and K. G. Tobin (eds). *International handbook of science education* [M]. Kluwer Academic Publishers. Netherlands,1998:3 - 25.
4. Lan Westbury, Stepan Hopmann. *Teachig as a Reflective Practice — The German Didaktik Tradition* [M]. London:Lawrence Erlbawn Associaites Publishers,2000:319 - 333.
5. Duit R. & Treagust D. Conceptual Change — A Powerful framework for improving science teaching and learning [J]. *International Journal of Science Education*,2003,25(8):671 - 688.
6. 赵蒙成. 学习情境的本质与创设策略[J]. 课程·教材·教法,2005(11):21—25.
7. 阿妮塔·伍德沃克. 教育心理学[M]. 陈红兵,张春莉译. 南京:江苏教育出版社,2005:574.
8. 毕华林,刘冰. 试论化学教材内容的生成[J]. 课程·教材·教法,2004(11):74—76.
9. 巩子坤,李森. 论情境认知理论视野下的课堂情境[J]. 课程·教材·教法,2005(8):26—29.
10. 袁维新. 课堂教学中教师的情境意识[J]. 教育评论,1999(4):28—29.
11. 教育部. 普通高中化学课程标准[M]. 北京:人民教育出版社,2003. 3.
12. 张振新,吴庆麟. 情景学习理论研究述评[J]. 心理科学,2005,28(1):125—127.

高师教师职业实践技能培养模式研究
——以渤海大学为例

刘　芳*

内容摘要：教师职业实践技能培养是教师教育的重要组成部分，由于教师职业实践技能是一种需要长期养成的过程，组织训练难、见效慢，往往被忽视。渤海大学通过十多年的实践探索，初步构建了教师职业实践技能的训练模式：开设必修课，选修课；制定六项教师职业实践技能考核标准；以学生自我养成训练为主线，建立校、系、班三级素质学生会；以教学实践技能养成训练为重点，为学生提供教师职业实践技能展示的平台，初步形成高师教师教育实践技能培养模式。

关键词：师范生　教师职业实践技能　养成训练　素质学生会

目前国内外许多学者都在探讨我国教师教育专业化的问题，而我国传统的师范教育在体制上和内容上，均没有向实践延伸，它沿袭着传统教育的一次性特征，忽视教师职业中实践技能的培养、脱离基础教育的实际。培养师范院校学生的教师职业实践能力，已成为我国高师院校教师教育的重点和难点。

中国教育学会会长顾明远教授指出：我国教师教育应从四方面改革：1.有较高的专门知识（所教学科）和技能；2.经过较长时期的专门职业训练，掌握教育学科的知识和技能，并经过"临床"实习；3.有较高的职业道德；4.有不断进修的意识和能力。我们从中可以看出：师范生的教师职业技能的培养是非常重要的。渤海大学从上个世纪90年代开始，对师范生进行了有计划有步骤的教师教育实践能力培养探索，当时称之为教师基本功训练，到今天已有近17年的历史。十几年来，我们从训练师范生的三笔一话（毛笔字、粉笔字、钢笔字；普通话），到今天的教师职业实践六项能力养成（书写、

---

* 刘芳，渤海大学教师教育处。

语言、教学工作、班主任工作、课件制作、搜集处理教育信息等能力），师范生在校四年间，每年分项训练，分级考核，分小组深入中学实际，紧密联系课改，学习先进教育理念，练就过硬教师职业实践技能，缩短就业后的适用期，为社会输送了一批批合格的现代人民教师。

教育理论的源泉是实践，理论是实践性智慧的分类、概括与提升的产物，教师的职业如同医生、律师等一样，具有工艺性特征，传统的课堂教学，讲授式的培养固然需要，但就目前的情况，师范教育教师职业实践能力的培养可能更需要主动式、发现式、做学教合一的自我养成实践能力训练。这种训练我们在实践探索中认识到：教师职业实践能力的形成仅仅依靠学校的训练考核规定和课堂培训是远远不够的，必须调动师范生的主动性、积极性，让他们主动建构自己的实践能力，认识到实践能力的形成是一种主体的自我养成过程。只有这样学生自己主动参与，主动训练，才能使学生真正掌握教师职业实践能力。多年来，我们采取第一课堂讲授与指导，第二课堂开展丰富多彩的教师职业实践能力养成训练活动，初步建构了培养教师职业实践能力的模式。

一、教师职业实践技能课程纳入必修课，选修课和讲座作为必要补充

教师职业实践能力的养成，必须落实到具体的课程、教材、师资、教学方法、技术手段和实践环节的改革。构建适应教师终身发展的教师教育实践课程体系，要从教师职业发展的需求出发，注重理念、素质、能力、知识的综合培养，完善教师的能力和知识结构。要高度关注具有时代感、针对性、实用性和创新空间的课程体系和教材库的建设；强调发展性的实践环节，提高学生的实际工作能力。在重视把教育规律及最具前沿的学科知识与教育学知识的最新进展融合在教师教育实践课程中的同时，致力于实践技能的训练和教育手段创新的有机结合，积极推进教师教育专业化的发展。传统的师范院校在课程结构上，教育专业课比重明显偏低，课程设置过于单一；理论与实践相脱离，对学生从教技能的锻炼起关键作用的教育见习和实习也存在时间短、次数少、实习基地少、指导教师少、流于形式等诸多问题。教师职业技能训练没有纳入教学计划。学分制管理下的教学，只有把教师职业技能纳入学分制管理体系中，才能引起学生的高度重视。

渤海大学教师教育实践课程在 20 世纪 80 年代末开始设立,到 1996 年已经正式纳入必修课教学计划的是:演讲技能、教师口语、硬笔书法、班主任工作、微格教学、现代教育技术、学科教学论、教材分析与试教等课程,到目前为止已经编写出下列教材:《演讲与日常语言交际》《大学生演讲学》《大学生演讲技能与训练教程》《硬笔书法 DJ 教本》《钢笔楷书技法释要》《现代教育技术》。选修课有软笔书法、教法实践、特级教师与教学艺术、教师礼仪、多媒体教学与实践、中学教学综合实践等课程。通过必修课教学使学生掌握教育实践的基本理念、技能要求、实践操作规范;选修课和讲座紧紧联系中小学实际,聘请有实践经验的中小学教师来学校辅导实践技能训练,师范生的教师职业技能很快提高,用人单位反映好。

在高校实行学分制管理的过程中,仅满足教师职业实践课程学分修够,还不能达到技能提高。教师职业技能的训练和提高,只依靠学校的行政命令很难奏效,特别是在当今市场经济的时代,学生中普遍存在着重理论,轻实践;重结果,轻过程的现象。一些教师甚至也认为大学还在练习写黑板字、说普通话等等,有失大学风范。“能者为师”是几千年的古训。过去人们认为凡是具有一定知识水平的人,甚至只要识字的人,都可以成为中小学生的教师。后来,人们注重教师专业知识的提高,但忽视教育科学知识的掌握。在师范院校,“学术性”和“师范性”也泾渭分明,专业课程设置向综合性高校看齐,安排得满满当当,而教育科学课程却寥寥无几。在我国高等师范课程计划中,普通教育课程占总课时的 20%;学科专业课程占 7%,教育专业课程占总课时的 10%左右。前几年,人们非常注重教师学历的提高,但忽视教师的实践性反思,没有把实践性智慧的提升纳入教师培养和培训的范围。只有在当前,人们认定教师和医生、律师一样,是一个专业性非常强的职业,具有不可替代性,才把教师定位为专业化职业。教师工作需要以专门的理论为依据、专门的技能和情感为保证,并且在实践中进行持续性的应用、反思与提高。

其实,我国当前师范生在高考录取中分数是靠后和偏下的,在高中和小学也没有写字和普通话要求。就拿写字来说,我们在对大一新生入校后测试的成绩来看,2006 年我们师范生参加测试的 1476 人,按照我们学校的粉笔钢笔测试要求,钢笔字合格的占 51%,粉笔字合格的占 29.6%,教师实践能力的形成不是临时抱佛脚就能见效的,需要长期练习,反复操作,不断改进。因此,我们制定了六项教师职业实践技能,即:书写、语言、教学工作、班主任工作、课件制作、搜集处理教育信息等技能。坚持分年分级训练:大一、大二语言表达、书写;大三课件制作、信息处理、班主任技能、教学技能;大四实习,综合考核。学校教师基本功训练中心的老师负责对所有师范生成绩考核的组织,考核分为 ABCD 四个等级,不及格学生每学期都可补考。想升级的学生每学期也给一次机会。开设必修课纳入学分制管理,引起学生的高度重视,从大一开始重视训练,与毕业成绩挂钩,通过近十年的经验摸索,教师职业实践能力的培养要有严格的课程与教学规定,有规范的理论讲授,可操作可模拟的实践指导。选修课要满足学生个性和特长的发展,特别是聘请中小学教师进行师德讲座、实际案例分析,培养了学生热爱教师专业的思想,为学生开辟了与社会、中小学联系的信息渠道,讲座课深化教育理论,吸纳最优信息。聘请大量的专家学者,介绍教育改革前沿问题。了解国家的最新政策,如我们开设的讲座有"走进新课程"、"教师教育专业化"、"陶行知的理论与实践"等,深化了师范生对教育思想和教育改革的认识。

二、完善的训练组织体系是教师职业实践技能养成的关键

教师职业的实践能力形成是外在指导与内在养成的有机统一,实践能力仅仅依靠教师教育课程训练是不够的。如果师范生在业余时间里,不能够自主积极地去练习和模拟训练,师范生的实践能力不会形成稳定的教师职业素质。但是学生主动参与,主动构建自己的实践能力需要一个过程,开始时还需要我们经常地督促与检查。我们的经验是,首先要成立校级组织领导机构。我们学校 1995 年成立了处级单位——教师基本功训练中心,2005 年更名为教师专业技能训练中心,对全校十个师范系进行训练指导、检查、评比。学校的行政组织一条线是:校教师专业技能训练中心——系教学主任——系专职辅导员——各系师范生。学生自我养成组织的一条线是:我们成立了具有我校特色的校、系、班素质学生会——各系师范生。

学校教师专业技能训练中心制定六项技能及分别对四个年级提出要求和发布考核标准,检查、督促各院系平时训练,抽查平时训练成果,组织全校技能大赛、组织年终教师专业实践技能训练评比。

校、系、班素质学生会,是养成训练的学生自主三级管理体制。他们是师范生自主养成训练的计划者、组织者、考核者。在教师职业实践技能的自我养成过程中,训练环境很重要,一个良好的,积极向上的集体,是我们养成训练的依托。校、系、班素质学生

会在实践技能养成训练中组织、管理、考核一体化。三级素质学生会分别设立组织部、考核部、学习部、宣传部。首先,学习部要选出小先生,大四带大三,大三带大二,大二带大一,每一个小先生利用课前 15 分钟,组织学生练习语言表达,利用天天写字板点评和指导学生书写粉笔字,组织交流课件制作等等,考核部要每半个月检查学生天天写字本、周周演讲稿本;检查督促各系。宣传部利用宣传板公布训练情况、检查评比结果。组织部负责各项技能训练的组织、协调工作。

师范生还成立了学生自我管理的训练社团:书法学会、演讲团、课件制作小组、班主任研究会、未来中小学干部学校等学生自发组织,使教师职业实践技能训练最终形成了自我养成组织体系。学生从学校要求检查督促,最终形成了自我内在的要求,使训练走向自觉、自我的需要。

实践证明:学生教师职业实践能力的养成是要经历一个内化到外化的过程,也需要一个教师职业实践技能训练的软硬环境,我认为师范专业就是要与非师专业的学生不同,师范生一开口、一写字,就让人感觉到经过了职业的专门训练,具有教师的职业素质。

在环境建设方面,我们学校为学生提供了专门的训练和成果展示的两层近千平米的大教室,师范生入学后,我们多次组织参观以前的训练成果,观看在校学生实践技能现场表演,增强学生对师范专业要求的认识。我们布置的很多练习,学校教师专业技能训练中心和学生素质学生会坚持检查评比,我们通过思想提升、榜样示范、就业分析等系列活动,让师范生了解教师专业化的要求,从榜样的身上获取自我训练的驱动力,分析就业形式的严峻,了解中小学实际需要等一系列活动,达到师范生认识教师实践技能训练应是一个自我养成过程。

三、以教学实践技能养成训练为重点,为学生提供教师职业实践技能展示的平台

教师专业实践技能很多,美国等一些国家细分出几百个,但是各国都以教学实践技能为重点。教师专业技能包括教学技巧和教育教学能力两方面。良好的教学能力应包括:1. 教学设计能力;2. 教学实施能力,即多种具体能力的综合,如选择和运用教学方法的能力、因材施教的能力、课堂教学组织能力、运用各种教学技巧的能力和教学

机智等；3.学业检查评价的能力。近年来，则更加强调教师应该具备教育研究能力和自我反思的能力。中国教育学会会长顾明远教授认为，专业化与开放性是我国教师教育当前面临的两大问题。教师是专门职业，必须经过专门的学习和训练。要提高教师的专业化水平，目前教师教育的专业结构必须调整，要重建适应课程综合化和多样化要求的专业；加强实习实践环节；……

我们学校确定以微格教学、说课、模拟课教学实录、见习和实习为教师基本功教学技能的模拟实践演练形式，这也是我们训练工作的重点。

我们聘请锦州市中小学近百名教师作为我们的指导教师，充分调动校内学科教学论的教师的积极性，他们深入班级，讲解训练的要求，分组训练，严格把关。我们每名师范生在实习前要进行微格教学两次、说课一次和模拟课讲授两次（其中有一次必须有课件）的录像，每15—20人一组，在指导教师检查前，各小组选出小组长，学生之间互相听课点评，我们一些系与系之间的学生互当听众，使模拟教学更形象。如数学系与历史、中文系师范生互当听众，模拟课堂就比一个系内进行的好。一方面讲课内容互相不熟悉，课堂气氛、提问等接近真实，另一方面在其他系学生面前展示自己的讲课水平，学生事先自己会加紧训练，反复试讲。最后由指导教师逐个进行点评，不合格重新再来。在我们学校师范生在录制模拟教学时，不用学校组织练习，经常是还没下课就有人在等教室练习了，学校的五个模拟训练教室要排号。

见习一周、实习八周是对师范生教师职业实践技能水平的检阅。见习到中学听课座谈、参与班级活动，回校后备两节课，进行试讲，小组练习、教师点评。我校教育实习采取分散实习与集中实习和定岗实习形式。加强教育实践基地建设，为实习和毕业分配打基础。实习基地建设很关键。几年来，我们在锦州市建立中小学集中实习基地30个，在辽宁省内其他地方建立中小学85个分散实习基地，青岛、上海、北京各建一个实习基地。共聘请中小学实习指导教师近千名。特别是我们与教师教育试验校北京打工子弟学校大兴行知学校进行了顶岗实习的试验，实习生在大兴行知学校，得到了黄鹤校长的高度重视，亲自给实习生上课，每周都抽出半天时间请来北京的教育专家、特级教师辅导师范生讲课和理论提升，实习结束时，实习生每人都写了多篇的教育随笔和一篇论文。实习生有7名留在了行知学校就业。

为师范生提供教师实践技能展示平台，大大促进了基本功水平的提高。演讲赛、书法大赛、模拟课大赛、教学综合能力大赛和平时抽查验收成为同学们教师基本功自我个性的展示平台。学生们积极参加,成绩斐然。几年来,报纸、杂志、电视和广播对我校的教师职业实践技能训练经验进行了报道。《中国教育报》《人民日报》《演讲与口才杂志》《法制晚报》及中央电视台等新闻媒体对我们进行了报道。近三年,全校每年教师职业实践技能素质合格学生达到 95％以上,获国家级表奖 130 多人次、省市级奖 500 多人次、考取书法研究生 5 人、2006 年获辽宁省高校大学生演讲比赛一等奖。我校教师职业实践技能养成训练得到了社会和用人单位的好评。学生在激烈的竞争中由于教师职业技能过硬,就业后缩短了适应期,很快成为教学骨干。

十几年来,我们坚持教师教育专业理论教学与教师职业实践技能训练相结合;基本技能的普及与特殊技能的提高相结合;教师职业技能的实用性与创新性结合。突出了教师职业实践技能训练对象的全员性,训练内容的系统性,训练过程的养成性,训练方式的多样性,训练考核的经常性,训练成果的实用性。做到了充实内涵、精致包装,打造教师教育品牌,扩大竞争影响,初步建构起我校教师教育实践技能养成训练模式。

我们认为,目前我国应制定教师职业实践技能标准,高师院校应尽快开设教师职业实践技能课程,研究制定一个具有宏观指导作用的课程标准,依据课程标准组织专家编制一套教师职业实践技能系列教材。还要充分利用现代教育技术手段,开发电子模拟训练系统。探索教师职业实践技能训练的方法。研究职业技能训练的教学方法。教育部 2007 年文件又正式提出:"高度重视实践环节,提高学生实践能力。……推进实验内容和实验模式改革和创新,培养学生的实践动手能力、分析问题和解决问题能力。要加强产学研密切合作,拓宽大学生校外实践渠道,与社会、行业以及企事业单位共同建设实习、实践教学基地。要采取各种有力措施,确保学生专业实习和毕业实习的时间和质量,推进教育教学与生产劳动和社会实践的紧密结合。"因此,推进我国的教师教育专业化发展,高师院校在完善课程改革的同时,必须加强高师教师职业实践技能的培养,使我国师范教育赶上世界教师教育的发展。

参考文献

1. 吴晓燕. 新环境下现代教育思想与师范生的信息技能培养[J]. 西安教育学院学报,2002(3).
2. 周辉. 浅谈师范生现代教学技能的培养[J]. 长春师范学院学报(自然科学版),2004(1).

"1+3"培养模式的教师教育课程方案
——以宁波大学为例

王存宽*　　徐志军

内容摘要:随着"把成才的选择权交给学生"的教育理念兴起,综合性大学的招生和人才培养逐渐转向"平台＋模块"的培养模式,即按学科大类招生,第1年进入学院教育,后3年确定专业,进行专业和方向培养。基于此综合性大学的教师教育又面临改革,为此确定了"1＋3"教师教育课程方案。以便学生在校期间可以通过学科大类、专业、专业方向模块以及课程、教师、学习进程的选择来确定自己的培养路径。

关键词:综合性大学　教师教育　课程设置　专业化

高等教育培养模式是在一定教育思想指导下,为实现人才培养目标而把与之有关的若干要素加以有机整合而成的一种系统结构。它作为一种系统结构,由若干要素有机构成,其中关键要素包括七大方面:教育思想、培养目标、培养方式、课程体系、专业结构、学科布局、教学过程等。

构建综合性大学教师教育培养模式,可以从培养模式构成的关键要素入手:(1)树立可持续发展的教育理念;(2)明确培养目标:具有可持续发展潜能的合格的中学教师;(3)实践开放性的培养方式;(4)建立灵活性的课程体系;(5)创建科学的学科布局。同时根据宁波大学地方性、教学研究型、综合性大学的特点,本科教学主要培养适应地方社会经济发展需要的、具有可持续发展能力的应用型创新人才,同时培养多学科交叉的复合型创新人才和知识宽厚扎实的研究型创新人才。由此重新界定了教师教育培养模式的内涵,它指的是在坚持"发挥综合性大学综合和多学科优势"的办学思想,围绕培养可持续发展的合格的中学教师的目标,树立教师教育的理念,拓宽视野,直接面向基

---

* 王存宽,宁波大学教育学院。

础教育,基于中学教育之需,基于中学教师之缺,基于我们的师资水平,去增设具有生成能力的课程与更多的选修课,构建了创新人才培养体系的教师教育"1＋3"课程方案。

一、课程方案构建原则

宁波大学本科培养方案研制的基本原则:

1. 以"把成才的选择权交给学生"的教育理念为指导,坚持以学生为本,尊重学生的个性发展,因材施教,培养学生自主选择能力。

2. 重视通识教育,夯实基础知识,强化综合素质,体现通识教育不断线,力求实现多学科交叉的宽口径培养。

3. 在"平台＋模块"课程体系基础上,完善课程结构,拓宽学科大类教育,深化专业和课程教学改革,强化专业方向模块的社会适应性。

4. 统筹规划实践教学环节,丰富与改进实践教学内涵,注重创新能力和实践能力的培养,体现实践教育不断线,创新创业训练不断线,实现第一课堂和第二课堂的良性互动。

5. 以培养学生学习能力、综合素质为目标,整合课程内容,深化教育教学改革,创新教学方式,促进学生知识、能力、素质的协调发展。

教师教育课程方案研制的基本原则:

1. 落实"宁波大学创新人才培养体系构建的基本框架"提出的人才培养目标、教育理念以及与之相适应的课程体系设计原则。

2. 以基础教育新课程改革的教育理念为依据,采取必修课与选修课并列,学科课程与活动课程结合,优化教师教育类课程结构,体现"多课程、精内容、短课时、长学时、重实训、强能力"的特点,为培养未来教师良好的教育教学素养提供课程支撑。

3. 适应宁波市基础教育新课程改革对教师素质的现实需求。

归纳教师素质的现实需求的三个维度:系统宽厚的学科专业知识素养;先进扎实的教育理论素养与课程教学专业知识;训练有素的学科教学实践技能与教育研究能力。由此成为教师教育课程方案设计的重要依据。

所以,确定了师范类专业的培养采用第一学年学科大类培养、后三年师范培养的模式,简称"1+3"课程方案。确定师范类专业在培养方案中设置了31学分的教师教育类课程,加上8学分毕业论文,这样与本科4年的修读总学分164学分之比也约3：1,我们仍称为"3+1"培养模式。

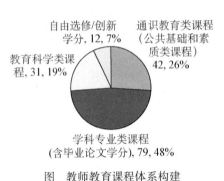

图　教师教育课程体系构建

二、教师教育课程设置构建

在"把成才的选择权交给学生"的教育理念指导下,同时以教师专业化为基本取向,构建了教师教育的课程设置方案,把整个的师范类教育课程体系分为通识教育类、学科专业类、教育科学类、自主创新类等四个大类课程,如图"教师教育课程体系构建"中所示。

四类课程的体系总学分设定为164个学分。首先,通识教育教育类课程主要就是提供给大学生政治思想、道德修养和综合素质的相关课程,占总学分的25.6%左右。按照国家的相关规定,我国的高等教育必修课程中必须包括思政类、英语、体育、计算机的课程、军事理论训练。素质类课程的比例与以往的教学计划相比向上浮动一些,在这部分的设置中,必修与选修比例设为7：3,每位学生需要修习非本专业大类的其他专业的课程,真正把学生成才的权力交给学生自己,拓展自己的兴趣,开发自己的潜能,更重要的是第一学年的这些学习将有利于学生形成对自己未来的人生规划。

其次,综合性大学中的教师教育课程体系最容易陷入"学术性"为中心的误区,特别是学科专业课程设置,通常以各个学院的专业教学计划为范本,但是以教师专业化为导向的教师教育改革所追求的"专业知能"的目标,与相应学院的精深专业内容是截然不同的。因此,在课程设置中,学科专业课程的比例为48.2%。在具体学科专业课的设置中,本着"平台+模块"的课程体系,分为学科基础平台课和专业模块课。

第三,教育科学类课程的比例为18.9%(不包括学生毕业论文设计的学分)。目的是改变教师教育类课程的从属性地位,凸显教师教育专业化的重要性。首要是优化教育基本理论。不再局限于过去的教育学、心理学这两门模糊不清的课程,设置包括教育概论、教育哲学、教育社会学、教育史、教育心理学、儿童发展心理学等课程,同时开设包括学科教育学、学科教学心理学、学科教材研究方法、学科教育史及学科教学技能等课程,使学科知识与教育技能充分结合,培养师范生"如何教"的专业素养和能力,更好地满足基础教育改革及教师教育改革对教师提出的要求,提高未来教师的专业化水平。其次,在教育类课程设置方面,突出了理论与实践之间的交替式发展与渗透,譬如在心理学、班级管理、教育学原理、各学科教学论等课程,另外增加了0.5个学分的实训性技能课程,强化理论与教学实践的联系,突出其对临床实践性的重视。

此外,在教育类课程设置中,重新审视教育见习与实习。前期的渗透性教育实习相当关键,只有这样才会有后期教育实习的有效成果。因此在课程体系中将教育实践类课程提高到了12学分,达到总学分的7.32%,这与美国的实践类课程比例相当接近了。教育见习分布在第5、6、7学期,有了前期丰富的见习经验,再进行2周的微格教学,在第7学期安排8周左右的教育实习,在指定学校像一个真正的教师一样进行备课、授课、日常班级管理、测评等一系列的教师教育教学活动,同时加强实习学校与大学之间的责任分享和合作。

第四,目前越来越多的教师认识到:在其入职后并致力于教师专业化的发展过程中,教育科研能力的欠缺越来越突出。因此,课程体系中设置了自主创新创业学分,就教师教育来说,鼓励其积极地拓展自己的兴趣、培养科研创新能力等。具体的课程分配比例见表1:

表1　教师教育课程设置构建(总学分164)

课程分类	通识教育类课程		学科专业类课程		教育科学类课程		自主创新类
	公共基础课程	素质类课程	学科基础平台课	学科专业模块课程(含毕业论文8学分)	教育理论课程	教育实践类课程	自由选修/创新学分
学分	32	10	32	47	19	12	8/4
占总学分比例(%)	19.5	6.1	19.5	28.7	11.6	7.3	4.9/2.4
合计	42		79		31		12
占总学分比例(%)	25.6		48.2		18.9		7.3

三、培养流程

贯彻"把成才的选择权交给学生"的教育理念，学生在校期间可以通过学科大类（设置了经济与管理类、法政类、文史类、自然科学类等 12 个学科大类）、专业、专业方向模块以及课程、教师、学习进程的选择来确定自己的培养路径。

选择学科大类。学生入学后，第一学年按学科大类培养，在所属的学科大类中学习。

选择专业。第一学年末，学生在本学科大类范围内进行专业选择。第 3—5 学期进行专业教育平台的课程学习。期间，学生在一定条件下还可以在本学科大类内进行专业变更，转入其他专业学习。

选择专业方向模块。第 5 学期末，学生在本专业内进行专业方向模块的选择，第 6 学期起进入模块课程的学习。

选择课程。各专业所有课程（平台和模块中）均设置有可供选择的若干选修课程，学生可在学校提供的选修课中，根据自己的需要和课程的先修后续关系，选择规定学分的课程。

选择教师。同一课程在人数允许的情况下，应以平行班的形式开课。学生可在此类课程中，选择自己的任课教师。

选择学习进程。原则上，全校所有必修课、选修课均在春季、秋季或短学期每学年滚动开出，大力鼓励有条件的课程在春季、秋季每学期滚动开设。学生可在不违背课程先修后续关系的条件下，根据自己的意愿在学习年限内选择学习进程。

教师教育类课程从第 3 学期就开始渗透，直至第 8 学期，这样就构成了教师教育"1 + 3"课程方案。对教师教育来说，一方面夯实了其通识类课程和学科大类基础课程，另一方面深化了专业课程改革，强化专业模块的社会适应性，更有利于达成对教师综合素质的培养与教学技能的提高。

四、反思

课程改革是教师教育改革的重点和难点，如何与时俱进，切合我国的基础教育改革,构建新世纪的教师教育课程设置,是摆在我国教师教育改革面前紧迫而艰巨的任务。教师教育课程反映了我国教师教育的培养目标,它是我国教师培养和成长的重要质量保证,为我国基础教育发展提供了重要动力。因此,对教师教育课程进行研究对于我国教育整体发展显得至关重要。综观美国的教师教育课程,它是上百年不断持续发展,才形成目前世界上相对完善的教师教育课程体系。借鉴美国综合性大学教师教育课程体系,把握美国教师教育课程的发展脉络,立足于我国综合性大学的教师教育现实基础上,顺应基础教育改革的形势与要求,分析其教师教育课程设置存在的不足之处,在比较、分析、借鉴的基础上,试图构建我国综合性大学教师教育课程设置,致力于整体课程结构的优化,使教师教育的课程朝着综合化的方向发展,培养出更多具有专业可持续发展的、素质全面的且一专多能的复合型中学教师。

参考文献:

1. 崔允漷. 美国教师的培养与培训:经验与思考[J]. 外国教育资料. 1998(2).
2. 姚云. 教育类课程在我国教师教育中的设置研究[J]. 湖南师范大学教育科学学报. 2003(4):61—65.
3. 黄葳. 教师教育体制国际比较研究[M]. 广州:广东高等教育出版社. 2003:231.
4. 刘捷. 教师职业专业化与我国师范教育[J]. 天津师大学报(社科). 2001(2).
5. 徐银燕. 综合性大学教师教育课程设置的构建[J]. 高教研究与实验. 2004(2).
6. 王存宽,胡赤弟等. 综合性大学化学教师培养模式实践[J]. 化学教育. 2004(05).
7. 教育部师范司. 教师专业化的理论和实践[M]. 北京:人民教育出版社. 2003(1):57—58.
8. Ken Zeichner. Reflections of a university-based teacher educator on the future of college and university-based teacher education. Journal of teacher education. vol. 57, No. 3, May/June 2006.

附件：

教师教育专业"1+3"课程方案设置一览表

课程类别	课程编号	课程名称	学分数	总学时	讲课	自主学习	实验	上机	实习	实训	秋季	春季	短学期	建议修读学期
必修课程		教师语言艺术*	1	34						34	√	√		3－4
		教师书写技能	1	26	9					17	√	√		3－4
		心理学*	2＋0.5	51	34					17	√			3
		班级管理	1＋0.5	34	17					17	√			6
		教育学原理*	1.5＋0.5	43	26					17		√		4
		现代教育技术	1.5＋1	60	26			34				√		4
		教学测量与评价	1.5	26	26							√		5
		各学科教育学	2＋0.5	51	34					17	√			6
		教育研究方法	1＋0.5	43	17					17	√			6
		微格教学	1.5	3周						3周			√	短3
		教育见习	1.5	2周					2周					6
		教育实习*	8	8周					8周		√			7
		学校问题研讨	1	26	9					17				7
			28											
任意选修课程		教育心理学	2	34	34							√		4
		学生发展心理学	1	17	17						√			3
		综合实践活动研究	1	17	17							√		4
		课堂教学设计与艺术	2	34	34							√		4
		校本课程开发研究	1	17	17							√		4
		教师专业发展	2	34	34							√		6

续　表

课程类别	课程编号	课程名称	学分数	总学时	学时分配						开课学期			建议修读学期
					讲课	自主学习	实验	上机	实习	实训	秋季	春季	短学期	
任意选修课程		课程与教学改革	2	34	34						√			5
		多媒体课件制作	2	51	17			34			√			6
		中外教育思想专题研究	1	17	17							√		7
		教育社会学专题研究	1	17	17							√		7
		学校管理专题研究	1	17	17							√		8
		教育政策与法规	1	17	17									5
		教育策划	1	17	17									8
		辩论与演讲	1	17	17									6
选修最低学分要求			3											

注：1. "＊"为教师资格类课程。

2. 教师语言艺术、教师书写技能在第3—4学期中进行；教育见习两周时间，配合学科教育学课堂教学在第6学期分散进行；教育实习8周，在第7学期集中进行。

3. 所有师范类学生，除了学习本表规定的必修课程之外，必须在"宁波大学创新创业人才培养方案"中选择1学分的"宁波大学多媒体课件设计大赛"作为必需学分（作为选修学分）。

学校课程领导中促进教师群体发展的有效经验

夏　峰　徐玉珍*

内容摘要: 为了迎接课程变革给教师群体发展带来的挑战,上海市长宁区初级职业技术学校主要从提升教师的课程规划、课程实施和课程决策能力出发,开展了历时近 3 年的促进教师群体发展的实践研究。文章通过对研究过程中呈现的鲜活案例的分析,从课程领导的"赋权"、教师群体发展目标参照、教师群体发展过程和教师群体发展评价的角度总结了学校课程领导中促进教师群体发展的六条有效经验及教师群体发展成效,与大家一起分享和探讨。

关键词: 初职校　课程领导　教师群体发展

因为生源的变化,原有的学生课程的不适应性逐渐凸现;因为全国特殊教育范围内没有现成的课程标准、课程大纲和教材,作为一所校本化程度极高的特殊学校,我们的教师需要提升专业素养,自主开发课程;因为学校教师队伍差异很大,教师发展呈现出较不均衡的状态。因此,我们从现实出发,开始了一项历时 3 年的学校课程领导中促进教师群体发展的研究。我们研究了 52 位教师(其中 29 位青年教师)的个案;分析了 1169 个教师课例、叙事和教育教学教研案例;逐步形成了 14 个学科伙伴小组,开展了 968 次校本教研活动,完成了 720 个校本教研综述,46 个校本教研报告,27 本校本教研报告集;在网络学习论坛上搭设了 9 个交流学习平台,总学习贴数两万余个。

从这一系列翔实具体的研究中,我们总结了四条促进教师群体发展的有效经验。首先,从特教学校课程领导"赋权"的角度形成了在学校课程领导的"赋权"中实现自主合作群体发展的经验;其次,从教师群体发展目标参照的角度,形成了营造学校人际和

* 夏峰,徐玉珍,上海市长宁区初级职业技术学校。

谐场与认知冲突场有助于教师群体发展的经验;第三,从教师群体发展过程的角度具体形成了要为激发每位教师自主把握生长点提供充分的学习资源、支持教师群体基于学校现场教育情境进行案例式反思、教师群体发展需要分享经验及其形成的思维与行动过程的经验;最后,从教师群体发展评价的角度形成了促进教师群体与个体互动成长的经验。

一、学校课程领导中促进教师群体发展的六条有效经验

(一) 教师在学校课程领导的"赋权"中实现自主合作的群体发展

案例 1:实用英语校本教研主题的转变

2004 学年第一学期我们开始了学科主题性校本教研。回顾 3 年来的校本教研,我们有困惑,有汗水,但更多的是收获。

针对智障孩子的记忆的广度窄、长时记忆差的情况,我们首先从最简单的英语单词的教学出发,在实践中探索分层的单词教学。但语言总是离不开一定的情境,英语单词的学习需要一个良好的语言情境。那么,如何创造语言情境,创造怎样的语言情境,如何在创造的语言情境中开展口语教学? 接下来,我们把这些实践困惑反映给学校领导例会,最后形成教研主题,聚焦课堂,由浅入深地开展了三个学期的教研。

众多一线的英语教学研究显示,情景教学是英语口语学习中一种行之有效的教学方式,这也正是我们几个学期坚持研究这一主题的原因。但是,一直停留在教学方法层面探讨情景教学,让我们的校本教研遭遇到了瓶颈。于是,课程资源选择与开发的需求日益凸现出来。于是,2006 学年第一学期,经过小组成员酝酿,我们小组提出了教研主题为《实用英语课程内容组织和实施的行动研究》,在课程领导例会上进行了充分讨论。综合大家的意见,我们以生活性、趣味性、实用性为原则,初步归纳出了 11 个教学内容的主题,进而寻找与之相匹配的课程资源,具体的课程资源由易到难形成梯度:低年级学生学习最浅显的内容,随着年级的递增,教学内容难度逐年提高。虽然我们初步建立了教学资源菜单,但在实际操作层面上还是感到教学内容比较散乱。

通过教研,我们审慎地对我校的英语口语课程进行了再思考。由于学习英语口语的对象是轻度智障学生,我们必须充分考虑这一群体的社会认知和语言发展水平等因素,依据这些因素对他们实施英语口语的教学。因此,我们从课程的教学目标、内容选

择和实施方式等方面进一步明确地将英语口语课定位为——"为了生活学习"、"服务真实生活"、"在生活中学习"。接下来，将在课程资源菜单初步形成的基础上，尝试以任务型教学模式引入课堂，在实用英语的课堂中实践体验、参与、交流与合作的学习方式。

纵观三年来的校本教研，我们英语组走过了一条从关注单一的教学方法，到关注外语学习特征的教学模式，再到课程资源的深度挖掘和课程内容的组织，再重新回到关注学科实质的课程与教学的实践之路，我们的英语课程也经历了一个充满艰辛的变革之道。在这过程中，我们的课程意识逐步增强，课程开发、决策和评价能力也得到提高。

教师是课程开发和实施的主体，教师参与课程领导是实现有效的课程领导的重要条件。在扁平化的学校管理结构中，通过课程领导例会及其他形式的建设性对话、协商，各个学科伙伴小组积极思考，自主合作，根据各自课程教学中存在的问题，确定适宜的教研主题，以提升教师的教育智慧，推动教师群体密切关注自我更新、合作发展，主动迎接不断面临的课程变革挑战。在此过程中，教师群体的课程选择、开发和实施能力也得到了发展。实用英语小组教研主题的发展轨迹展现了课程领导促进教师群体自主合作发展，推动支持式学生课程变革的一个缩影。

（二）营造学校人际和谐场与认知冲突场有助于教师群体发展

案例 2：注重过程，看淡得失

某周三，校长在教师心理沙龙上组织老师们进行了一次"公平与不公平"的评选活动。在活动开始的时候，校长拿出了 5 幅画，让大家淘汰其中一幅画，其余的 4 幅可以参加比赛。校长特别地请出了 Q 老师（一位教学经验丰富、教学技能娴熟的资深教师）做裁判，接着又请大家各抒己见。正在热闹之时，校长话锋一转，将话题转到了这次育人杯的入围问题上了。

此时，Q 老师心中颇起了一番波澜：她也参加了这次比赛，眼见几位新手教师"长江后浪推前浪"，她害怕自己遭到否定……所幸的是，校长对其能力和经验进行了充分肯定，甚至认为，相比几位新教师，她参加比赛更加有把握。释然之余，她的心态发生了变化："我已经获得过育人杯的名次了，为什么一定要把着这荣誉不放。学校的发展就是要靠这些年轻人,他们是学校的将来,他们比我们这样年纪的人更需要机会。"最后,校长又组织大家不仅从各项技能表现上,更重要的是从学校全局发展的角度为入围老师打分,比赛"最公平的结果"出来了!

事后,Q老师在一则工作叙事当中谈到了自己对于这次活动的心得:

"公平不公平,只是每个人心里的感受,不同的心态有不同的看法。对于我们学校来说,所有的事情都要从学校的发展来看,对学生、学校有利的事情,有时虽然看起来可能是不公平的,但是从长远来看,学校发展得好,老师们的机会就多。这次机会错过了,可以有更多的机会等着你呢。只要自己努力过、看淡得失、满怀感激,总有一天阳光会照耀自己的。所以一定要淡化自我,强调集体。要相信:是金子总会发光的!"

作为促进教师群体发展的学习场的参照目标,我们提出并努力构建了学校人际和谐场与学校认知冲突场。学校通过每月一次的教师心理沙龙,组织方式多种多样,主要开展团体游戏活动,为教师提供共同参与并增进了解的机会,在宽松和谐的团队氛围中,舒缓教师的心理压力。有时在活动中设计一些两难情境,如"谁代表学校参加比赛?"等引发教师的思考,通过集体讨论,促进教师间的沟通和理解,提升集体意识,不但使教师身心放松,更增强了教师的归属感。

案例3:对话得热、探讨得深

当大家听完了面点组介绍关于学具的研究和运用后,有人提了这样的一个问题"学生一旦运用了学具,该怎样脱离学具,同样使成品符合面点考证的要求呢?"一石激起千层浪。对啊,开发了学具,如何让学生脱离学具?专家也提出疑问:以其中的'菊花酥均分器'为例,请面点组的老师回答。显然面点组老师的回答不能解决老师们心中的疑惑。在面点成果汇报会的现场,其他组的老师就这个问题开始了积极思考和讨论。因为学生在使用了那个学具学习菊花酥的制作后,他们都能将一个圆平分成了十六等分,根据印痕将菊花酥的每个花瓣都做得大小一致,的确大大地提高了成品的质量。但是面点考证不能携带这些学具进考场,对学具已经产生一定依赖性的学生该如何来脱离它呢?经过激烈的讨论和对话,专家的建议:要脱离学具还是需要有一个过程的,在平时练习中可以使用剪成圆片的纸来练习等分。

这是一个好主意!但是纸片和面团的感觉毕竟不一样,似乎不是很合理。是循序渐进地使用、还是交替地使用呢？老师们从教研主题相类似的烹饪小组的新闻发布会中受到启发，有没有更加适合这种学具的使用方法呢？通过跨学科合作教研，这时园艺组的一位老师结合学生所使用的真实场景、专家的建议、面点小组开课课件中的运用示范以及烹饪小组的研究成果，她对面点组提出了自己对脱离该学具使用的思考：1、教学示范要正确；2、循序渐进来使用；3、交替使用渐脱手；4、教师指导不可少。

可见，老师们在汇报会中不断自我超越，通过研究不断提高自身的实践性智慧。

在和谐人际氛围的基础上，学校还积极引发教师的认知冲突，促进教师在对话中实现群体发展。教研成果汇报会正是一个展现教师认知冲突的重要平台。为了帮助教师更好地将教研实践上升到理论层面，根据不同的教研主题，校长邀请和组织相关专家一起参加教研成果汇报会的点评。汇报会上，教师和专家针对汇报情况积极发言，提出质疑或建议。通过教研成果汇报会等途径，我们引发教师的头脑风暴，引领教师直面教育教学问题，以开放的心态接纳新的事物，不断反思自身的实践并积极吸取新的观念以指导实践，促进教师群体素质的提升。

值得注意的是，人际和谐是引发教师认知冲突的前提。只有建立在和谐人际关系的基础上，才有引发认知冲突的条件，否则本意促进教师群体发展的认知冲突就有可能起到破坏作用，成为导致学校人际冲突的导火索。

（三）要为激发每位教师自主把握生长点提供充分的学习资源

案例4：我这样做版主

作为五日谈论坛的版主，每两个星期在我的信箱里就会收到"用心做教育"版主发给我的三篇老师们写的学生发展案例或者是叙事。这是从全校老师上传的教学叙事和教育案例中海选出来的，案例的后面附有版主的推荐理由。2005学年第二学期第三周我收到的是这样三篇案例、叙事。H老师的《"侦探"与"老师"》，这篇班主任叙事，生动而详尽地叙述了一个学生偷窃同学的钱，教师通过一系列的教育活动，使学生改正了自己的缺点。Z老师的《沉闷的课堂——该怎么办？》，教师通过前后两堂课的比较，以学生的不同反应为切入口，对如何调动学生上课的积极性，进行了一番比较深入的反思。L老师的《一堂感觉不舒服的英语口语课》，教师针对一堂失败的英语课，进行了深刻的反思。我结合自己的想法精选了 H 老师的《"侦探"与"老师"》作为第三期的学习内容,展开为期两周的学习与讨论。在讨论的过程中,老师们提出了不同的观点,有的欣赏 H 老师的处理方式,认为保全孩子的面子是上策。也有老师提出疑问,这种方法可能比较适合初犯的学生,而对于已经对老师这招有免疫的或者持无所谓态度的学生则不适用,根本起不到效果。在讨论的过程中我还不断地结合老师的讨论提出问题引发更深的讨论,最后大家得出,不同的情况可以采用不同的方法,不能一刀切。而且很多老师从中都学到了以后处理这一问题的方法,对自己的工作有很大的帮助。最后我要把老师们的发言结合案例完成学习综述,仍然发至五日谈版块。最后由写这篇案例的老师再根据综述修改案例,发至网上共同学习。

为了适应学校发展对教师群体提出的高要求,作为教师学习主要阵地的学校必须要为教师发展提供充足的学习资源。一方面可以确保学习资源的高质量、高专业化,另一方面又降低了教师在寻求学习资源方面的压力,有利于教师将有限的时间投入学习过程,提高学习效率。为此,开发了一套较为系统的教师学习课程,包括师德修炼、心理修炼、观念修炼和技术修炼课程。五日谈是观念修炼课程的一个主要学习项目,由版主每两周推荐一篇优质的教育观念文章,或从另一个观念修炼课程学习项目——用心做教育板块中海选出一篇学校教师撰写的教育教学叙事,放置学校网络学习论坛。教师根据自己的知识背景和实践经验进行学习和讨论,分享教育教学经验,版主进行学习综述,以形成校本教育观念。

除了物化的学习资源,如图书、资料等,还有许多学习资源或许是无形的,却对教师成长起到更为关键的作用,那就是各种各样的发展机会。机会就是课程,机会就是能力,有什么样的机会就可能发展什么样的能力。学校如何适时、适人、适量地为教师提供机会和发展?我们强调让教师自主把握生长点,这里的生长点包括教师职业兴趣点和工作增长点。教师学习在很大程度上不仅仅是为了自我发展,而是为了更好地理解学生、服务学生,教师的发展主要应该体现在具体工作中。故此,这里的"自主"应该是适度的,不能完全按照自己的兴趣来发展,而应在工作领域中寻找增长点。我们认为,虽然教师群体发展需要强有力的专业引领,但不是包办一切。使不同类型、不同起点的教师都能在原有基础上有不同程度的成长和发展,是学校促进教师群体发展的基本要求。

（四）支持教师群体基于学校现场教育情境进行案例式反思

案例5：一个新学具的诞生

又太厚了！这已经是周同学批的第六片了，还是不能达到要求：片太厚，不均匀。我首先为他示范了两遍，一边示范一边讲解。轮到他开始操作了，我先用手握住他的刀，使其能停留在正确的进刀位置上，然后让他进刀。但是，在我松开后，他对肉片0.3毫米的厚薄还是没有什么概念，进刀后无法保持刀的平稳，推拉幅度也小，难以将肉批下，最后批出来的肉片很厚，而且不均匀。这样切出的肉丝不能达到考证的要求，怎么办？

这时我突然想到我们组这学期的教研主题是《专业技术课重难点的突破上的课程资源学具包的研究和运用》，但是我对于学具的开发还不是很了解，在苏老师的耐心解释下，我对学具有了深刻的认识。我们烹饪学科学具包的研究和运用，主要是对于A层等操作能力比较薄弱的同学。由于个体差异，操作能力比较弱的同学在班级授课制下难以达到考证要求。老师除了实施个别化教育之外，为了方便这些能力弱的同学，还要为他们提供多种学习资源和支持。通过学具包的研究和运用，可以把一些默会知识显性化、复杂技能简单化，全面提高能力弱的学生的学习效果。所以我决定就肉的批片这个内容制作一个学具来帮助同学克服批片这个问题。

首先我进行了文献学习，再根据考证要求用木版制作了一个样品给组长看，经过商讨和同学的试用把样子定了下来。不过木版不是很卫生，那么用什么材料做比较好呢？用玻璃，不安全。最后通过大量的调查和筛选，决定采用有机玻璃，因为这种原料十分的坚固而且像玻璃一样透明又没有缺口，十分安全和卫生。然后以课堂为载体，结合教学运用学具。在运用中却发现在批片的时候板会滑动不易控制，这时有同学提议用双面胶固定。经过几次实验最后决定用玻璃胶来固定比较方便。

通过大家的合作，我们开发制作了有助于提高批片技能的学具——下批控制器。经过教师的指导和学具的运用，周同学批肉片的水平明显有了进步。

实践反思是一种理解和实践之间的对话，是反省、思考、探索和解决教育教学问题，促进教师群体发展的核心因素。为了提高反思的有效性，我们倡导的实践反思是基于学校现场情境的案例式问题反思，而非基于理论框架学习的案例式问题反思。我们认为,教育不是学会的,是"做中学",是在教育教学的实践情境中做会的。只有基于学校自己实践土壤里的,产生于教师教育教学情境中的反思才能更有效地改进实践。烹饪学科教师基于自己的教学困惑——学生批片不达标,从而反思自己的教学,结合教研主题,开展教学研究探索,最后开发出一个新学具,改进了教学实践,提高了教学效果。

作为教师学习支持者的学校,我们还通过新教师的"10堂组内交流课"和老教师的"示范课",创设有意义的、真实的环境,设计复杂的具有挑战性的问题情境,不断促使教师根据现场的教育教学情境进行案例式反思。我们鼓励教师在日常教学中用一只眼睛来捕捉鲜活的关键教育事件,撰写课程叙事,并进行叙事"深描",用另一只眼睛透过文献与理论来看生动的教育案例,挖掘叙事背后的深层原因,并进行分析反思。通过以上学习途径,教师不再匍匐在理论的脚下,而是实现了理论与实践的交锋与对话。当然,由于理论与实践的结合具有渐进性,我们强调教师要在理论与实践中反复穿行。

(五) 教师群体发展需要分享经验及其形成的思维与行动过程

案例6:教育贵在用心

小S是一个认真用心的专业课老师,喜欢将自己教学的点滴感受写下来,既可以作为经验积累,还可以用来分享。有一次她兴奋地跑过来和我说:"小Y,你知道吗?我写的一篇叙事被选上了,大家都纷纷祝贺我。老师们联系自己的日常教学体会与感悟,纷纷发言,各抒己见。我看着她们热情的发言,很开心,而且也给了我更多的启发。"在我们学校,网络学习的平台搭建得很好,老师在网上自主学习的热情很高,在我们用心做教育的板块上,学科老师可以将它的教学教研叙事发到自己的叙事集里,班主任叙事也是发表在各自的叙事集里。每隔两周,用心做教育的版主将对老师们这半个月的叙事进行筛选,被选中的三篇叙事中,有一篇会被"五日谈"的版主选中,作为全校老师分享和学习的叙事。在这个平台上老师们不仅能像小S一样体会成功的喜悦,更多的时候会收获很多教育教学方面的知识,得到帮助。

小H是一名新教师,作为新老师最缺的就是经验,作为班主任要求更加高,不巧的是小H老师接手了一个情况比较特殊的班级,调皮的学生比较多,不容易管理,这更加增加了她工作的难度,困惑一直伴其左右。一次她将自己的困扰发到班主任叙事集里，被用心做教育的版主挑选出来，作为大家探讨的材料。老师们纷纷献计献策，有的给她出点子，有的鼓励她，给小 H 老师莫大的帮助，也让年轻的老师体验到大家的关心，使她有更多的勇气和智慧来面对那些调皮的孩子。

用心做教育就是这样一个平台，老师们将自己的班主任叙事和教学教研叙事发到这里，把自己的困惑和感动写出来，版主精心筛选出可供大家探讨的叙事，此外还将所有的叙事进行归类，方便老师们学习和参考。

我们认为，经验的形成是一个动态而曲折的过程，经验的价值往往在于其形成的思维和行动过程，分享经验形成的过程更有价值与意义。然而，多数教师倾向于在轻松活跃的非正式的场合分享经验，而非正式场合的经验分享难以形成体系，沉淀为集体知识。我们注重将这种有效的经验分享方式移植到正式的学习环境中。首先，我们通过任务驱动如学科小组教研和项目驱动如外事接待等，促进教师群体通过非正式场合的合作与交流，习惯于与人分享，面对质疑。在此基础上，通过教师网络叙事平台、主题性校本教研等机制，逐步引导教师从非正式场合的分享走向正式场合的分享。

用心做教育就是一个供教师分享教育教学经验，沉淀集体智慧的教师网络叙事平台。在教育教学叙事的撰写、学习和讨论过程中，教师不仅分享课程经验，而且全面分享彼此课程知识与经验的形成过程，把行为改善与理性思考连接起来，最终优化学生课程与课堂教学，追求学生的真实发展。

（六）指向教师群体发展的评价，促进教师群体与个体互动成长

案例 7：评价也是一种学习

一踏上工作岗位，X 老师就做了班主任，第一次接触到布置班级环境的"自信场"工作。对于这项从来没有接触过的工作项目，她感觉有些迷惘。此时，学校开展了相关的新教师咨询活动，并让他们参观了部分老教师布置的班级"自信场"，为她解了疑惑。

她比较简单地完成了"自信场"的第一次布置，一则因为手工方面不是她自己的强项，二则她认为一个初中学校的教室布置何必像幼儿园那样弄得很花哨。可是，没想到，毫无经验的她竟然参加了"自信场"的评比。经过反复检查、讨论，参加评比的老师十分认真、民主地对每个班级教室进行了评选。在其他老师的带领下，目睹了一个个

班级风格各异、设计新颖的"自信场"布置,X老师的心理发生了微妙的变化:原来,班级布置可以这么有趣、这么生动,自己真的太小看"自信场"了! 在评比结束之后,她抽空又将自己的布置进行了一些改动,同时积极鼓励学生参与其中。看到不断更新的教室,她和学生们都对自己的动手能力感到高兴,感到自豪。

第二个学期开学了,"自信场"的布置又要进行新一轮的更新,她又一次参加了"自信场"的评比。有些意外,又有些欣喜,她发现几乎所有的班主任都对自己的班级进行了新的布置,又变得漂亮了不少,更令她高兴的是,她的班级最后获得了第一名。

在一则工作叙事中,她这样谈到了自己两次参加"自信场"评比的感想:"我觉得自己在第一次的评比中真的学到了不少,因为我参观了所有的班级,曾经看到了所有班级布置的优点,也评价过如何布置才更新颖、更有意义,所以,我知道了怎样使字变得更漂亮,怎样使花朵变得更美丽。所以,在第二次的布置中,我取得了进步。而在第二次的评比中,我同时也看到了其他班级的进步,新的创意不断涌现,美丽不断增加,班主任扮美教室的水平也不断提高。不知道自己什么时候听过这样一句话,'评价也是一种学习',这两次评比让我切实地感受到了这句话的意义。"

个体和群体在互动中成长是教师群体发展的快速通道。个体的快速进步会触动群体,进而激发群体,形成"木桶理论"所描述的群体提高的景象。群体包含、涵盖个体,群体的整体进步会带动个体,使个体间形成一种你追我赶的良性竞争。一直以来学校本着"教师是好人,教师是阳光,教师是钻石"的学校教师观,创建自主、合作、创造、执行的教师学习共同体,强调指向教师群体发展的评价。在实践中我们发现,让教师广泛参与到评估过程中是一个促进教师个体和群体成长的好办法。在参与评估中,教师们可以更加细致地了解评估标准,学习其他教师的有效经验,从而更有效地改善自己的工作实践,在促进教师个体成长的同时提升教师群体的实践水平。为了增强教师的参与评价的自主性,每学期初评估室会把评估校历公示于网上,让老师们选择自己希望参与的评估项目,这对教师,尤其是新教师熟悉工作、快速成长很有效。

二、学校课程领导中促进教师群体发展的成效

在本课题研究期间,学校充分赋权给教师,使教师群体有了更多参与课程领导的机会,增强了教师的职业认同与专业期许,提高了教师自主建构知识的积极性,提升了

教师的教育、教学和研究能力。教师的角色认同度要比《新课程背景下上海市中小学教师角色认同的研究》中所调查的 1196 名教师的角色总体认同度高出 53.3 个百分点。教师论文发表获奖交流 310 次，其中核心期刊论文 22 篇。教师在教育教学层面获得国家级个人荣誉 1 项、市级个人荣誉 14 项、区级个人荣誉 31 项、集体荣誉 11 项。学校在原有 1 位区专业技术希望奖获得者和 1 位区优秀青年人才的基础上再增加区领军人才 1 名、区学科带头人 1 名、区级中青年骨干教师 10 名。

　　教师群体发展的同时，支持式学生课程获得了发展与变革。学校的学生课程方案不仅从无到有，课程目标从"五个学会"调整为"六个学会"，课程结构由原先的四类增加到五类，课程内容与课程资源不断丰富，课程实施方式走向多样化、精致化，课程评价不断多元化。历届毕业生职业技能资格证书累计通过率为 98.90％，本区轻度智障毕业生就业率保持 100％。学生的体艺潜能也得到了充分挖掘。在 2005 年上海市特奥运动会上，学生共获得 215 块奖牌，其中金牌 75 块。在 2006 年特奥国际邀请赛上，学生又获得 61 块奖牌，其中金牌 21 块。在 2007 年国际特奥会运动会上，女子手球和男子手球均获得金牌。学生舞蹈队还在市级汇演中获得一等奖，并 6 次在市区层面演出。

　　随着本课题研究深入、教师群体发展，学校得到上级领导、各界人士及家长的较高评价。学校获全国模范职工小家、全国青年文明号、上海市文明单位、上海市中小学行为规范示范校、上海市中小学心理辅导示范校、全国家庭教育指导研究实验基地等国家、市级荣誉 16 项，区级荣誉 17 项，还成为全市 36 所上海市生命教育试点校中唯一的特教学校；学校"初职教育立体化管理与支持式课程的教育服务"通过 ISO9001：2000 国际质量管理认证；接受区政府教育督导评估，连续两次获得了各项指标全部"优上"的好成绩，家长满意度持续保持在 97％、98％的水平；在 2005 年 12 月，2006 年8 月与 12 月的三次全国特殊教育大会上，教育部领导三次表扬了学校的师资队伍建设工作。《中国特殊教育》等杂志对我校共做了 13 次介绍。中国教育学会副会长张民生教授评价我校教师团队时认为，"这里的经验主要是，研究真实的问题，建设合作的团队，强调大家的分享，建设了研究型的文化团队"。

　　从课程领导"赋权"、教师群体发展目标参照、教师群体发展过程和教师群体发展评价的角度的实践做法有效地促进了教师的群体发展。需要指出的是，教师群体发展不是一种平均发展，不是大家齐步走的发展，而是一种差异发展、特色发展和亮点发展。在促进教师群体发展的同时,我们同样需要关注教师的个体差异发展。

参考文献:

1. 靳玉乐,赵永勤. 校本课程发展背景下的课程领导:理念与策略[J]. 课程教材教法,2004(2).

2. 胡庆芳. 教师专业发展背景下的学习与学习文化的重建[J]. 上海教育科研,2005(5).

3. 蒋伟. 关于新课程师资培训的反思[J]. 课程教材教法,2004(5).

4. 徐丽华,吴文胜. 教师的专业成长组织:教师协作学习共同体[J]. 教师教育研究,2005(9).

5. 叶澜. 为"生命.实践教育学派"的创建而努力——叶澜教授访谈录[J]. 教育研究,2004(2).

6. 张菁. 在反思中促进教师专业发展[J]. 教育研究,2004(8).

7. 张雪龙. 研究型教师群体建设[M]. 香港:香港银河出版社,2004.

8. 赵复查. 现代教师文化的校本构建[J]. 教育评论,2005(2).

9. 周卫. 第二届"创建以校为本教研制度建设基地"项目经验交流与工作研讨会综述[J]. 教育发展研究,2005(3).

图书在版编目(CIP)数据

国际视野下的教师发展与教师培养研究：理论建构与实践案例/李妍,赵丽,王立科编著. —上海：华东师范大学出版社,2012.3
(国际教师教育丛书.第2辑)
ISBN 978 - 7 - 5617 - 9358 - 9

Ⅰ.①国⋯ Ⅱ.①李⋯②赵⋯③王⋯ Ⅲ.①师资培养－研究－世界 Ⅳ.①G451.2

中国版本图书馆 CIP 数据核字(2012)第 036613 号

国际教师教育丛书(二)

**国际视野下的教师发展与教师培养研究：
理论建构与实践案例**

编　著　李　妍　赵　丽　王立科
责任编辑　金　勇
审读编辑　吴成洋
责任校对　赖芳斌
装帧设计　卢晓红

出版发行　华东师范大学出版社
社　　址　上海市中山北路 3663 号　邮编 200062
网　　址　www.ecnupress.com.cn
电　　话　021 - 60821666　行政传真 021 - 62572105
客服电话　021 - 62865537　门市(邮购)电话 021 - 62869887
地　　址　上海市中山北路 3663 号华东师范大学校内先锋路口
网　　店　http://hdsdcbs.tmall.com

印 刷 者　江阴市天海印务有限公司
开　　本　787×1092　16 开
印　　张　15
字　　数　247 千字
版　　次　2013 年 7 月第 1 版
印　　次　2013 年 7 月第 1 次
印　　数　1—2100
书　　号　ISBN 978 - 7 - 5617 - 9358 - 9/G · 5590
定　　价　33.00 元

出 版 人　朱杰人